ESO 1

TECNOLOGÍA, PROGRAMACIÓN Y ROBÓTICA

Manuel Pedro Blázquez Merino, Ignacio Hoyos Rodríguez, Julián Santos Alcón

Inclusión
Incluimos a todo el alumnado en nuestras aulas.

Pensamiento crítico
Fomentamos la diversidad de pensamiento.

Evaluación
Ofrecemos la más completa, ambiciosa e innovadora gama de herramientas para la evaluación.

Interdisciplinariedad
Relacionamos y aplicamos lo que aprendemos.

Las TIC
Usamos las nuevas tecnologías para conectarnos con nuestro mundo.

Rigor
Aprendemos y trabajamos con rigor y creatividad.

Familia
La gran colaboradora en el aprendizaje.

Aprendizaje cooperativo
Cooperamos para afrontar tareas.

Emprendimiento
Emprendemos para cambiar nuestro entorno.

Competencias
Afrontamos desafíos en los que ponemos en práctica nuestras competencias.

CONTENIDOS DEL CURSO

Contenidos

1 La tecnología marca el progreso de nuestra sociedad
Pág. 8

1. El avance del ser humano gracias a la técnica — 10
2. Repercusiones y consecuencias de la actividad técnica — 11
3. El proceso de resolución de problemas tecnológicos — 12
4. La comunicación gráfica, un lenguaje universal — 19
5. El dibujo a mano alzada — 20
6. Perspectivas — 21
7. Proyecciones y vistas de un objeto — 22
8. Gráficos digitales — 24

2 Materiales tecnológicos, herramientas y madera
Pág. 30

1. Materiales y materias primas — 32
2. Propiedades de los materiales — 34
3. Las herramientas — 36
4. La madera — 39
5. Propiedades de la madera — 42
6. Presentación de las maderas — 44
7. Derivados de la madera a partir de celulosa — 46
8. Herramientas para el trabajo con madera — 48
9. Uniones — 52

3 Materiales técnicos. Metales y plásticos
Pág. 58

1. ¿Qué son los metales? — 60
2. La obtención de los metales — 63
3. Materiales metálicos férricos — 65
4. Materiales metálicos no férricos — 68
5. Herramientas para el trabajo con los metales — 70
6. Uniones — 72
7. Otros trabajos con metales — 74
8. Los plásticos — 76
9. Técnicas de conformación de plásticos — 83

4 La energía eléctrica
Pág. 90

1. ¿Qué es la electricidad? — 92
2. La generación y el transporte de la energía eléctrica — 93
3. El consumo en los hogares — 94
4. El código de eficiencia energética — 96

5 Los circuitos eléctricos
Pág. 102

1. El circuito eléctrico — 104
2. Generadores eléctricos — 106
3. Los conductores y los aislantes eléctricos — 107
4. Los receptores como convertidores de energía — 108
5. Elementos de control y de protección — 110
6. La simbología en los circuitos — 111
7. Resistencia eléctrica — 112
8. Potencia eléctrica — 113
9. Los tipos de asociaciones de un circuito eléctrico — 114

Aplica lo aprendido	Emprendimiento	Comprueba cómo progresas
• Investiga sobre el terreno • Piensa como ingeniero • Innovación técnica Pág. 26	• Proyecto de aula Elaborar un presupuesto Pág. 28	Pág. 29 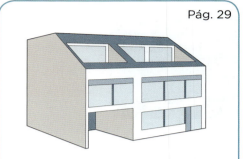
• Haz tu propio mapa mental • Haz uso de las TIC • Investiga sobre el terreno • Actúa como ingeniero • Innovación técnica Pág. 54	• Proyecto de aula La caja acústica Pág. 56	Pág. 57 
• Haz tu propio mapa mental • Investiga • Haz uso de las TIC • Busca información • Practica el cálculo • Innovación técnica Pág. 86	• Proyecto de aula El cardiotangram Pág. 88	Pág. 89 
• Haz tu propio mapa mental • Investiga sobre el terreno • Piensa como ingeniero • Haz uso de las TIC • Innovación técnica Pág. 98	• Proyecto de aula Decisión multicriterio Pág. 100	Pág. 101 
• Haz tu propio mapa mental • Piensa como ingeniero • Investiga sobre el terreno • Innovación técnica • Haz uso de las TIC Pág. 118	• Proyecto de aula Placa de circuitos Pág. 120	Pág. 121 

Contenidos

6 Hardware

Pág. 122

1. La historia de la informática — 124
2. Componentes de un ordenador — 126
3. La unidad central de proceso — 128
4. Los periféricos — 132
5. Sistemas operativos — 136

7 Software de aplicación

Pág. 148

1. ¿Qué es el software? El software de aplicación — 150
2. Procesadores de texto — 152
3. Presentaciones electrónicas — 160

8 Programación

Pág. 172

1. El lenguaje de los computadores — 174
2. Programando en Scratch — 180
3. App Inventor — 187

9 Internet

Pág. 200

1. ¿Qué es Internet? — 202
2. Ventajas y riesgos de Internet — 203
3. Cómo se comunican las máquinas a través de Internet — 204
4. La web y el protocolo http — 205
5. Multimedia en la web — 208
6. La red de las personas — 209
7. Internet de las cosas — 212
8. La computación en la nube — 213

Aplica lo aprendido	Emprendimiento	Comprueba cómo progresas
• Observa tu entorno • Investiga • Piensa como ingeniero • Haz uso de las TIC • Innovación técnica Pág. 144	• Proyecto de aula Elige la disposición de ordenadores en el aula de informática Pág. 146	Pág. 147 
• Observa tu entorno • Innovación técnica • Haz uso de las TIC Pág. 169	• Proyecto de aula Instalación de Ubuntu Pág. 170	Pág. 171 
	• Proyecto de aula Distribución directa Distribución a través de Google Play Pág. 198	Pág. 199 
• Innovación técnica • Actúa como ingeniero • Investiga Pág. 214		Pág. 215 

ASÍ ES TU LIBRO

La apertura de la unidad

- Cada unidad comienza con un breve texto que destaca algún hecho relevante relacionado con los contenidos que se van a desarrollar en ella.
- La distribución de estos contenidos se detalla en el apartado En esta unidad vas a estudiar..., con el fin de que los alumnos y las alumnas puedan consultarlo con comodidad.
- A continuación se incluye un breve fragmento que guarda relación con el tema de la unidad para promover el hábito de lectura.
- Para terminar, el apartado ¿Qué sabes sobre...? pretende detectar ideas previas a través de cuestiones que se pueden abordar de forma cooperativa.

El desarrollo de los contenidos

Los contenidos se presentan organizados en apartados que pueden ocupar una o más páginas.

En cada uno de estos apartados:

- Se destacan los conceptos más importantes mediante letras en negrita y fondos rosa.
- Se ofrecen fotografías, ilustraciones y esquemas aclaratorios que refuerzan el aprendizaje de los contenidos expuestos.

Trabaja con las imágenes y las actividades

- Las imágenes pretenden facilitar la comprensión de los contenidos a través de la interpretación de fotografías, gráficos e ilustraciones.
- Las actividades de cada página, que han de abordarse tras estudiar todos sus contenidos, permiten afianzar el aprendizaje, relacionar conocimientos y desarrollar destrezas.
- Algunas de las actividades de la unidad llevan asociadas un icono que sugiere la metodología que puede aplicarse para su resolución.

4

Emprende y aprende

- El apartado Emprende y aprende trata de potenciar la creatividad, la autoestima, la responsabilidad, la motivación y la planificación a través de una situación inicial que plantea un problema que el alumnado debe resolver.

5

Aplica lo aprendido

- Dentro de este apartado, las actividades clasificadas bajo el título Haz tu propio mapa mental pretenden afianzar la comprensión de los contenidos estudiados en la unidad a través de la elaboración de esquemas.

- Los apartados Actúa como un ingeniero, Piensa como un ingeniero y Proyecto documental incluyen actividades de aplicación de los contenidos a través del razonamiento, la relación de conocimientos y la interpretación de información gráfica y textual.

- Innovación técnica es un apartado que amplía los contenidos de la unidad con curiosidades tecnológicas.

6

Comprueba cómo progresas

- Al finalizar cada unidad, se incluye una colección de actividades complementarias, para cuya resolución será necesario aplicar los conocimientos y destrezas adquiridos tanto en la unidad presente como en las anteriores.

La web del alumnado y de la familia en anayaeducacion.es

¿Qué es? Un espacio lleno de recursos digitales para mejorar tu aprendizaje.

¿Cómo accedo? Regístrate en nuestra web e introduce el número de licencia que encontrarás al abrir este libro.

¿Cuándo accedo? Cuando el icono indique que en www.anayaeducacion.es dispones de recursos relacionados con el contenido que estás estudiando. Y, por supuesto, visita la web siempre que quieras descubrir y aprender más.

1. La tecnología marca el progreso de nuestra sociedad

Observa a tu alrededor, contempla los objetos de tu habitación, de tu casa, y fíjate en el tipo de materiales de que están hechos: maderas, metales y plásticos. Todos los objetos han sido extraídos de la naturaleza y transformados por los métodos de fabricación. Para conseguirlos, además, utilizamos cantidades enormes de energía que también extraemos de la naturaleza. La mayor parte de la energía que empleamos procede de los combustibles fósiles y gran parte de ella la utilizamos para nuestros vehículos, nuestras industrias y nuestros hogares. Todo destinado al bienestar del ser humano. Y por delante, tenemos un reto como especie: hacer de nuestro planeta un lugar mejor, ajustando nuestras necesidades y haciendo que nuestra relación con el planeta, con sus recursos naturales y con el resto de seres vivos sea sostenible y perdurable.

En esta unidad vas a estudiar...
- El avance del ser humano gracias a la técnica
- Repercusiones y consecuencias de la actividad técnica
- El proceso de resolución de problemas tecnológicos
- La comunicación gráfica, un lenguaje universal
- El dibujo a mano alzada
- Perspectivas
- Proyecciones y vistas de un objeto
- Gráficos digitales

Unidad 1

1984

En las paredes de la cabina había tres orificios. A la derecha del hablescribe, un pequeño tubo neumático para mensajes escritos; a la izquierda, un tubo más ancho para los periódicos; y en la otra pared, de manera que Winston lo tenía a mano, una hendidura grande y oblonga protegida por una rejilla de alambre. Esta última servía para tirar el papel inservible [...]. Les llamaban «agujeros de la memoria». Cuando un empleado sabía que un documento había de ser destruido, o incluso cuando alguien veía un pedazo de papel por el suelo o en alguna mesa, constituía ya un acto automático levantar la tapa del más cercano «agujero de la memoria» y tirar el papel en él. Una corriente de aire caliente se llevaba el papel en seguida hasta los enormes hornos ocultos en algún lugar desconocido de los sótanos del edificio.

Winston examinó las cuatro franjas de papel que había desenrollado. Cada una de ellas contenía una o dos líneas escritas en el argot abreviado que se usaba en el Ministerio para fines internos. Decían así: times 17.3.84. discurso gh malregistrado áfrica rectificar - times 19.12.83 predicciones plantrienal cuarto trimestre 83 erratas comprobar número corriente - times 14.2.84. Minibundancia malcitado chocolate rectificar - times 3.12.83 referente ordendía gh doblemásnobueno refs nopersonas reescribir completo someter antesarchivar [...].

Winston pidió por la telepantalla los números necesarios del *Times,* que le llegaron por el tubo neumático pocos minutos después. Los mensajes que había recibido se referían a artículos o noticias que por una u otra razón era necesario cambiar, o, como se decía oficialmente, rectificar.

George Orwell, *1984*. Editorial Destino, 2007.

¿Qué sabes sobre la tecnología?

1. ¿Para qué sirve la tecnología?
2. ¿Dónde encuentras a tu alrededor aplicaciones de la tecnología?
3. ¿Qué es para ti el progreso de la sociedad?
4. ¿Qué diferencia hay entre técnica y tecnología?
5. ¿Y entre tecnología y ciencia?

1 El avance del ser humano gracias a la técnica

A diferencia del resto de especies que pueblan la Tierra, la humanidad ha sido capaz de desarrollar una sofisticada tecnología a partir de la observación atenta de los procesos que tienen lugar a su alrededor. Nuestra curiosidad, la constante necesidad de hacernos preguntas acerca de por qué ocurre algo, qué consecuencias tiene, cómo reproducirlo, y un largo etcétera, son las que nos han conducido hasta el momento actual, donde hemos empezado a construir nuestro futuro más allá de nuestro planeta.

Nuestra historia, desde los tiempos en los que empezamos a caminar por África, ha sido una lucha constante por la supervivencia de la especie. La naturaleza nos ha dotado de dos armas poderosas para ello: un cerebro inteligente capaz de resolver problemas y manos provistas de dedos prensiles con habilidad para manejar herramientas. Con el dominio de herramientas, hemos construido máquinas y herramientas cada vez más complejas. El descubrimiento de la electricidad abrió el conocimiento de la electrónica y los computadores. Con todos los avances técnicos, hemos podido salir de nuestro planeta, pisar la Luna y lanzar naves al espacio profundo.

Jane Goodall, científica y naturalista británica, observó con asombro cómo un chimpancé utilizaba una pequeña rama de árbol para extraer con ella hormigas de un hormiguero. Esta fue la primera vez que se pudo constatar el empleo de herramientas en una especie diferente del ser humano.

Se llama **técnica** al conjunto de procedimientos o normas que se deben seguir para lograr un objetivo concreto.

La **tecnología** es un conjunto de conocimientos técnicos y científicos aplicados a la creación de objetos que nos facilitan la interacción con el medio ambiente.

COMPRENDE, PIENSA, INVESTIGA...

1. Busca cinco inventos recientes que creas que son claves en el avance de la humanidad.

2. **Asocia.** Piensa cinco inventos de una determinada área del conocimiento que hayan permitido avances importantes en otras áreas de la ciencia. Por ejemplo: lente (óptica) → microscopio (medicina y biología) y telescopios (astronomía).

3. Elige cinco inventos de épocas pasadas:

   a) Averigua cómo han evolucionado y por qué se han producido esos cambios.

   b) ¿Alguno de los inventos en los que has pensado no ha cambiado o lo ha hecho de forma poco significativa? ¿Alguno ha caído en desuso?

2 Repercusiones y consecuencias de la actividad técnica

El desarrollo técnico trae consigo un mayor despliegue industrial.

Los descubrimientos e inventos de la humanidad tienen por objeto mejorar la vida de las personas. No obstante, en muchas ocasiones la actividad humana, en especial la actividad tecnológica, ha tenido consecuencias imprevistas. Tanto la sociedad como los ecosistemas que nos rodean han sufrido daños, como los derivados de los accidentes medioambientales y de la contaminación.

Un ejemplo sencillo lo tenemos en la extracción de metales y su posterior tratamiento para convertirlos en objetos tecnológicos. La extracción de los minerales, imprescindibles para todo tipo de herramientas y dispositivos modernos, afecta profundamente a la Tierra y a los seres vivos que la pueblan, incluyendo al ser humano.

En ocasiones, los efectos negativos no son visibles a corto plazo, y es necesario que transcurran varios años hasta que se hacen evidentes. Por ejemplo, se ha demostrado que el amianto, material usado en construcción, es un agente cancerígeno. Pero desde que comenzó su uso hasta su prohibición han transcurrido varias décadas.

COMPRENDE, PIENSA, INVESTIGA...

1. Localiza el vídeo *Los efectos del automóvil*, que puedes encontrar en la web asociada con este libro. A partir del vídeo, haz una lista de efectos positivos y negativos de los medios de transporte en general y del automóvil en particular.

2. Escribe al menos tres efectos positivos y tres efectos negativos de la telefonía móvil. Debate en clase con tus compañeros y compañeras, y contrasta tus opiniones. ¿Son todos sus efectos visibles o piensas que alguno puede aparecer a largo plazo?

3. **Analiza.** Elige un avance tecnológico que despierte tu interés y analiza sus efectos positivos y negativos.

4. Busca noticias acerca de efectos negativos causados por los avances tecnológicos en diferentes campos de la ciencia y elige una. Si lo haces en la prensa digital, imprime la página. Recorta el titular y la entradilla, ya sea del papel impreso de la noticia digital como de la prensa impresa. Pégalos en tu cuaderno y describe con tus palabras el aspecto más relevante de la información.

3. El proceso de resolución de problemas tecnológicos

Existen infinidad de problemas que solucionamos gracias a la tecnología: cubrir las necesidades básicas de alimentación, agua, vestido y vivienda. También la disponibilidad de energía, transporte y ocio. Cada problema requiere un análisis de cómo resolverlo, saber de qué medios disponemos para hacerlo y, en esas condiciones, cuál es la mejor solución aplicable.

3.1 El método de proyectos

Hay que admitir que no hay soluciones perfectas, sino soluciones que se adaptan en mayor o menor medida a las condiciones propuestas. **De entre todas las soluciones posibles, elegiremos la óptima.** Esta es la máxima que sigue el método de proyectos, que consiste en la puesta en práctica de un ciclo de aprendizaje y experimentación. Así, aprender conocimientos, destrezas y técnicas se consigue por medio del estudio, pero también haciendo, construyendo, empleando herramientas, experimentando con materiales, etc.

El método de proyectos es un proceso por el cual se resuelven problemas siguiendo unos pasos determinados, que son:

1. Definir el problema.
2. Buscar múltiples soluciones factibles.
3. Elegir una solución óptima.
4. Diseñar su realización.
5. Poner en práctica la solución diseñada.
6. Probar su funcionamiento.
7. Corregir los errores y defectos.

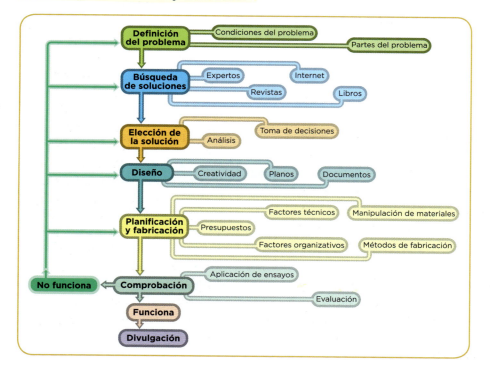

3.2 El trabajo en equipo

En el taller de Tecnología es muy frecuente que tengamos que formar equipos para resolver los problemas y construir los proyectos propuestos. Lo ideal es que estos equipos no sean tan numerosos como para que resulte difícil organizar las tareas, ni tan pequeños que sea muy complicado cumplir con los plazos de entrega debido a la gran cantidad de trabajo que le correspondería a cada componente del equipo.

Las principales características que distinguen el trabajo en equipo de otras asociaciones de grupos son:

- El liderazgo es compartido por los miembros del equipo, repartiendo responsabilidades entre todos y rotando en el cargo de forma sucesiva.
- El reparto de tareas es claro y consensuado.
- Los conflictos son resueltos dentro del equipo a través de la confrontación positiva de ideas.
- Las decisiones se toman mediante acuerdos que beneficien al equipo.

Vemos, por tanto, que la clave para el éxito de un equipo reside en el compromiso de sus miembros y en la comunicación entre ellos.

3.3 Responsabilidades de los miembros

Existen ciertas responsabilidades que deben ser asumidas por los miembros de los equipos de trabajo. Veamos algunas de ellas:

- **Jefe/a de equipo.** Es responsable de repartir las tareas entre los componentes del equipo. Sirve de enlace entre el profesorado y el resto, transmitiendo los consejos e instrucciones recibidos o comunicando las necesidades y los problemas encontrados durante el desarrollo de un proyecto.
- **Secretario/a.** Debe anotar los acuerdos tomados en las reuniones. Es el responsable de almacenar y ordenar los documentos relacionados con los proyectos.
- **Responsable de herramientas.** Normalmente, cada equipo tendrá asignado un juego de herramientas y una lista en la que están anotadas. Debe comprobar que están todas en buen estado y limpias antes de empezar a trabajar. También debe asegurarse de que las herramientas quedan bien recogidas y limpias al terminar. En caso de necesitar alguna herramienta especial, debe comunicárselo al director de equipo para que la solicite al docente.
- **Responsable de materiales.** Debe comprobar que el equipo dispone de los materiales necesarios y que quedan correctamente almacenados al finalizar la hora de trabajo. Si falta algún material, debe seguir el mismo proceso de solicitud que el responsable de herramientas.
- **Responsable de seguridad y limpieza.** Su función es verificar que los miembros del equipo cumplen las normas de seguridad (llevar guantes y gafas cuando se manejan herramientas, etc.). También debe organizar el cuadrante de limpieza para que, por turnos, el banco de trabajo y sus alrededores queden limpios.

Todos los componentes del equipo son igualmente importantes. De hecho, el trabajo de todos ellos ha de ser lo más preciso posible. Si uno de ellos falla, el resto del equipo se resiente.

COMPRENDE, PIENSA, INVESTIGA...

1. Seguro que alguna vez has entrado en un restaurante de comida rápida. La próxima vez que acudas, observa desde el lado del cliente, la colocación de los lugares de preparación de la comida y lo que hace cada uno de los trabajadores. Realiza en tu cuaderno un pequeño dibujo o un esquema donde anotes el lugar en el que se sitúa cada uno de los operarios y trata de adivinar su rol.

2. Crea un equipo con otros cuatro compañeros y compañeras y organizad los preparativos para fabricar un puzle con piezas de madera. Distribuid equitativamente los cargos y plantead la responsabilidad de cada miembro del equipo. Pensad en las diferentes tareas que hay que realizar, incluida la de conseguir la caja donde se guardará el puzle, y repartidlas entre vosotros. Recordad que el objetivo es anotar esta información en una hoja para entregarla al profesor, no la fabricación en sí del objeto.

3 El proceso de resolución de problemas tecnológicos

3.4 Las fases del proyecto técnico

Los proyectos deben ser divididos en distintas fases que ayuden a planificarlos y lograr el éxito.

1. Elaboración de ideas y búsqueda de soluciones

Todo comienza con el planteamiento del problema. Un ejemplo típico es poder cruzar un río. Ante esa idea, los miembros del equipo proponen posibles soluciones, que deben ser anotadas. Si el enunciado del problema es tan general como «cruzar un río», algunos pueden pensar que solo debe hacerse a pie, a través de un puente y que se puede emplear cualquier material para construirlo. Está claro que es necesario concretar más las condiciones, por ejemplo, qué ancho y qué profundidad tiene el río, de qué materiales disponemos o cuánto peso debe soportar el puente. Además, se podría pedir que el puente tuviera arcos, que fuera un puente colgante o que hubiera zonas separadas para vehículos a motor, personas a pie, etc.

Por tanto, la primera fase consiste en **enunciar correctamente el problema,** de modo que se tengan en cuenta todas las condiciones y se puedan proponer soluciones que resuelvan ese problema concreto. Cuando los miembros del equipo han establecido correctamente qué problema tienen que resolver, es la hora de aportar soluciones. Una de las técnicas más empleadas en la aportación de ideas es la tormenta de ideas o *brainstorming,* donde, cada miembro, de forma rápida y por turnos consecutivos, va proponiendo una solución al problema independientemente de si puede resultar o no factible. Lo importante de esta fase es que hay que liberar la mente de bloqueos y decir lo primero que a uno se le ocurra.

El miembro con el cargo de secretario del equipo se encargará de tomar nota de todas las propuestas. Cuantas más mejor. Al terminar la aportación de soluciones, el secretario presentará la lista al equipo y, de forma más pausada y reflexiva, entre todos se discute qué ideas son factibles, realizables y económicamente razonables. La lista se acortará y seguramente entre todas las soluciones existirá una o más que satisfagan a los miembros del equipo. Estas ideas se someterán a un análisis posterior para elegir la idea final.

LA LLUVIA DE IDEAS O *BRAINSTORMING*

Cuando tratamos de buscar una solución, normalmente queremos imponer una cantidad enorme de criterios para dar de golpe con ella, lo que suele acabar con la expresión «No se me ocurre nada». Esto es debido a que la mente en su proceso reflexivo, tiene demasiados criterios y limitaciones.

En cambio, si no se imponen limitaciones, las ideas fluyen. Desde luego, entre el torrente de ideas, la mayoría no son válidas, pero entre ellas seguro que se esconde la solución ideal.

Esta técnica es muy utilizada en los equipos de marketing y publicidad para dar con ideas que promocionen un producto o servicio.

COMPRENDE, PIENSA, INVESTIGA...

3 Propón cinco soluciones diferentes al problema «cruzar un río», sin pensar en posibles restricciones. Anota al lado de cada una por qué crees que es una buena solución.

4 Ahora vamos a concretar más el problema anterior: «cruzar un río por medio de un puente colgante, con zonas separadas para vehículos y peatones». Busca información sobre puentes colgantes, fíjate en su aspecto y haz un dibujo en tu cuaderno de la posible solución.

5 Piensa ahora en el problema de llevar a diario varios libros y cuadernos en la mochila. Propón tres soluciones posibles al problema. Anota junto a cada una los pros y los contras. ¿Qué solución te parece la mejor?

2. Análisis de objetos

En ocasiones, tenemos que proponer soluciones a problemas parecidos a otros que ya hemos visto resueltos. Por eso es importante desarrollar la capacidad de analizar objetos tecnológicos. Dicho análisis no se limita a aspectos estéticos o físicos, sino que abarca los aspectos funcionales (es decir, su utilidad), económicos y de fabricación.

En definitiva, para satisfacer una necesidad o resolver un problema, se llevan a cabo diferentes análisis de todas las soluciones posibles. Esta tarea conllevará dar una respuesta a los siguientes aspectos:

- **Análisis morfológico,** que consiste en la observación de su estructura (de cuántas partes está compuesto), de su forma (si destaca una forma lineal, superficial o volumétrica en la que todas sus dimensiones son comparables), de sus dimensiones y medidas, y de la textura y el color de sus superficies.

- **Análisis funcional,** en el que se observa su funcionamiento y utilidad práctica. En este caso, se distingue entre objetos estáticos y objetos con capacidad de desarrollar movimiento.

  Los objetos estáticos pueden servir como elementos de apoyo, de protección, o como elementos de enlace o ensamble.

  Si el objeto es capaz de desarrollar movimiento, entonces se compondrá de mecanismos, por lo que habrá que describir los diferentes movimientos, de dónde extrae la energía para moverse, qué piezas se desplazan o giran, etc.

- **Análisis técnico,** en el que se describen los materiales empleados y sus propiedades, en especial, las propiedades mecánicas, como su resistencia, su grado de flexibilidad, su dureza, su capacidad de absorber impactos o tenacidad, etc.

- **Análisis económico,** en el que se hace una estimación de cuál puede ser el coste del objeto. También nos puede decir las consecuencias medioambientales derivadas de su fabricación y uso.

La selección de un objeto determinado para satisfacer una necesidad es el resultado de aplicar los cuatro tipos de análisis que acabamos de ver. El objeto óptimo será aquel que cumpla con los requisitos pedidos al menor coste posible.

UN EJEMPLO DE ANÁLISIS COMPARATIVO

Observa estas dos lámparas. Seguro que ya has pensado en su utilidad. En ambos casos es la misma, por lo que en su análisis funcional deberían aparecer las mismas características.

No obstante, la forma de las partes que las componen es diferente. La de la izquierda tiene un cuerpo flexible, mientras que la de la derecha dispone de dos brazos articulados. La forma del foco es pequeña y muy direccional en el caso de la de la izquierda, mientras que la de la derecha dispone de un foco mucho mayor. Estas diferencias indican que se trata de dos objetos morfológicamente diferentes.

Seguro que has adivinado que la lámpara de la izquierda emplea iluminación LED, y la de la derecha utiliza una bombilla de bajo consumo. Esto indica que, técnicamente, cada una tendrá un comportamiento, es decir, iluminarán diferente y consumirán distinta cantidad de energía.

Y respecto a su valoración económica, ¿podrías buscar el precio de cada una de ellas en algún catálogo online de algún fabricante u observar sus precios en alguna tienda o almacén de mobiliario y decoración? ¿Cuál es más cara de las dos?

COMPRENDE, PIENSA, INVESTIGA...

6 **Analiza.** Observa los dos pomos de puerta de la fotografía y, a fin de elaborar un análisis completo de cada uno de ellos, realiza las siguientes actividades:

a) Describe cada uno de ellos físicamente.

b) Explica cómo funciona cada uno de ellos.

c) Busca en la web de algún fabricante o ferretería el coste de un pomo esférico y de un pomo de maneta, y compara sus precios.

d) Imagínate que fueras un contratista de obras. ¿Cuál de los dos pomos elegirías para las puertas de un bloque de viviendas? Expón los pros y los contras de cada uno a fin de seleccionar uno de ellos.

3 El proceso de resolución de problemas tecnológicos

3. El diseño de un proyecto

Tras analizar las distintas propuestas de solución para un proyecto y elegir una, se inicia la etapa de diseño.

Para el diseño nos ayudamos de la información recogida en las anteriores etapas de análisis. Es el momento de realizar los planos de definición y dibujar todos los aspectos necesarios para que pueda ser construido. Los dibujos y planos pueden ser:

- Planos generales en perspectiva.
- Planos de detalle de alguna parte concreta del objeto.
- Vistas del objeto en planta, alzado y perfil.
- Plano en explosión, en el que se observan todos los componentes del objeto despiezado en el orden de ensamble.

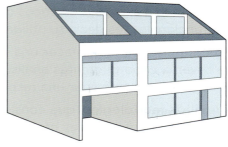
Dibujo en perspectiva.

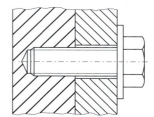
Sección.

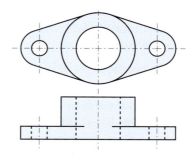
Planta y perfil.

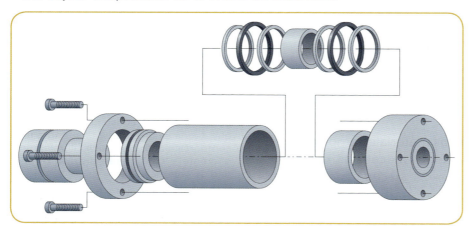
Plano en explosión.

LOS DISEÑOS DE LEONARDO DA VINCI

Leonardo da Vinci hizo infinidad de diseños a lo largo de su vida, muchos de ellos describiendo objetos tecnológicos. En las imágenes puedes observar dos dibujos a mano alzada en perspectiva que Leonardo realizó para resaltar las características internas y externas del mismo objeto, un tanque impulsado manualmente. En el dibujo de la derecha, observa como plantea un objeto cónico que circula por el terreno y en el de la izquierda, se revela el interior del objeto, sus mecanismos impulsores, las ruedas y el chasis del vehículo.

No se tiene constancia de que alguna vez se llegara a fabricar este objeto en la época en la que Leonardo vivió (1452-1519), pero lo cierto es que, según explicó, este artefacto mecánico venía a sustituir a los elefantes que los arqueros y los jabalineros empleaban como fuerza de ataque. Dentro podrían alojarse varios hombres, desde cuyo interior dispararían al abrir cada pestaña abatible. Hubieron de pasar 400 años para que el tanque, en su concepto actual de máquina de guerra, se fabricara y se empleara en la Primera Guerra Mundial.

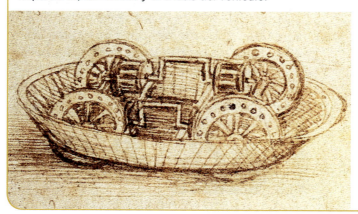
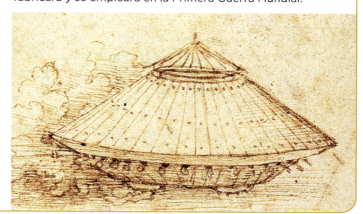

4. La planificación y la fabricación

Hasta este momento, tu equipo ha tratado de dar una solución técnica a un problema y se han llevado a cabo diseños de los diferentes aspectos del objeto.

De estos diseños, se obtiene una idea del tipo de materiales y de las piezas que compondrán el proyecto, por lo que es importante saber cómo se va a fabricar. Para ello será necesaria una planificación. Planificar es sinónimo de preparar tareas de forma lógica y razonable. Básicamente, la planificación del proyecto consistirá en estimar:

- Las herramientas que se van a utilizar para que estén disponibles.
- Las personas que se encargarán de fabricar cada una de las piezas del proyecto, y aquellas que se ocuparán de hacer el ensamble de piezas hasta completar el objeto.
- El tiempo estimado que se empleará en las tareas de fabricación.
- Los métodos de fabricación de las piezas.

Para controlar el tiempo dedicado a cada tarea, existe una herramienta muy útil de planificación: los diagramas de Gantt.

Un diagrama de Gantt es una tabla en la que se sitúan en horizontal la escala de tiempo y en vertical las tareas, de forma que se indica con una barra el tiempo que se emplea en cada tarea y su posición en el desarrollo del proyecto.

DIAGRAMAS DE GANTT

Veamos un ejemplo de creación de un diagrama de Gantt relativo a la fabricación de una silla, en el que las fases de fabricación consistirán en:

- Fase 1: Preparación del material
- Fase 2: Corte de las patas
- Fase 3: Corte del tablero horizontal
- Fase 4: Corte de las piezas constituyentes del respaldo
- Fase 5: Ensamble de las patas al tablero
- Fase 6: Ensamble de las piezas del respaldo
- Fase 7: Integración del respaldo en el conjunto
- Fase 8: Pintura final

El diagrama de Gantt refleja cada una de las etapas en el tiempo. Para un proyecto de tecnología, si el plazo de ejecución es de 2 meses, la escala de tiempo se ha de fijar por semanas.

Observa cómo algunas fases se realizan de forma simultánea, dado que el equipo dispone de integrantes para cada fase. Si, por ejemplo, el equipo consta de 3 grupos de 2 personas, cada grupo puede encargarse de una fase diferente.

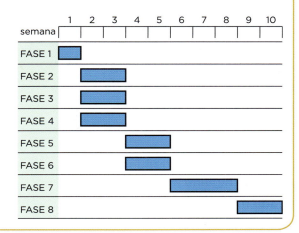

COMPRENDE, PIENSA, INVESTIGA...

7 Fíjate en un objeto tecnológico, como, por ejemplo, una silla. Piensa cuántas partes diferentes la integran: patas, tablero, respaldo y tornillería, y considera que todas ellas se han de fabricar desde la madera o desde trozos de metal. Planifica, en equipo, las tareas de acopio de materiales, realización de cada componente y ensamble paso a paso, tal y como se llevarían a cabo en un taller de fabricación de sillas. Cuando tengas la lista de pasos de la fabricación, asígnales el momento en que deben realizarse y su duración. Ten en cuenta que algunas tareas se pueden llegar a solapar en el tiempo.

3 El proceso de resolución de problemas tecnológicos

5. La memoria del proyecto

Todo proyecto ha de ser documentado y ha de contener descripciones, dibujos, listas de materiales, diagramas de planificación y de fabricación, y demás documentos técnicos.

> Los documentos técnicos que acompañan a un proyecto reciben el nombre de **memoria**.

La memoria del proyecto describe todos los aspectos técnicos relacionados con el diseño, la planificación y la fabricación del objeto. Por tanto, deberá incluir los planos y gráficos que ayudarán en la construcción, así como un estudio económico de los costes.

La memoria debe estar compuesta al menos de:

- **Portada.** En ella debe figurar el título del proyecto, nombre del equipo y los miembros, curso y grupo, y fecha de entrega.
- **Índice.**
- **Organización.** Distribución del tiempo y de las tareas entre los miembros del equipo.
- Una hoja por cada **posible solución propuesta** por cada miembro del grupo, formada por un dibujo a mano alzada con las dimensiones aproximadas del objeto, una breve explicación de cómo funciona y las ventajas e inconvenientes de adoptar esa solución.
- **La solución elegida.** Formada por:
  - >> Vistas del objeto.
  - >> Plano de las piezas. Dibujo detallado con las medidas de las piezas, acompañado de su descripción.
  - >> Instrucciones de ensamble.
  - >> Pruebas a las que habrá que someter el objeto, una vez acabado.
  - >> Presupuesto. Tabla con los costes del proyecto, donde se han de exponer tres tipos de costes:
    - El coste de los materiales: hay que incluirlo todo, desde el adhesivo o la pintura, hasta la madera o las piezas de ferretería.
    - El coste de la mano de obra directa; para calcularlo, se fija el coste de la hora de cada operación y se multiplica por las horas empleadas en ejecutarla.
    - El coste de la maquinaria, las herramientas y el centro de producción. En el taller no existen tales costes, pero las empresas de producción han de repercutir estos gastos en el producto final.
  - >> Tabla de materiales empleados. Nombre del material, riesgos de su uso y medidas de seguridad e higiene a adoptar.
  - >> Tabla de herramientas empleadas. Nombre de la herramienta, riesgos de su uso y medidas de seguridad e higiene a adoptar.
  - >> Una hoja con la opinión personal de cada miembro del grupo.
  - >> Bibliografía y webs consultadas.

EVALUACIÓN DEL PROYECTO

Una vez finalizado el proyecto llega el momento de evaluar el producto obtenido, el proceso seguido y si se cubren todas las expectativas. El objeto debe:

- Cumplir con el cometido para el que se diseñó.
- Respetar las medidas de seguridad e higiene, es decir, debe ser seguro. Esto es especialmente importante con aparatos que tengan partes móviles que puedan atrapar a una persona.
- Cumplir con el presupuesto estimado.
- Estar conforme con los requisitos de forma, peso y dimensiones.
- Tener un aspecto estético agradable y de buen acabado.

4 La comunicación gráfica, un lenguaje universal

Seguro que habrás oído más de una vez que una imagen vale más que mil palabras. En tecnología se necesita usar el dibujo para representar aquellos objetos que se quieren construir.

4.1 Dibujo artístico vs. dibujo técnico

El dibujo artístico es una forma de representar objetos o escenas que puede aproximarse a la realidad o, por el contrario, reflejar la visión personal del artista.

El dibujo técnico es un lenguaje universal normalizado que permite la exposición e intercambio de la información necesaria para construir un objeto de forma precisa.

El dibujo artístico está, por lo general, libre de reglas. Atiende a la sensibilidad del dibujante. Por otro lado, el dibujo técnico se basa en normas de dibujo para ofrecer información gráfica fiel a la realidad que describe junto con información numérica y simbólica; es decir, aporta información para que el diseño pueda convertirse en un objeto real, por lo que incluye habitualmente medidas y otras informaciones numéricas que permitan su identificación, fabricación o montaje.

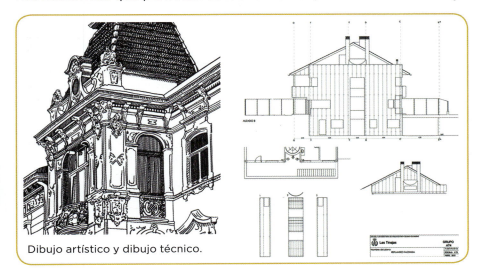

Dibujo artístico y dibujo técnico.

EL DIBUJO TÉCNICO EN EL ARTE

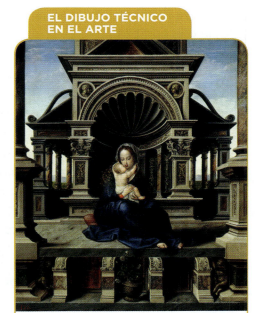

En la práctica, esta distinción entre dibujo artístico y dibujo técnico no es tan rígida como se ha definido. Algunos artistas emplean las técnicas de dibujo técnico para representar espacios y perspectivas.

Virgen con el niño (1520), Escuela flamenca. Museo del Prado (Madrid, España).

COMPRENDE, PIENSA, INVESTIGA...

1 Anota en tu cuaderno qué tipo de dibujo sería el más adecuado para representar cada uno de estos objetos o escenas:
   a) Una puesta de sol
   b) El plano de una vivienda
   c) Un mapa de carreteras
   d) El diseño de un teléfono móvil
   e) El dibujo de una mascota
   f) El dibujo de un bosque

2 ¿Qué ventajas supone, en tu opinión, la utilización de la normalización en el dibujo técnico?

3 Dibuja en tu cuaderno tu goma de borrar. Primero de forma artística y después de forma técnica, incluyendo toda la información que consideres necesaria para que cualquier persona que observe el dibujo entienda de qué objeto se trata, hasta el punto de poder «construir» uno igual.

5 El dibujo a mano alzada

Un dibujo a mano alzada es aquel que se hace sin instrumentos, como la regla o el compás.

5.1 Boceto

El boceto es un dibujo a mano alzada, poco detallado, que transmite una idea inicial de cómo será el objeto final.

Seguramente has hecho alguna vez un boceto para explicar una idea o para ayudar a localizar una calle haciendo un pequeño mapa. A menudo, se emplean los sinónimos de «borrador» o «esbozo» para referirse a un boceto.

En el dibujo de la derecha, el autor ha realizado un diseño de una silla a mano alzada. Observa que, para conservar cierta coherencia en la forma de representarlo, en el dibujo coexisten dos líneas, las gruesas, que definen el contorno, y las finas, que sirven de guía y referencia para llevar a cabo una representación en perspectiva.

Boceto.

5.2 Croquis

El croquis es un dibujo también realizado a mano alzada, aunque más detallado que el boceto, ya que cuenta con medidas y otras anotaciones que permitan construir el objeto que describe.

En la figura que puedes observar, se ha representado una maceta, lista para su fabricación, ya que se definen su forma, mediante la perspectiva, y sus medidas.

Las líneas empleadas para alojar los números que corresponden a las medidas, son líneas paralelas equipadas con flechas en los extremos.

Observa cómo las flechas señalan el punto de corte con las líneas auxiliares y definen intuitivamente las longitudes de cada medida.

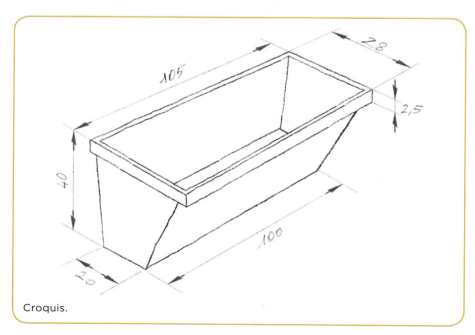
Croquis.

ACOTACIONES

La indicación de las medidas de un objeto, o acotaciones, forma parte de la información que se ofrece en un dibujo para poder fabricar el objeto. Para acotar, se suelen emplear líneas finas acabadas en flecha entre dos líneas auxiliares que indican la longitud total referida.

6 Perspectivas

La perspectiva es la técnica que permite crear la sensación de espacio cuando se dibuja sobre una superficie plana. Para ayudarnos a dibujar en perspectiva es habitual trazar unos **ejes de referencia**. Estos ejes son distintos dependiendo del tipo de perspectiva.

6.1 Perspectiva caballera

Para la perspectiva caballera hay que dibujar un eje horizontal, otro vertical y un tercero para la profundidad. El eje de profundidad forma un ángulo de 45° con el eje horizontal.

La perspectiva caballera es muy sencilla de representar, solo se necesita una hoja cuadriculada para hacerlo.

La imagen queda un poco deformada si no se aplica algún coeficiente de reducción al eje de profundidad. Para evitar ese efecto, es habitual reducir dividiendo por 2 (que equivale al coeficiente ½) las dimensiones de las líneas correspondientes al eje de profundidad. Observa el siguiente ejemplo en el que aparecen cuatro cubos dibujados con diferentes coeficientes de reducción y comprueba las longitudes diferentes de la línea de profundidad según se asigne un coeficiente u otro.

EJES DE COORDENADAS

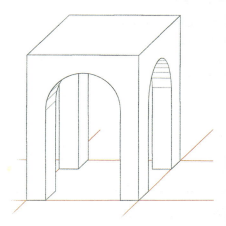

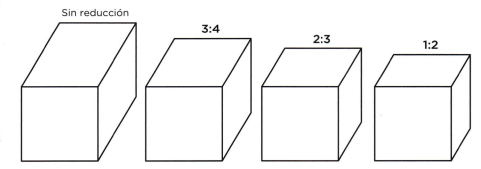

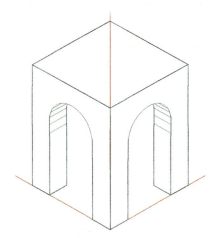

La perspectiva caballera simula la profundidad jugando con los ángulos de representación.

6.2 Perspectiva isométrica

En esta perspectiva, los tres ejes de referencia forman entre sí ángulos de 120°. Se emplea una plantilla formada por triángulos equiláteros para facilitar la representación de piezas.

Aunque al dibujar en perspectiva isométrica es habitual no usar ningún coeficiente de reducción y mantener las proporciones en los tres ejes, la norma indica que se aplique un coeficiente de reducción de 0,82 a todos ellos. De esa manera, se conserva la apariencia respecto al objeto real, aunque se conservan las proporciones entre los ejes.

Perspectiva isométrica.

COMPRENDE, PIENSA, INVESTIGA...

1. Dibuja en perspectiva caballera las figuras de la actividad de la página 23. Como puedes ver, todas las figuras de esa actividad se han dibujado en perspectiva isométrica. Cambia los ejes y vuelve a dibujarlas siguiendo las instrucciones de esta unidad.

7 Proyecciones y vistas de un objeto

En dibujo técnico desempeñan un papel fundamental las proyecciones de los objetos, que nos permiten representar fielmente un objeto situado en el espacio. Una proyección se puede definir, de forma simplificada, como la representación de un objeto sobre una superficie.

En una proyección interviene un **foco (V),** o punto desde el que se proyecta; unas **líneas proyectantes,** que parten del foco, y un **plano,** sobre el que se proyecta el objeto.

Cuando todas las líneas pasan por el foco, la proyección se denomina **cónica.** Sin embargo, si el foco está muy alejado, lo que se entiende técnicamente como que está en el infinito, las líneas de proyección serán paralelas.

Si el plano de proyección es perpendicular a las líneas proyectantes, se habla de **proyección ortogonal,** que es la utilizada para dibujar las vistas (o proyecciones ortogonales) de un objeto.

Cómo entender mejor qué son las vistas

Para entender qué son las vistas de un objeto, podemos imaginar que se encuentra encerrado, flotando dentro de un cubo transparente.

Así, las vistas del objeto aparecen en las paredes interiores del cubo como proyecciones ortogonales de cada una de sus caras.

Como consecuencia, las vistas de un objeto son seis, tantas como caras tiene el cubo imaginario que rodea a todo objeto. Sin embargo, salvo que la complejidad de este así lo exija, la utilización de tres vistas principales suele ser suficiente. En cualquier caso, se emplearán las vistas que sean necesarias para describir todos los detalles del objeto.

TIPOS DE PROYECCIONES

Cónica.

Ortogonal.

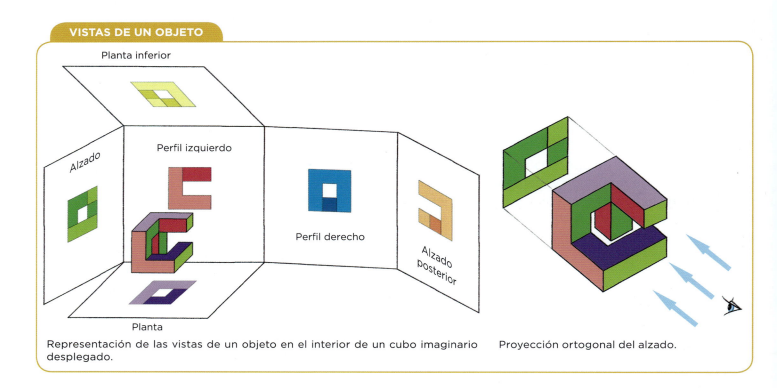

Representación de las vistas de un objeto en el interior de un cubo imaginario desplegado.

Proyección ortogonal del alzado.

Unidad 1

Denominación de las vistas

Las vistas se denominan:

- **Alzado** es la vista frontal del objeto, para la que habitualmente se elige aquella que proporciona la mayor cantidad de información posible.
- **Planta** es la vista superior.
- **Planta inferior,** o vista inferior del objeto.
- **Perfil** es la vista lateral. Según se proyecte el objeto desde el lado derecho o del izquierdo, obtendrás el perfil izquierdo o derecho respectivamente.
- **Alzado posterior,** o vista posterior del objeto.

CÓMO DIBUJAR LAS VISTAS DE UN OBJETO

1. Dibuja los ejes que delimitarán los espacios de cada una de las vistas. Utiliza una línea continua fina.
2. La primera vista que debes dibujar es el alzado, que será aquella que te ofrezca más información y detalles. En el ejemplo será el área roja, que indica la forma del objeto.
3. Traza ahora líneas auxiliares desde los contornos del alzado hacia la planta.
4. Utilizando la información suministrada por el alzado, dibuja la planta del objeto. Las líneas auxiliares te proporcionarán su anchura y la ubicación de elementos relevantes del objeto. El área es la zona violeta del objeto.
5. Traza líneas auxiliares desde el alzado de forma horizontal hacia el perfil y mediante el uso del compás desde la planta al perfil.
6. Dibuja ahora el perfil (recuerda que el perfil izquierdo va situado a la derecha del alzado, y el derecho, a su izquierda) apoyándote en las líneas auxiliares. El área verde es la identificada como la vista de perfil.

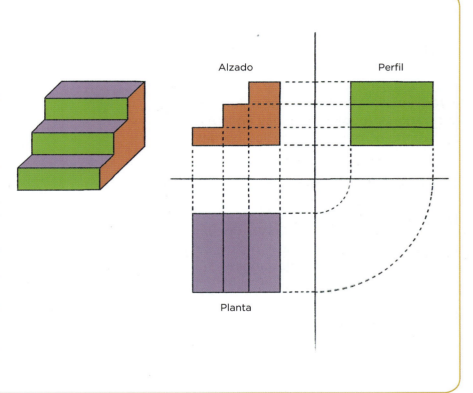

COMPRENDE, PIENSA, INVESTIGA...

1. Dibuja las vistas de los siguientes objetos:

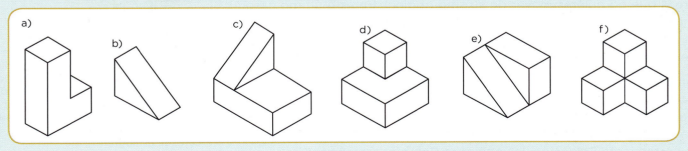

23

8 Gráficos digitales

Los gráficos digitales que están formados por puntos de imagen llamados píxeles, reciben el nombre de mapa de bits. Existe otro tipo de gráficos digitales definidos por líneas, curvas y elementos geométricos. Este último tipo se llama gráfico vectorial.

8.1 Paint

Es un sencillo programa que maneja gráficos de mapa de bits. Está incluido en los sistemas Windows desde sus inicios, y la versión que acompaña a las últimas versiones de Windows dispone del menú gráfico en la zona superior de la ventana, donde se alojan las herramientas para crear y manipular imágenes. Debajo está el lienzo blanco sobre el que dibujaremos. Se puede modificar el tamaño de este lienzo por medio de los tiradores (puntos) que hay en la esquina inferior derecha y en los bordes inferior y derecho.

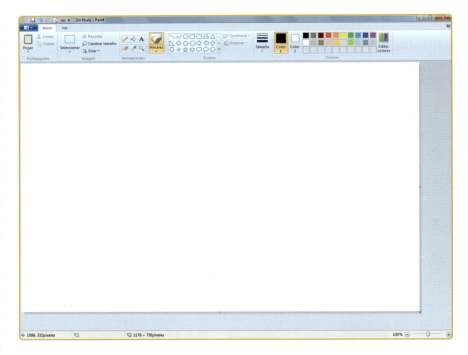

Para comenzar a dibujar, observa todas las posibilidades del menú **Formas** y trata de dibujar líneas rectas, curvas, rectángulos, círculos, etc. Con la opción **Tamaños** puedes modificar el grosor de línea de las formas que selecciones.

En la opción **Herramientas** dispones de un lápiz para estilo libre, una cubeta para colorear áreas cerradas y la herramienta para escribir textos. En la siguiente línea están la goma de borrar, un cuentagotas con el que puedes captar el color de un área sin necesidad de elegirlo de la paleta y una lupa para aumentar el zoom del área del dibujo que elijas.

La herramienta **Seleccionar** del menú **Imagen** permite elegir partes de un dibujo, copiarlas y pegarlas para formar dibujos con partes repetidas. Hay dos formas de selección, la opción **Selección rectangular,** con la que se marca un rectángulo, y la opción **Selección de forma libre,** muy útil para trasladar partes irregulares del lienzo salvando áreas que no quieras mover de su sitio original. En este último caso, mientras mantengas pulsada la tecla izquierda del ratón, irás creando el perímetro del área que quieres seleccionar. Tendrás que terminar cerca del punto en el que has empezado.

Alterna la selección opaca y la transparente para, respectivamente, ocultar el fondo o mostrarlo cuando pegues una selección. Cuando quieras reducir o aumentar las dimensiones de una parte del dibujo o cambiar la orientación de un objeto, utiliza de forma combinada, con la herramienta **Selección,** las opciones **Cambiar tamaño** y **Girar.**

EL ESTILO LIBRE EN PAINT

Dispones de toda una gama de estilos de líneas accediendo al menú **Pinceles,** especialmente indicado para el dibujo artístico, en el que se puede probar con diferentes aspectos de acabado, con terminaciones de aerógrafo, de cera, de estilográfica, etc.

8.2 Inkscape

Es software libre de dibujo vectorial. Aunque permite usos avanzados, su interfaz de usuario es tan amigable que también nos sirve para hacer algunas prácticas sencillas.

El menú es sustancialmente más completo que el de Paint y dispone de barras de herramientas alrededor de toda la zona de trabajo. Las que usaremos con más frecuencia son las situadas en la parte izquierda y en la zona superior.

El rectángulo que aparece en el centro es una imagen a escala de la lámina que imprimiríamos en papel. Se puede dibujar dentro y alrededor de esta hoja, pero a la hora de imprimir solo aparecerá lo que esté dentro de ella. El formato por defecto tiene dimensiones de A4. Puedes cambiar el tamaño a través de **Archivo → Propiedades** del documento en la pestaña Página.

Las herramientas de dibujo te permiten incorporar elementos. Las herramientas más sencillas para incluir elementos trazados a mano son **Dibujar líneas a mano alzada**, Dibujar curvas Bézier y líneas rectas, y **Dibujar trazos caligráficos o pinceladas**. También es posible dibujar directamente determinadas figuras geométricas con las herramientas **Crear rectángulos y cuadrados**, **Crear cajas 3D**, **Crear círculos, elipses y arcos**, **Crear estrellas y polígonos** y **Crear espirales**.

Al seleccionar cualquiera de estas herramientas, aparecerán todas las opciones relacionadas con ella en la barra de controles de herramienta. Observa a modo de ejemplo la barra asociada a la herramienta **Crear estrellas y polígonos**:

Inkscape tiene la particularidad de trabajar mediante un sistema de capas, en el que puedes utilizar diferentes formatos superpuestos de forma que puedes trabajar independientemente en cada una de ellas, así como mostrarlas y ocultarlas.

LA HERRAMIENTA SELECCIÓN

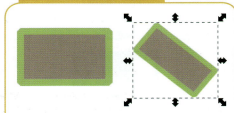

Esta herramienta permite seleccionar objetos, moverlos y modificar sus dimensiones y su apariencia externa: rotarlos, comprimirlos, alargarlos…

COMPRENDE, PIENSA, INVESTIGA…

1. Utiliza Paint para dibujar un paisaje parecido al de la imagen. Usa las herramientas que pone a tu disposición para crear formas y rellenar. ¿Qué pasa si quieres mover o retocar alguno de los objetos que has dibujado?

2. Dibuja polígonos y estrellas con Inkscape. Si quieres que el lienzo esté apaisado, tienes que ir al menú **Archivo – Propiedades del documento** y ponerlo horizontal. Puedes cambiar el color y la línea alrededor de cada objeto seleccionándolo y haciendo clic en el botón derecho del ratón; aparecerá un menú y debes elegir **Relleno y borde**. ¿Qué pasa si quieres mover o retocar alguno de los objetos que has dibujado?

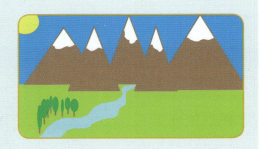

Aplica lo aprendido

⇟ Investiga sobre el terreno

Como tecnólogo, has de saber los principales riesgos relacionados con el trabajo y eso incluye conocer la simbología y la señalización empleadas para prevenir riesgos. A continuación, tienes una matriz de símbolos, cada uno asociado a una letra de columna y a un número de fila. Copia las tablas y añade las coordenadas de cada uno de ellos según los reconozcas. Muchas de las señales son intuitivas pero para otras quizá tendrás que pedir ayuda o buscar en Internet.

Señalización de prohibición	Coordenadas
No fumar	( )
No encender fuego	( )
No correr	( )
No extinguir fuego con agua	( )
Agua no potable	( )

Símbolos de precaución	Coordenadas
Productos químicos/tóxicos peligrosos	( )
Material inflamable	( )
Riesgo de radiación	( )
Material corrosivo	( )
Material explosivo	( )
Precaución	( )
Riesgo de peligro eléctrico	( )
Material biológico	( )

Señalización de emergencia y primeros auxilios	Coordenadas
Primeros auxilios	( )
Dirección del puesto de primeros auxilios	( )
Localización de puesto de primeros auxilios	( )
Flecha de dirección de salida de emergencia	( )
Situación de la salida de emergencia	( )
Flecha de dirección en caso de emergencia	( )

Símbolos de obligación	Coordenadas
Obligatorio calzado de protección	( )
Obligatorio el uso de casco	( )
Obligatorio el uso de protección ocular	( )
Obligatorio el uso de guantes	( )
Obligatorio protección auditiva	( )
Obligatorio el uso de equipo de respiración	( )

Unidad 1

❯ Piensa como ingeniero

Los objetos diseñados suelen atender a una necesidad determinada. Así, por ejemplo, puedes encontrar que para manejar el cursor de un sistema informático se ha diseñado un objeto con forma de ratón. En este caso, el parecido del objeto con un ratón es meramente una coincidencia, ya que se pretendía inventar un sistema que se adaptara a la mano y a sus movimientos sobre una superficie. Pero en otras ocasiones, no es la casualidad la que hace que los objetos diseñados tengan un enorme parecido con objetos de la naturaleza. Observa los siguientes ejemplos comparativos y piensa en las similitudes de las funciones del objeto diseñado por el hombre y el ejemplo de la naturaleza. Busca objetos que conozcas y piensa en qué se ha podido inspirar el diseñador. Pon al menos tres ejemplos.

Nosotros inventamos	La naturaleza dispone	Nosotros inventamos	La naturaleza dispone
Rueda	Araña del desierto de Namibia	Cinturón de seguridad	Crisálida de Macaón
Tijeras	Hormiga cortadora	Paracaídas	Semillas de diente de león
Aire acondicionado	Termitero	Helicóptero	Semillas de arce

❯ Innovación técnica

IKEA Kitchen Planner es una herramienta de diseño para todo aquel que quiera diseñar su propia cocina. Con ella, es posible determinar la superficie útil de la cocina, es decir, la que está libre de puertas, ventanas, columnas u otras irregularidades. Una vez lista la superficie, es posible elegir entre los muebles de cocina disponibles en su base de datos e irlos colocando; si se elige un mueble que no cabe en un sitio determinado, el programa impedirá su colocación. El diseño es 3D, por lo que muestra una vista de la cocina en proporciones reales.

Toma las medidas de una habitación (puede ser la cocina u otra cualquiera) y diseña una cocina completa con esta herramienta.

Proyecto de aula

Elaborar un presupuesto

Una de las partes más importantes de un proyecto es conocer cuánto va a costar antes de realizarlo. De hecho, cualquier actividad tecnológica, industrial o de tipo empresarial se dice que es realizable cuando se puede asumir el coste.

Para calcular el gasto de materiales, se ha de tener clara la lista de los que se van a utilizar, mientras que para determinar el coste de la mano de obra hay que tener en cuenta el tiempo que cada persona del equipo va a dedicar al proyecto. Por lo general, todos los componentes del grupo dedican el mismo tiempo, pero para realizar un cálculo riguroso, hay que fijar precios diferentes según el tipo de trabajo. Podéis aplicar el criterio que queráis y asignar salarios por hora según trabajéis de diseñador, de operario, de director de proyecto, etc.

Todos los datos se recogerán en una tabla en la que se desglose cada coste a fin de realizar la suma final para conocer el coste estimado del proyecto. Observa el siguiente ejemplo. Un equipo quiere construir un proyecto en el que el conjunto de piezas de madera pueden costearse con 2,60 €. Además, los costes de otros materiales serán de 2,4 € en escuadras de metal, 0,60 € en tornillería y 0,15 € en material fungible, como barras de termofusible y otros elementos de unión, como cola de contacto y clavos. En el equipo, los roles adquiridos por los componentes a lo largo del proyecto han sido: un compañero ha trabajado de director de proyecto cuyo coste es de 10 €/h, un diseñador-proyectista con un coste de 8 €/h y dos operarios a 5 €/h.

Para simplificar, deciden aplicar el mismo tiempo de trabajo a todos ellos, que se eleva a 10 horas de trabajo, excepto al que ha diseñado los planos, que ha trabajado dos horas más dibujando en casa. Por último, preguntan al profesor sobre los gastos de herramientas, de maquinaria y del alquiler del local, y el profesor estima 2 €/h en la primera y 3 €/h en la partida de alquiler del inmueble.

Reúne al equipo y copiad estas tablas en el cuaderno. Os servirán de plantilla para hacer por vuestra cuenta el cálculo del presupuesto:

Presupuesto de materiales

N.º	Material	Coste ud.	Unidades	Total
1				
2				
3				
4				
			TOTAL MATERIALES	

Mano de obra

N.º	Asignación	Salario/hora (€/h)	Horas	Total
1				
2				
			TOTAL MANO DE OBRA	
		TOTAL COSTE ESTIMADO DE PROYECTO		

QUÉ SE CALCULA EN UN PROYECTO

En el taller de Tecnología vas a realizar con tu equipo diversos proyectos y todos ellos tienen una serie de gastos comunes:

a) El gasto de materiales.
b) El coste de la mano de obra.
c) El coste del alquiler del local y de la maquinaria y las herramientas que se utilizan en el equipo.

PRESUPUESTANDO UNA REFORMA EN CASA

Seguramente en tu casa o en casa de un amigo han hecho alguna reforma. El albañil o la empresa de reformas ha ido primero a la casa, ha anotado en qué consiste el trabajo, ha preguntado o ha aconsejado los materiales que se quieren utilizar y, tras evaluar el coste de cada uno e incluir el beneficio por el trabajo, ha dado la cifra del coste total de la obra. A esta acción se la denomina presupuestar un trabajo.

Comprueba cómo progresas

1. Anota en tu cuaderno tres objetos que te vienen a la mente cuando piensas en la palabra «tecnología».

2. Propón cinco soluciones diferentes al problema «colocar un objeto a 3 metros de altura», sin pensar en posibles restricciones. Anota al lado de cada una por qué crees que es una buena solución.

3. **Analiza.** Haz un análisis completo de un objeto que utilizas a diario, por ejemplo, la mochila.

4. Supón que dispones de 800 € para comprar un ordenador hecho a medida, monitor, software, periféricos y cualquier producto relacionado. Busca en varias webs el precio de los componentes y haz un presupuesto teniendo cuidado de no superar el dinero disponible.

5. **Analiza.** Compara las características de dos teléfonos móviles: el tuyo y otro distinto. Puede ser el de un compañero o el teléfono que te gustaría tener. Incluye los precios de ambos y el resto de características más importantes: tamaño de pantalla, cantidad de memoria, posibilidad de expansión de memoria, etc.

6. Toma medidas de tu habitación en metros. Divide cada una por 100 y dibuja en tu cuaderno la superficie a escala. Toma nota de la medida de tu cama, tu armario y de otros enseres de tu habitación, divídelos por 100, dibújalos en cartulina y recórtalos. Trata de diseñar tu habitación colocando los muebles de diferente forma, elige el diseño que más te guste y dibújalo.

7. Explica por qué se emplea un coeficiente de reducción en la perspectiva caballera.

8. Haz una lista de las ventajas e inconvenientes que has observado al realizar dibujos entre las aplicaciones Paint e Inskcape, en relación con la comodidad de utilización de las herramientas de dibujo y los resultados que se obtienen.

9. Elige algún cuadro famoso como, por ejemplo, *La Gioconda,* de Leonardo; *La maja,* de Goya, algún paisaje o un bodegón y haz una copia a estilo libre usando Inkscape. Para ello, utiliza en una capa inferior una imagen del cuadro y sobre él ve haciendo polígonos usando las herramientas. Cuando hayas terminado, combina todos los polígonos y retira la capa inferior.

10. Realiza las siguientes mediciones de tu cuerpo (identificadas en las figuras con las letras A, B, C... J) y anótalas en tu cuaderno. Con las medidas realizadas, trata de dibujar los bocetos de tu cuerpo. Ayúdate de líneas auxiliares que rodeen el boceto.

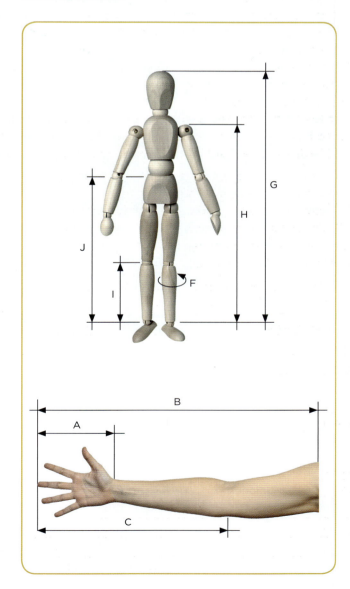

2. Materiales tecnológicos, herramientas y madera

La materia que nos brinda la naturaleza tiene múltiples formas y es abundante. El hombre, a lo largo de su historia, ha sido capaz de extraerla y convertirla en materiales útiles para su actividad diaria. Observa a tu alrededor y podrás distinguir una infinidad de materiales que constituyen los objetos que empleas a diario.

En esta unidad vas a estudiar...

- Materiales y materias primas
- Propiedades de los materiales
- Las herramientas
- La madera
- Propiedades de la madera
- Presentación de las maderas
- Derivados de la madera a partir de celulosa
- Herramientas para el trabajo con madera
- Uniones

Unidad 2

Hacer muebles con madera de palés

- En una sociedad tan industrializada como en la que vivimos, la explotación de los recursos naturales está agotando el planeta. Bosques enteros están siendo talados para cubrir la creciente demanda de papel, madera y otros derivados, con consecuencias en el equilibrio de los ecosistemas, en la flora y la fauna, en el suelo y, también, en la atmósfera.

- Por todas estas razones, la reutilización y el reciclado de madera se convierten en una buena solución para evitar, o al menos reducir, parte del impacto que ejercen la obtención, el uso y el desecho de la madera sobre el medio ambiente. Muchos diseñadores de muebles han apostado por el empleo de la madera procedente de palés.

- Un palé es una estructura plana constituida por maderas transversales y paralelas que se usa como plataforma para soportar cargas, de forma que el conjunto de palé y carga es movido a la vez al colocarlo en camiones o depositarlo en el suelo, sin que la carga sufra contacto alguno con los medios de transporte. Su madera es ligera, blanda y se trabaja con facilidad. Muchos muebles se construyen con los tablones que constituyen un palé de forma individual o empleando el propio palé como elemento plano.

¿Qué sabes sobre los materiales?

1. Piensa en los materiales de los que están hechos los objetos que llevas a diario al colegio o al instituto. Haz una lista de cuatro materiales distintos y de los objetos que los contienen.

2. ¿Cuántos materiales de los de la lista anterior se encuentran de forma natural en tu comunidad autónoma? ¿Cuántos de los objetos manufacturados proceden de nuestro país?

3. ¿Qué herramientas conoces? ¿Sabes cómo manejarlas para no tener accidentes?

4. Seguro que en tu casa hay varios objetos hechos de madera. Aunque todas las maderas puedan parecerte iguales, en realidad no lo son. ¿Conoces las diferencias entre las maderas naturales y las artificiales?

5. ¿Qué procedimientos se te ocurren para unir dos trozos de madera? ¿Qué herramientas y materiales necesitas para ello?

31

1 Materiales y materias primas

1.1 La selección de materiales

Cualquier proceso de resolución tecnológica conlleva responder a una serie de preguntas. Según se respondan, la solución irá tomando forma. Así, durante el proceso aparecerán preguntas sobre los materiales similares a las siguientes:

- **El tipo de materiales:** ¿Qué materiales vamos a usar? ¿Deben ser naturales o artificiales?
- **Sus funciones:** ¿Qué función principal han de cumplir? ¿Tienen que aportar solución a alguna otra función, como, por ejemplo, la estética?
- **Su durabilidad:** ¿Qué tiempo ha de durar la solución?
- **El coste económico:** ¿De qué presupuesto disponemos?
- Los tipos de **elementos adicionales** que hay que aportar: ¿Qué herramientas se deben utilizar? ¿Se necesitan elementos de unión?
- Las **técnicas de trabajo** a emplear: ¿Conocemos o podemos conocer en un tiempo razonable las técnicas de trabajo con los materiales y las herramientas a nuestra disposición?

1.2 Las materias primas

Las materias primas son los productos extraídos directamente de la naturaleza. Su procedencia puede ser vegetal, animal o mineral. También se consideran materias primas el aire y el agua, imprescindibles para los cultivos y la vida en general, así como el petróleo y el gas natural, cuyo origen es fósil.

MATERIAS PRIMAS

De origen animal

Ceras, grasas, fibras, huesos, marfil...

De origen vegetal

Madera, algodón, lino, resinas, aceites...

De origen mineral

Minerales, rocas, gravas, arena...

1.3 Materiales naturales y transformados

A las materias primas, también denominadas materiales naturales en bruto, se les aplican procesos industriales para convertirlas en **materiales transformados.** Estos se emplearán para fabricar otros objetos más complejos; por ejemplo, la madera de los árboles se transforma en tableros para construir muebles.

Una vez procesados, los materiales se pueden clasificar en artificiales y sintéticos. Los materiales artificiales están compuestos de otros más simples que se encuentran en la naturaleza. Los materiales sintéticos se obtienen a partir de los artificiales y no se encuentran en la naturaleza.

Un **producto tecnológico** es un objeto construido a partir de materiales, diseñado por el ser humano para cubrir una necesidad.

EL CELULOIDE

Hacia la mitad del siglo XIX, las existencias de marfil estaban en un proceso de escasez, y los fabricantes de bolas de billar, objetos fabricados con este material, ofrecieron, mediante un concurso público, diez mil dólares a aquel que pudiera fabricar las bolas de billar con algún material sustitutivo. El premio lo ganó John W. Hyatt, quien presentó una forma endurecida de nitrocelulosa, que denominó celuloide. El celuloide, en forma de película, fue muy utilizado en la industria del cine. Dejó de utilizarse para este fin en 1940, debido, sobre todo, a que era un material altamente inflamable.

COMPRENDE, PIENSA, INVESTIGA...

1 ¿Crees que podemos utilizar las materias primas directamente o necesitan algún tipo de transformación antes de hacerlo?

2 Haz una tabla en tu cuaderno y clasifica los siguientes elementos según sean materias primas, materiales o productos:

madera, chaqueta, vidrio, trigo, arena, plástico, pan, persiana, ventana, lana, harina, petróleo, tablón, estantería, ovillo.

3 Supón que tienes que resolver el problema de llevar todos tus instrumentos y útiles de escritura y dibujo al colegio o al instituto.

a) Piensa al menos dos soluciones distintas. Dibuja un croquis de ambas. Recuerda que el croquis debe incluir las medidas.

b) Indica qué materiales usarías en cada caso. ¿Son los mismos? Explica brevemente por qué has usado esos materiales y no otros (disponibilidad, precio, tacto, color, etc.).

c) El cierre es uno de los puntos clave para evitar que tus instrumentos se caigan y se deterioren. ¿Qué método de cierre has escogido para cada uno de tus diseños?

d) Describe los pros y los contras que tiene cada una de tus soluciones. ¿Qué podrías hacer para mejorarlas?

2 Propiedades de los materiales

Las propiedades de los materiales son aquellas cualidades que poseen y que determinan su comportamiento ante acciones externas, pero también son las características que determinan la percepción que tienen nuestros sentidos de ellos.

Hay muchas propiedades y distintas formas de clasificarlas. En las siguientes tablas puedes ver propiedades que se utilizan coloquialmente como sinónimos, pero que tienen significados muy distintos entre sí cuando nos referimos a los materiales.

2.1 Propiedades mecánicas

Son aquellas propiedades que están relacionadas con el comportamiento del material frente a los esfuerzos y las cargas.

Propiedad y definición	Ejemplo	Propiedad y definición	Ejemplo
Dureza Oposición de un cuerpo a ser penetrado o rayado por otro.		**Fragilidad** Capacidad de un objeto para romperse fácilmente sin sufrir apenas deformaciones.	
Resistencia mecánica Capacidad de los cuerpos de resistir las fuerzas que se les aplican sin romperse o modificar su forma.		**Elasticidad** Capacidad de un material de recuperar su forma original tras sufrir deformaciones ocasionadas por fuerzas externas después de cesar estas fuerzas.	
Tenacidad Oposición de un cuerpo a ser modificado, deformado o roto.		**Plasticidad** Capacidad de un cuerpo de deformarse permanentemente al exceder su límite elástico, pero sin llegar a romperse.	

Unidad 2

2.2 Propiedades térmicas

Son aquellas propiedades que indican cómo se comporta el material frente al calor.

Propiedad y definición	Ejemplo	Propiedad y definición	Ejemplo
Dilatación Es el aumento de tamaño que sufre un cuerpo al incrementar su temperatura.		**Conductividad térmica** Capacidad de conducir el calor.	

2.3 Propiedades ecológicas

Son aquellas propiedades que nos informan sobre el impacto que tiene el material sobre el ambiente.

Propiedad y definición	Ejemplo	Propiedad y definición	Ejemplo
Toxicidad Grado de efectividad de un veneno o toxina.		**Reciclabilidad** Capacidad de un material para ser utilizado de nuevo para el mismo fin con el que se creó u otro distinto.	
Ecotoxicidad Grado de los efectos tóxicos de un contaminante sobre un ecosistema.		**Biodegradabilidad** Capacidad de un material de descomponerse por medios naturales.	

COMPRENDE, PIENSA, INVESTIGA...

1 Analiza. En la actualidad, el etiquetado de los productos que compramos debe llevar impresas las propiedades ecológicas. Analiza los envases de varios de ellos:

a) Anota el producto, copia los símbolos e indica su significado.

b) ¿Son iguales, parecidos o distintos los símbolos que has anotado?

c) Hay elementos comunes en el lenguaje simbólico (color, forma...); descúbrelos y crea tus propios símbolos de biodegradabilidad, reciclabilidad y toxicidad.

3 Las herramientas

3.1 Las primeras herramientas del ser humano

El ser humano utilizó sus manos como herramientas durante muchos siglos, hasta que la capacidad de abstracción de su cerebro le impulsó a emplear palos y piedras para potenciar los efectos de sus acciones.

Los útiles más primitivos no tenían mango, sino que se usaban directamente agarrándolos con la mano, y eran seleccionados según la forma y el tamaño que la erosión natural les había dado.

Cuando nuestros antepasados aprendieron a tallar la piedra, dependieron únicamente de la consecución del material apropiado para lograr las herramientas que necesitaban.

Durante el Paleolítico inferior, las herramientas de piedra fueron simples cantos toscamente tallados, precursores de mazos, hachas y picos. En el Paleolítico medio, las herramientas fueron más cortantes y punzantes, incluyendo raederas, puntas de lanza, buriles y raspadores. Ya en el Paleolítico superior, las hojas se hicieron todavía más precisas y también fabricaron herramientas de asta y hueso, como agujas y arpones.

COMPRENDE, PIENSA, INVESTIGA...

1. En tu opinión, ¿qué ventajas supuso añadir un mango a las herramientas?

2. Imagina que volvieras a la Edad de Piedra y tuvieras que organizar el trabajo de tu tribu para conseguir los materiales y las herramientas que necesitaseis para sobrevivir.

   a) ¿Qué actividades seríais capaces de realizar en esa época?

   b) ¿Qué útiles y herramientas tendríais que construir y para qué?

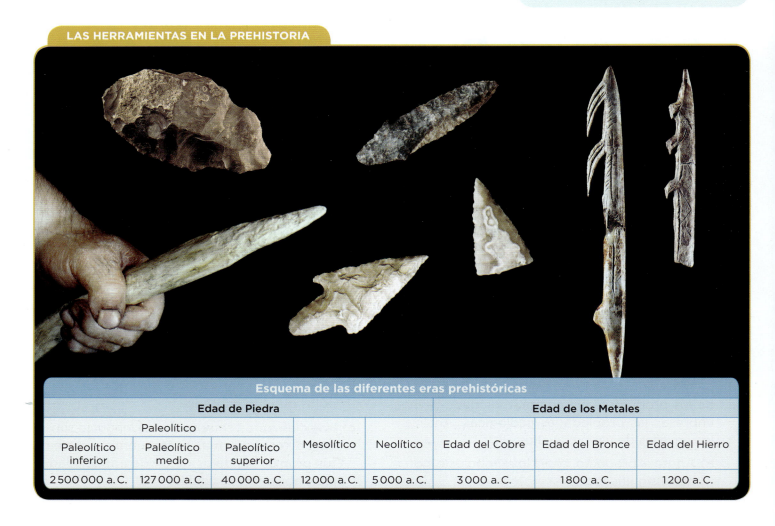

LAS HERRAMIENTAS EN LA PREHISTORIA

Esquema de las diferentes eras prehistóricas							
Edad de Piedra					Edad de los Metales		
Paleolítico							
Paleolítico inferior	Paleolítico medio	Paleolítico superior	Mesolítico	Neolítico	Edad del Cobre	Edad del Bronce	Edad del Hierro
2 500 000 a. C.	127 000 a. C.	40 000 a. C.	12 000 a. C.	5 000 a. C.	3 000 a. C.	1 800 a. C.	1 200 a. C.

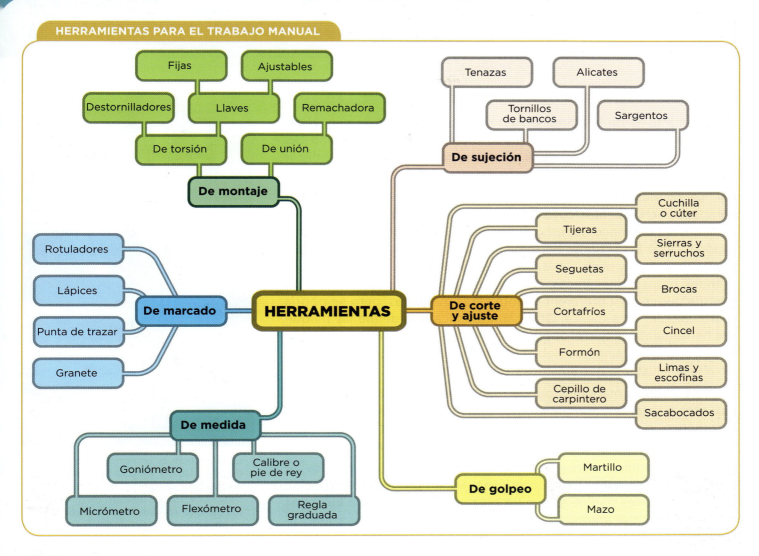

HERRAMIENTAS PARA EL TRABAJO MANUAL

3.2 ¿Qué es una herramienta?

Existe una amplísima variedad de herramientas adaptadas a las más diversas actividades. Tienen muchas funciones distintas, desde amplificar la potencia de las manos hasta protegerlas del contacto directo con elementos y productos peligrosos.

Se puede decir que una **herramienta** es un objeto diseñado para facilitar la realización de trabajos y de tareas mecánicas.

Tanta es la importancia de las herramientas en el desarrollo y en la evolución de las diferentes culturas humanas, que la palabra «herramienta» ha trascendido en nuestros días su significado aplicado a objetos físicos, para utilizarse también referido a programas informáticos.

COMPRENDE, PIENSA, INVESTIGA...

3. Completa el gráfico sobre herramientas en tu cuaderno. Añade aquellas que conozcas y no aparezcan en él; puedes crear nuevas categorías partiendo del nodo central.

4. Define, de forma breve, cada uno de los grupos de herramientas que aparecen en el mapa mental de esta página.

3 Las herramientas

3.3 Las máquinas herramienta

Según el Museo de la Máquina Herramienta, de Elgoibar, Gipuzkoa: «Durante siglos la herramienta fue la prolongación de la mano del hombre, hasta la aparición de la máquina, que le ayudó en la utilización de la herramienta».

Así, se emplea el término «máquina herramienta» para designar complejas herramientas cuya fuente de energía no procede del movimiento de las manos o, en general, del cuerpo humano. Esta definición incluye las actuales herramientas eléctricas portátiles, aunque normalmente se aplica a pesadas máquinas, como los tornos o las grandes prensas mecánicas. Hoy día, es la electricidad la forma de energía que mueve preferentemente estas máquinas, pero se podría usar cualquier otra fuente. Otra característica que define las máquinas herramienta es que el operario no maneja directamente el útil que realiza el trabajo, sino que debe colocar el material sobre el que se va a trabajar, ajustar la herramienta y ponerla en marcha.

El control de las máquinas puede realizarse por medio de botones, palancas o volantes, aunque en modelos más sofisticados puede ser automático, por ejemplo mediante ordenador; en este último caso, estaríamos refiriéndonos a una **máquina de control numérico.**

Las máquinas herramienta se emplean en la fabricación precisa de productos o de piezas de productos. Su empleo en producción de grandes series garantiza que las piezas obtenidas serán idénticas (dentro de los parámetros de tolerancia). Pueden trabajar sobre diversos materiales, aunque su imagen se asocia sobre todo al trabajo con metales.

Es posible asegurar que nuestra sociedad moderna no podría disponer de tantos y tan variados objetos tecnológicos, desde los satélites espaciales a los relojes de pulsera, sin la existencia de las máquinas herramienta.

TOLERANCIA

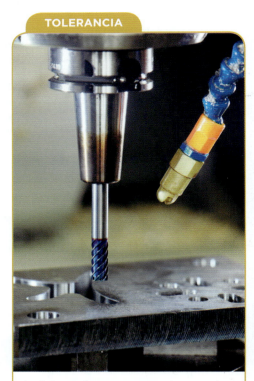

La tolerancia es un concepto que, desde el punto de vista técnico, indica el margen de permisividad en las medidas. Por ejemplo, cuando un diseñador indica que en una determinada pieza se ha de realizar un taladro con un diámetro de 8 milímetros y con una tolerancia de 1 milímetro, significará que el trabajo será aceptable cuando el taladro realizado tenga cualquier medida entre 7 y 9 milímetros.

COMPRENDE, PIENSA, INVESTIGA...

5. ¿Qué otras fuentes de energía anteriores a la electricidad empleó el ser humano en el pasado para mover sus máquinas?

Escribe por lo menos tres y un ejemplo de máquina movida por cada una de ellas.

4 La madera

Los seres humanos llevan miles de años aprovechando la abundancia y variedad de maderas a su alcance para construir todo tipo de objetos, desde herramientas hasta viviendas.

> La **madera** es el material fibroso del que se componen los árboles. Está formada principalmente por dos sustancias: la **celulosa** (fibra natural que constituye las paredes de las células vegetales) y la **lignina** (que mantiene la celulosa unida, confiriéndole dureza y rigidez al árbol).

4.1 Las partes del tronco

El tronco es la parte del árbol más empleada y de mayor aprovechamiento para los trabajos tecnológicos. Hacen falta muchos pasos para transformar el tronco de un árbol en un objeto tecnológico, como un mueble.

Si hacemos un corte perpendicular al tronco de un árbol, podemos distinguir las partes en que se divide.

LAS PARTES DEL TRONCO DE UN ÁRBOL

Duramen (o corazón): es la madera dura y consistente. Está formada por células fisiológicamente inactivas y se encuentra en el centro del árbol. Es más oscura que la albura, y la savia ya no fluye por ella.

Médula vegetal: es la zona central del tronco, que posee escasa resistencia, por lo que, generalmente, no se utiliza.

Albura: es la parte joven de la madera. Suele ser de color más claro y se utiliza para trabajos de escasa exigencia mecánica o cualidad estética. Transporta agua, sales minerales y otros nutrientes desde la raíz hasta las hojas de las plantas.

Anillos de crecimiento: cada anillo corresponde a un año de vida del vegetal.

Corteza: protege la madera de enfermedades y ataques externos.

Cámbium: capa de crecimiento del árbol formada por células vivas.

4 La madera

TIPOS DE MADERAS

Frondosas

Chopo.

Resinosas

Pino.

4.2 Tipos de maderas

Según el tipo de árbol del que proceden, las maderas naturales se pueden clasificar en:

- **Frondosas.** Se obtienen a partir de árboles poco resinosos, de textura fibrosa, frecuentemente de hoja caduca y maderas de una amplia gama de colores, durezas y tonalidades. Muchas variedades soportan bien las inclemencias meteorológicas, lo que las hace muy adecuadas para mobiliario de jardín. Entre ellas se cuentan la teca, el ébano y la caoba. En nuestras latitudes, algunas de las frondosas de madera dura más conocidas son el roble, el haya y el olivo, mientras que entre las de madera blanda, cabría destacar el chopo.

- **Resinosas.** Habitualmente proceden de árboles de hoja perenne, productores de resina, de madera blanca o de colores claros y, en general, de poca dureza. Predominan en zonas frías en ambos hemisferios, suelen ser fáciles de trabajar y son las únicas válidas para obtener madera laminada. La familia de árboles más importante de esta variedad es la formada por las coníferas, siendo sus representantes más conocidos pinos y abetos. Entre las coníferas de madera dura destacan los cipreses.

4.3 La obtención de la madera

Para obtener madera, es necesario talar árboles. Para evitar deforestaciones y talas indiscriminadas, esta actividad está actualmente regulada por los gobiernos y solo se autoriza llevarla a cabo, en determinados bosques, a empresas que deben reforestar amplias zonas de las que posteriormente se abastecerán. Los árboles se talan cuando han alcanzado su madurez.

Hasta lograr que el material pueda ser usado para la construcción de objetos, hay que seguir varios pasos.

COMPRENDE, PIENSA, INVESTIGA...

1. Busca información sobre árboles singulares (el más alto, el más ancho, el más viejo...), averigua dónde están situados y las características del lugar: clima, humedad, temperatura, tipo de terreno, etc.

OBTENCIÓN DE LA MADERA

Tala y poda

Por medio de hachas o sierras mecánicas se corta el tronco y se eliminan ramas y raíces. En algunas ocasiones se aprovecha para realizar el descortezado del árbol tras la poda.

Transporte

Desde los bosques hasta los aserraderos, se traslada en camiones o siguiendo el curso de un río, dependiendo del terreno y la orografía, la infraestructura de transporte y la distancia al aserradero.

Descortezado y aserrado

Si el árbol no ha sido descortezado en el bosque, será lo primero que se le haga. Después, se cortará siguiendo una técnica u otra, en función de la forma que se quiera obtener: tableros, chapas o listones.

Secado

Eliminar la savia del interior de la madera. Se ordenan las maderas de forma que circule el aire entre ellas. Se puede seguir un proceso de secado natural o acelerarlo por medios artificiales, como la aplicación de calor o de productos químicos.

COMPRENDE, PIENSA, INVESTIGA...

2 Fíjate en los árboles que hay en el camino al colegio o al instituto. ¿Cuáles son más abundantes, los frondosos o los resinosos? ¿Qué características te lo han indicado?

3 Escribe los nombres de las especies de árboles más frecuentes en tu provincia. ¿Son especies autóctonas o se han introducido desde otros países? ¿Por qué se introdujeron?

5 Propiedades de la madera

Hay tantos tipos de maderas como árboles, lo que quiere decir que existe una amplia variedad donde elegir. Como material tecnológico, una primera clasificación de las maderas es, según su dureza, en duras y blandas, pero también interesan otras propiedades.

DUREZA

Resistencia a ser penetrada y rayada por otros cuerpos. Comparada con otros materiales, la madera es blanda y se raya con facilidad, aunque existen diferentes niveles de dureza, esto es, hay maderas más duras que otras. En general, cuanto más oscura es la madera, más dura resulta ser.

AISLAMIENTO TÉRMICO Y ELÉCTRICO

La madera es un buen aislante. Presenta una gran oposición al paso del calor y la electricidad.

FLEXIBILIDAD

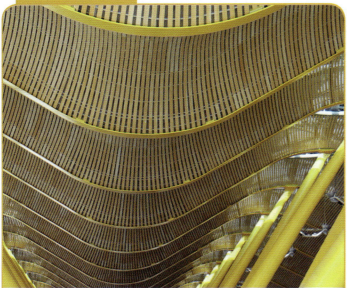

Capacidad para ser deformada en el sentido de las fibras sin romperse. La madera es flexible, comparada con otros materiales, aunque hay maderas más flexibles que otras.

DENSIDAD

Relación entre la masa y el volumen del material. En general, la madera es poco densa y tiene una relación resistencia/peso que la hace muy apropiada para su uso en construcción.

Unidad 2

HIGROSCOPICIDAD

Capacidad de absorber o ceder humedad. Esta propiedad afecta al volumen y al peso de la pieza. La madera absorbe con facilidad la humedad del ambiente.

CONDUCTIVIDAD ACÚSTICA

Debido a su baja densidad y su elevada elasticidad, la madera conduce muy bien el sonido. Estas dos propiedades la hacen muy adecuada para construir instrumentos musicales.

HENDIBILIDAD

Facilidad para abrirse en el sentido longitudinal de las fibras.

TENACIDAD

Es muy resistente a la rotura por golpes.

COMPRENDE, PIENSA, INVESTIGA...

1. No todas las partes del tronco tienen la misma densidad. ¿Qué partes crees que son más densas y por qué?

2. La madera de balsa se caracteriza por ser la menos densa que se conoce. ¿Qué otras propiedades consideras que debe tener?

3. ¿A través de qué propiedad se explica por qué la madera flota en el agua?

4. Aunque en la actualidad los mangos de muchos utensilios de cocina se fabrican con plástico, durante años la madera ha sido el material predominante. ¿Qué propiedad hace a la madera adecuada para este uso? ¿Por qué crees que ha sido sustituida por el plástico?

5. Atendiendo a la propiedad de la flexibilidad, ¿qué madera emplearías para fabricar un arco? ¿Y un tablero para un pequeño puente?

6. Busca las propiedades que hacen de las siguientes maderas algunas de las más utilizadas: castaño, caoba, cerezo, fresno, haya, nogal, olivo, pino, roble y teca. ¿Cuáles son los usos a los que se destinan (mobiliario, construcción de estructuras, forrar suelos o paredes, etc.)?

6 Presentación de las maderas

6.1 Maderas naturales

La madera natural puede ser aserrada de diferentes formas para obtener piezas que serán utilizadas en la construcción de objetos. Algunas de las presentaciones o formas comerciales más comunes son:

- **Listones.** Piezas de sección cuadrada, rectangular o circular. Su grosor es variable. Se emplean para maquetas, remates o soportes de cajones.
- **Molduras o perfiles.** Piezas similares a los listones, de formas más complejas. Se emplean en decoración.
- **Tablas y tablones.** Empleadas en construcción y en la industria del mueble.
- **Vigas.** Empleadas como elemento estructural en construcción. Su uso se está reduciendo, siendo sustituidas por el hormigón.
- **Tableros.** Piezas de gran superficie que se obtienen ensamblando varias tablas por el canto. Se emplean en la industria del mueble y en decoración.
- **Láminas o chapas.** Piezas delgadas usadas para forrar superficies.

6.2 Maderas prefabricadas

En ocasiones es necesario disponer de tableros de madera de dimensiones difíciles de obtener a partir de piezas naturales. Existen distintos modos de salvar esta dificultad, como convertir los troncos en delgadas láminas o astillas y aprovecharlos para construir tableros artificiales.

Las principales propiedades de los prefabricados de madera son:

- Son más uniformes, no tienen nudos o vetas.
- Al no tener vetas ni nudos, se deforman menos.

FORMAS COMERCIALES DE LA MADERA NATURAL

Molduras o perfiles

Láminas o chapas

Listones

Tablas

Tableros

Tablones

Vigas

COMPRENDE, PIENSA, INVESTIGA...

1. Con ayuda de las ilustraciones que aparecen en la página, indica las diferencias entre las tablas, los tablones, las vigas y los tableros.

2. Observa en la imagen cómo se ha cortado el tronco para obtener tablas y listones. ¿Por qué crees que se ha utilizado el duramen para hacer tablas y la médula para listones?

- Están disponibles en diversos acabados: imitando madera natural, piedra, y en una amplia gama de colores lisos, con brillo, etc.
- Pueden tener tratamientos antiparasitarios (hongos e insectos) y antihumedad.
- Aprovechan la madera de árboles cuya calidad no los hace adecuados para el aserrado.
- Tienen medidas estándares, con grosores que van de los 2,5 mm a los 36 mm.
- Son más baratos que la madera natural.

Presentaciones comerciales

Los prefabricados de madera se emplean sobre todo en la construcción de objetos como muebles, puertas, estanterías, etc. a precios sensiblemente inferiores que los de la madera natural. Las presentaciones más empleadas son las siguientes:

- **Tableros contrachapados.** Formados a partir de un número impar de láminas encoladas, de entre 0,5 y 3 mm de espesor. Se disponen de forma que las fibras de los tableros consecutivos queden perpendiculares, haciendo que el producto final sea más resistente a las deformaciones.
- **Tableros aglomerados.** Se fabrican a partir de virutas y restos de madera encolados y prensados. Se conocen también como tableros de partículas.
- **Tableros de fibras.** Se consiguen por reducción de la madera hasta las fibras que la forman. El material fibroso se mezcla con determinados aditivos y productos químicos, como urea y resina, y se prensa a alta temperatura. Uno de los más conocidos es el tablero de densidad media, o DM, hecho a partir de fibras de pino muy finamente picadas.

PREFABRICADOS DE MADERA

De arriba a abajo, tablero contrachapado, tablero aglomerado y tablero de fibras.

COMPRENDE, PIENSA, INVESTIGA...

3 Haz un diagrama que te ayude a distinguir las diferencias entre maderas naturales y artificiales, comparando las ventajas y los inconvenientes de cada una.

4 ¿De qué está compuesto el tablero aglomerado? ¿En qué tipo de muebles se suele emplear? Pon un ejemplo, indicando las partes hechas de aglomerado.

5 ¿En qué se diferencian un tablero aglomerado y uno de fibras?

6 Localiza un almacén de maderas o una tienda de bricolaje cerca de tu casa.

  a) Observa y consulta las diferentes presentaciones de listones de madera y tableros contrachapados.

  b) Anota las dimensiones de las presentaciones de ambos productos. ¿Están disponibles en cualquier tamaño o hay unas medidas estándares?

  c) ¿Por qué crees que estos productos se comercializan con estas medidas?

7 Describe el proceso que aparece en la figura:

7 Derivados de la madera a partir de celulosa

La celulosa es el principal componente de las paredes celulares de árboles y otras plantas. Se encuentra en forma de fibras cuyas dimensiones varían de una planta a otra. Su principal uso es la fabricación de papel y cartón.

7.1 Papel

El proceso de fabricación de papel apenas ha variado desde que fue desarrollado en China, aproximadamente en el siglo I a.C. El papel resultó más económico y fácil de fabricar que los materiales usados hasta entonces, pergamino y papiro, de producción mucho más limitada y costosa.

La producción de papel consta de dos grandes fases: la elaboración de la pasta de celulosa y la fabricación del papel, cada una con varios pasos, tal y como puede verse en la figura inferior.

7.2 Cartón

El cartón se forma por varias capas de papel superpuestas, lo que le confiere mayor grosor, dureza y resistencia. La capa externa puede tener un tratamiento distinto para lograr un brillo o una impresión más llamativa; la técnica empleada con más frecuencia es el **estucado**. El principal uso del cartón es en embalajes y envases.

EL CORCHO

El corcho es también un derivado de la madera. Es un tejido vegetal extraído de la corteza del alcornoque; está formado por células muertas que protegen las zonas vivas del árbol. Es flexible e impermeable.

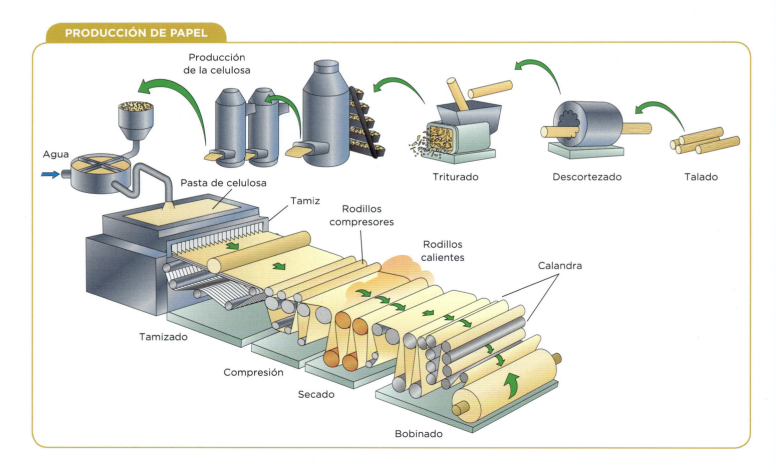

PRODUCCIÓN DE PAPEL

FABRICACIÓN ARTESANAL DE PAPEL

1. Prepara una rejilla de malla fina de acero o plástico. Móntala sobre un marco de madera con las dimensiones del tamaño de papel que quieras conseguir. Para fijar la malla al marco, solo hay que graparla.

2. Ahora prepara la mezcla con trozos de papel desechado del menor tamaño posible. Échalos en una cubeta de agua y déjalos medio día. Da vueltas a la mezcla de vez en cuando, con ayuda de una cuchara de madera, para hacer que el papel se deshaga y forme una pasta uniforme o tritúralos con una batidora.

3. Poniendo un recipiente debajo, vierte la pasta sobre la rejilla de forma homogénea y espera a que escurra la mayor parte del agua. Deposita la lámina de pasta de papel sobre una bayeta, pon otra bayeta encima y continúa formando una pila de capas de pasta y bayetas hasta tener todas las hojas que quieras preparar. Coloca la pila entre dos tableros y prénsala con ayuda de sargentos o poniendo objetos pesados sobre ella.

COMPRENDE, PIENSA, INVESTIGA…

1. Crea tu propio diagrama con los pasos de la fabricación de papel. Incluye una breve descripción de cada paso.

2. Anota en tu cuaderno una lista de al menos cinco objetos cotidianos hechos de papel.

3. Ya conoces diferentes presentaciones de papel. Haz un listado con todas las que conoces junto con sus características.

4. ¿Qué crees que es más ecológico: el uso de libros electrónicos o el de libros en papel? Busca argumentos y justifica tu respuesta.

5. Analiza un envase de cartón. Por ejemplo, una caja.

   a) Toma sus medidas y representa sus vistas.

   b) Desmóntalo con cuidado para extenderlo encima de la mesa. Haz un plano a escala 1:2, teniendo cuidado de no olvidar los pliegues y las pestañas.

   c) ¿Es igual la cara interna del envase que la externa? Anota las diferencias que observes.

   d) ¿Qué nuevos usos podrías darle al cartón, además de reciclarlo en el contenedor azul?

8 Herramientas para el trabajo con madera

8.1 Herramientas de corte

SIERRAS Y SERRUCHOS

Serrucho. Es la herramienta general para realizar cortes en la madera. Su corte es poco preciso, ya que la hoja es muy flexible y cimbrea.

Sierra de costilla. Lleva una pieza metálica en forma de U en el borde superior, llamada costilla, que facilita los cortes rectos. Para cortes «cortos» y precisos. Si el corte es largo, la costilla puede entorpecer la labor al tropezar con la madera.

SEGUETAS

Segueta. Se compone de un mango y un arco al que se atornilla una hoja metálica o pelo. Dependiendo del número de dientes y del grosor de la hoja se podrán hacer cortes de mayor precisión. Hay una amplia gama de arcos de distintas longitudes.

Los pelos redondos permiten hacer cortes curvados, mientras que los pelos planos solo están indicados para cortes rectos.

Los dientes deben montarse hacia delante y el pelo ha de quedar tenso para evitar que se parta con facilidad.

Sierra de arco. Herramienta muy versátil para cortes en madera o metal. Se emplea para el corte preciso de listones, en el que apenas se desprende serrín o virutas ni se astilla la madera. La pieza a cortar ha de ser de poco grosor o tropezará el arco.

MÁQUINAS HERRAMIENTA

Sierra circular. Para cortes rectos. El corte puede producir astillado si el disco no está bien afilado, tiene un número reducido de dientes o se corta a pocas revoluciones.

Sierra de calar. Para cortes rectos y curvados. Corte más lento que el de la sierra circular. Tiende a astillar el material.

Unidad 2

8.2 Herramientas de percusión

Existe una amplia variedad de martillos, pero si nos fijamos, todos coinciden en tener al menos un lado de la cabeza diseñado para golpear y otro con una forma especial específica para el trabajo para el que se diseñó.

MARTILLOS

Martillo de peña. Para trabajos comunes. Utilizado en tapicería o modelismo, se fabrica en diversos tamaños.

Martillo de orejas. El lado plano se emplea para clavar clavos y las orejas o uñas para desclavarlos.

MAZOS

Mazos de nailon y de goma. Se emplean en trabajos delicados con metales y madera, para evitar marcas profundas o daños en la superficie de los materiales golpeados.

8.3 Herramientas de montaje

LLAVES

Llaves de boca fija

Llaves ajustables

DESTORNILLADORES

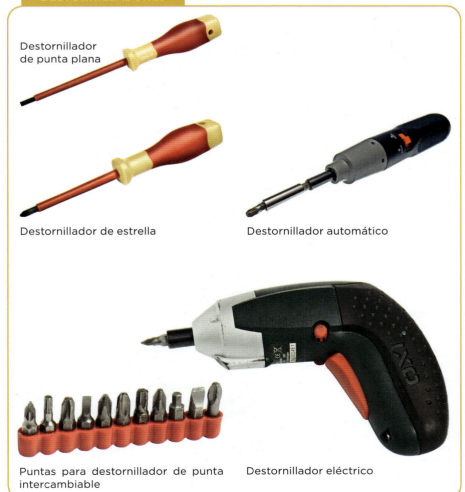

Destornillador de punta plana

Destornillador de estrella

Destornillador automático

Puntas para destornillador de punta intercambiable

Destornillador eléctrico

8 Herramientas para el trabajo con madera

8.4 Herramientas de remoción y ajuste

Están pensadas para rebajar, perforar y ajustar el material.

REBAJAR

Garlopa o cepillo. Herramienta de ajuste que consiste en una hoja afilada de acero y un soporte del mismo ancho con la parte inferior perfectamente lisa. La hoja asoma ligeramente para arrancar virutas del material. Hay que mantener la hoja bien afilada y regulada de forma que asome lo justo por la ranura (durmiente), para que las virutas sean delgadas y uniformes.

Existen garlopas de diversos tamaños para rebajar piezas de madera más o menos grandes y poder realizar trabajos más detallados.

Formones, gubias y escoplos. Herramientas para realizar cortes, muescas, rebajes y trabajos artesanos artísticos. El formón y el escoplo tienen la punta con filo biselado, mientras que las gubias lo tienen curvado y es más delgado. Para algunos trabajos se necesita golpearlos con un mazo o martillo para penetrar en el material.

Escofinas. Herramienta de acero parecida a la lima, aunque con dientes de mayor tamaño, que sirve para desbastar la madera eliminando el material sobrante. Los rebajes son más toscos que los que se consiguen con la lima debido al tamaño de los dientes.

Limas y escofinas se presentan con distintos tamaños y secciones, pensados para rebajar en plano o en curva. No se deben usar limas con la madera porque los dientes se embazan con el serrín.

PERFORAR

Barrenas. Se emplean para hacer taladros poco profundos y de pequeño grosor.

Brocas. Son herramientas cilíndricas que se acoplan al extremo de una taladradora o berbiquí para hacer taladros en el material.

AJUSTAR

Lijas. Son un accesorio que ayuda en el ajuste fino de las superficies, eliminando pequeñas imperfecciones. Están hechas de una hoja de papel a la que se adhieren materiales abrasivos.

MÁQUINAS HERRAMIENTA

Torno. Es una máquina herramienta empleada para obtener piezas en forma de figura de revolución, como el cono o el cilindro.

Taladradora. Máquina a la que se le acopla una broca para hacer perforaciones circulares. La elección del tipo de broca dependerá del trabajo que se vaya a acometer.

Cepillo eléctrico. Presenta algunas ventajas frente al manual, como la posibilidad de acoplar un aspirador que recoja la viruta o una regulación más fina de las cuchillas.

Fresadora. Esta herramienta permite conseguir formas complejas gracias al uso de distintos filos (fresas) y a la posibilidad de orientar la máquina o la pieza en diversos ángulos.

COMPRENDE, PIENSA, INVESTIGA...

1 ¿Cómo se deben montar los pelos de segueta atendiendo a sus dientes? Haz un dibujo aclaratorio.

2 ¿Para qué se utilizan las limas y las escofinas? ¿En qué se diferencian?

3 Diseña una estantería sencilla para tu dormitorio; debe tener dos baldas y estar cerrada por los lados para evitar que se caigan los objetos que vayas a colocar sobre ella. Supón que dispones de un tablero estándar de 19 mm de espesor para tu proyecto. Debes aportar:

a) Croquis con las medidas (puedes inspirarte en las instrucciones de montaje de muebles prefabricados).

b) Dibujo de cómo cortarías las piezas necesarias del tablero. Debes colocarlas de manera que aproveches el material al máximo.

c) Materiales y herramientas necesarios para montarlas.

d) Ideas de cómo fijarías la estantería a la pared.

e) El tipo de unión que emplearás: fija o desmontable, encolada, clavada o atornillada.

f) Supón que es obligatorio usar tornillos de ensamblar; haz una lista de las herramientas necesarias para poder montarlos.

9 Uniones

Las uniones o ensambles nos permiten montar distintas piezas de madera para lograr que formen el objeto que queremos construir.

9.1 Uniones fijas

Las uniones fijas están pensadas para permanecer estables en el tiempo. Con este fin, muchas de ellas se encolan o se clavan, por lo que, si se quiere desmontar la unión, hay que hacerlo con mucho cuidado para evitar que se rompa alguna de sus partes.

Uniones encoladas

El material más usado en la actualidad para encolar piezas de madera es la cola vinílica, fácil de reconocer por su color blanco. Esta cola se disuelve en agua, por lo que solo es adecuada para muebles de interior.

Para maderas en exteriores se usa el cemento de contacto, elaborado a base de resinas sintéticas.

Unión con espigas o clavijas

Las espigas son pequeñas piezas de madera dura, de forma cilíndrica y con estrías. Tras encolarlas, las espigas se insertan en los taladros que previamente habremos practicado en las partes que queremos ensamblar. Los taladros se hacen con una broca del mismo grosor que las espigas.

UNIONES MÁS HABITUALES ENTRE TABLEROS

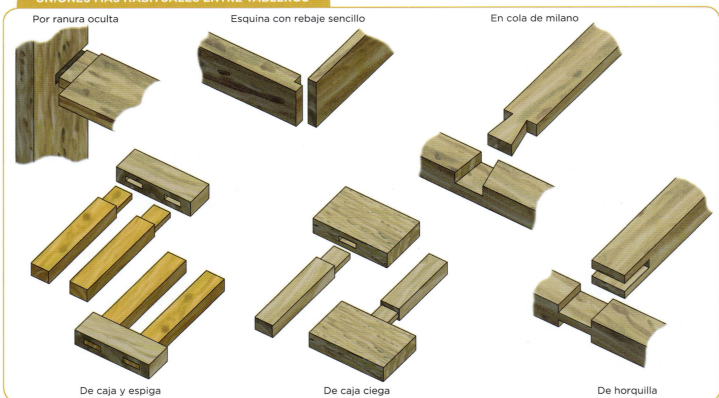

Por ranura oculta — Esquina con rebaje sencillo — En cola de milano

De caja y espiga — De caja ciega — De horquilla

Unidad 2

Uniones clavadas

Los clavos son objetos metálicos (generalmente de acero), largos, delgados y acabados en punta.

Podemos clasificar los clavos en comunes y para acabados.

- **Los clavos comunes** tienen cabezas grandes y se emplean en trabajos de ensamble, en los que no importa que la cabeza quede a la vista.

- **Los clavos para acabados** tienen cabezas un poco mayores que el grosor de su tallo. Tras clavarlos con el martillo, se apoya un botador o punzón sobre su cabeza y se introducen un poco más en la madera, de modo que apenas quedan visibles. Se acaban de ocultar aplicando un poco de cera sobre la cabeza, antes de barnizar la madera.

TIPOS DE CLAVOS

- De cabeza perdida
- De cabeza plana
- Puntilla sin cabeza
- Chincheta
- Grapa

9.2 Uniones desmontables

Las uniones desmontables se utilizan cuando queremos armar y desarmar fácilmente un objeto. Para las más habituales se hacen taladros delgados en el material para alojar tornillos autorroscantes o tornillos de ensamblar (tirafondos). También se puede optar por hacer taladros pasantes y usar un conjunto de tornillo, tuerca y arandelas para las uniones.

Para el montaje, se necesitan destornilladores y llaves adecuados a la forma de los tornillos y de las tuercas empleados.

ELEMENTOS DESMONTABLES

Tornillos y tirafondos · Arandelas · Tuercas · Herrajes · Escuadras

COMPRENDE, PIENSA, INVESTIGA...

1. Fíjate en las uniones de los muebles de madera de tu casa, en especial de las sillas y mesas. ¿Qué tipos de uniones emplean?

2. Si tuvieras que decidir el tipo de unión para una silla, ¿cuál recomendarías?

3. **Compara.** En tu opinión, ¿qué ventajas e inconvenientes presentan los tornillos de ensamblar frente a los clavos? ¿Por qué los taladros deben ser más finos que los tornillos que se van a utilizar?

Aplica lo aprendido

⌄ Haz tu propio mapa mental

Hacer tu propio mapa mental es una forma divertida de estudiar y ayudarte a lograr los mejores resultados en los exámenes. Más abajo tienes uno de ejemplo, pero no se trata de copiar, sino de crear el tuyo propio a partir de tus conocimientos y la información que puedas encontrar. Recuerda:

a) Ten a mano el libro de texto, revistas, catálogos y resto de información.

b) Si puedes, consulta con algún experto en el tema y toma notas.

c) Pon en el centro el motivo del mapa.

d) Haz dibujos, caricaturas y emplea palabras clave o frases muy cortas.

e) Usa distintos colores para las ramas que vayan saliendo.

⌄ Haz uso de las TIC

1. Si aún no lo has hecho, descarga de Internet e instala el programa de dibujo vectorial **Inkscape** (www.inkscape.org). Practica su uso dibujando cuatro de las herramientas manuales que hemos descrito durante el desarrollo de esta unidad.

2. Localiza sobre un mapamundi las siguientes maderas: balsa, ébano, secuoya, haya, roble, olivo y abeto.

3. Elabora tu propio fichero de herramientas empleando textos combinados con imágenes.

INKSCAPE

Inkscape es un magnífico programa de dibujo vectorial. Se trata de software libre, por lo que podemos descargarlo e instalarlo sin obligación de pagar licencias de uso. No obstante, los autores del proyecto admiten donativos para ayudar al mantenimiento del equipo informático preciso para llevar a cabo su labor desinteresada.

Unidad 2

▼ Investiga sobre el terreno

Busca información acerca de los distintos tipos de sierras: el material para el que están diseñadas, paso, dentado ondulado, dentado alternado, etc. Para ello, lo mejor es acudir a un almacén de herramientas, a un centro de bricolaje o a una ferretería. Seguro que alguien del personal del departamento de herramientas estará encantado de responder a tus preguntas. Prepara un guion con lo que quieres preguntar y presenta a tu clase un informe con los datos recogidos.

▼ Actúa como ingeniero

Las herramientas para el trabajo con madera son eficaces y precisas, pero en ocasiones pueden resultar peligrosas. Repasa las normas de seguridad haciendo en tu cuaderno una tabla con las herramientas que hemos visto, e indica los riesgos y precauciones que debes tomar. Se te propone un modelo y un ejemplo, pero puedes adaptarlo.

Herramienta
Martillo
Riesgo
Golpes en las manos
Proyección de esquirlas al golpear
Medidas preventivas
Usar los equipos de protección individual
Mantener la herramienta limpia, para evitar que resbale
Revisar que la cabeza esté bien fija al mango antes de usarlo

EQUIPO DE PROTECCIÓN INDIVIDUAL

▼ Innovación técnica

La palabra «reutilización» se asocia normalmente con la recuperación de materiales para destinarlos a otros fines. Este es el caso de un carpintero inventor español que ha diseñado una bicicleta con un cuadro hecho de un tipo de madera que se emplea en la construcción. El carpintero Aitzol Tellería observó que con el tipo de producto que se obtenía por superposición de finas láminas de madera o microlaminación de piezas de madera de fresno, las características de resistencia mecánica mejoraban cuanto más fino era el espesor de las láminas.

Así, desarrolló una serie de piezas huecas a base de láminas de alrededor de un milímetro de espesor hasta dar forma al cuadro de una bicicleta, cuyas propiedades mecánicas eran similares a los materiales metálicos comunes o a la misma fibra de carbono empleada en este tipo de cuadros, pero cuyo peso oscila entre 2,3 kg y 1,4 kg.

1 ¿Por qué crees que se ha empleado madera de fresno?

2 ¿Te parece que la microlaminación podría mejorar incluso las características de flexibilidad de la estructura de madera de la bicicleta?

3 Busca información acerca del precio de este tipo de bicicletas. ¿Te parece justificado?

4 ¿Qué opinión te merece, desde el punto de vista ecológico, la fabricación de bicicletas de madera?

5 ¿Qué son los bosques explotados de forma racional?

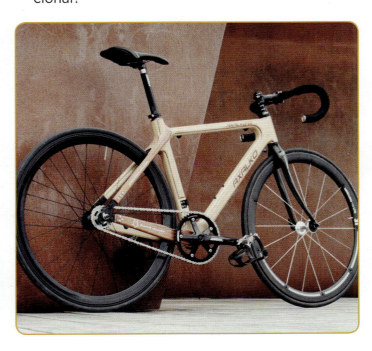

Proyecto de aula

La caja acústica

¿En qué consiste?

¿Has escuchado cómo suena una guitarra o un violín cuando se pulsan las cuerdas? El sonido procede de su vibración, pero se amplifica gracias a la caja de resonancia de estos instrumentos. De hecho, los instrumentos de cuerda son huecos y su interior actúa para aumentar la intensidad del sonido que produce.

Materiales y herramientas

Para construir una caja acústica del tamaño que quieras, necesitas los siguientes materiales:

- Tablero de contrachapado de entre 5 y 8 milímetros de espesor.
- Cola blanca de carpintero.
- Listoncillo de madera blanda de sección cuadrada de 10 × 10 milímetros.
- Hilos de diferentes materiales, como hilo de nailon, hilo de pescar, hilo de costura, gomas elásticas, etc.
- Cuatro tornillos rosca madera de 10 milímetros de longitud máxima.
- Compás de marcado.
- Segueta con pelo redondo.
- Pistola termofusible.

Proceso de construcción

1. Marca y corta seis piezas cuadradas o rectangulares del tablero de contrachapado con las medidas adecuadas para formar un cubo o un prisma.
2. Sierra un círculo interior en la pieza que servirá de tapa.
3. Equipa la tapa con dos tacos de madera en los que antes habrás enroscado cuatro tornillos en cada uno, equidistantes entre sí.
4. Sitúa ambos tacos en extremos opuestos del círculo cortando la tapa.
5. Ensambla todas las piezas.
6. Por último, tensa cuatro hilos diferentes entre cada par de tornillos opuestos y sella las aristas.

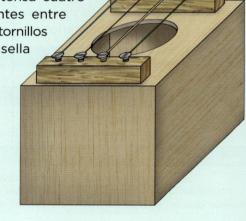

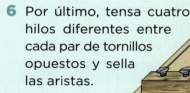

Marcado del orificio superior

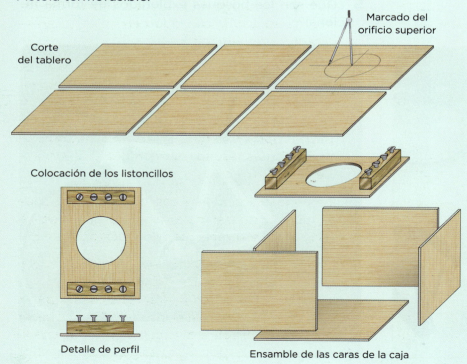

Corte del tablero

Colocación de los listoncillos

Detalle de perfil

Ensamble de las caras de la caja

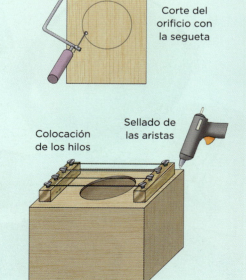

Corte del orificio con la segueta

Colocación de los hilos

Sellado de las aristas

Comprueba cómo progresas

1 Es habitual la división de las primeras edades de la prehistoria según el material empleado por los seres humanos para la construcción de sus herramientas: Edad de Piedra, del Cobre, del Bronce y del Hierro. Siguiendo con esta tónica, el uso generalizado de metales más ligeros y metaloides podría llevarnos a bautizar los siglos XX y XXI como la Edad del Aluminio, aunque el auge de la tecnología electrónica inclina a otros autores por el nombre de Edad del Silicio.

a) Realiza en tu cuaderno una línea de tiempo en la que aparezcan las edades prehistóricas y la época actual. Anota las principales herramientas usadas en cada época y las mejoras en la tecnología que implicaron el cambio de edad.

b) Haz un listado de inventos y objetos que tengan aluminio como uno de sus componentes principales. Haz lo mismo con el silicio. ¿Crees que está clara la posibilidad de bautizar la época actual como Edad del Aluminio o Edad del Silicio? ¿Qué nombre elegirías tú y por qué?

2 Hay diversas técnicas de aserrado. De los distintos cortes que aparecen en la figura, ¿cuál crees que aprovecha más el material?

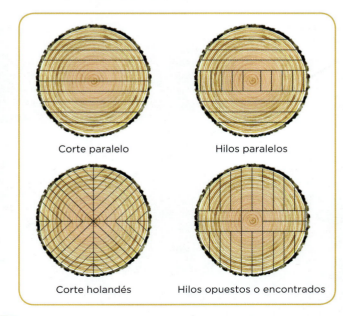

Corte paralelo — Hilos paralelos
Corte holandés — Hilos opuestos o encontrados

3 Realiza un glosario de términos de tecnología relacionados con la madera entresacados de la unidad.

4 Averigua qué objetos de tu casa están hechos de madera natural y cuáles a partir de prefabricados. Haz una lista en tu cuaderno ordenándolos por estancias (cocina, salón, dormitorios...).

5 Explica por qué se usan prefabricados en lugar de madera natural. ¿Podrías explicar algún criterio que aconseje el uso de prefabricados frente a la madera natural?

6 Organiza, en forma de diagrama de bloques, el proceso que se sigue para fabricar tableros de madera desde el momento de la tala.

7 ¿Por qué crees que no se emplean maderas artificiales para fabricar objetos como instrumentos musicales, mangos de herramientas o cucharas de cocina?

8 Dibuja el corte del tronco de un árbol, identifica sus partes y explica de qué depende el número de anillos que tiene.

9 Diseña una mesa de estudio de madera. Haz el croquis (no olvides las medidas), y la lista de materiales y herramientas necesarios, especificando el tipo de madera y los ensambles a emplear.

10 Describe un tipo de unión de maderas que no se haya explicado en la unidad. Haz un dibujo, explica su uso y con qué herramientas crees que se ha podido fabricar.

11 Trabaja en pequeños grupos. Haz un mural con las herramientas para trabajar madera. Busca catálogos de ferreterías o centros de bricolaje para conseguir fotografías. También podéis optar por dibujar vosotros mismos las herramientas, escribir su nombre y una breve descripción de su uso.

12 Selecciona los elementos de protección que tendrías que usar para construir una mesa si usas sierra eléctrica, martillo y destornillador.

13 Haz un muestrario de distintos tipos de papel y cartón de uso habitual. Recorta cuadrados de 5 cm de lado de los diferentes tipos de papel que uses en casa y en el instituto. Puedes hacer tu muestrario sobre diversas páginas de una libreta o en un mural de cartulina.

3. Materiales técnicos. Metales y plásticos

El descubrimiento de los metales ha determinado diferentes etapas en la historia de la humanidad. A finales del Neolítico, el empleo de metales, como el hierro, el cobre y el bronce, supuso una ventaja técnica y permitió que pueblos como los sumerios se convirtieran en las primeras civilizaciones. Hoy en día, empleamos los metales como elementos esenciales para la construcción de edificios, máquinas y mecanismos. Se puede decir que el empleo de los metales es la base de nuestra sociedad.

En esta unidad vas a estudiar...
- ¿Qué son los metales?
- La obtención de los metales
- Materiales metálicos férricos
- Materiales metálicos no férricos
- Herramientas para el trabajo con los metales
- Uniones
- Otros trabajos con metales
- Los plásticos
- Técnicas de conformación de plásticos

Unidad 3

Nostromo

Cuando los hornos de la primera serie de retortas hubieron ardido hasta hora avanzada de la noche, no se retiró a descansar sobre el tosco catre, reservado para ella en la casa, todavía desamueblada, hasta que vio la primera pella esponjosa de plata, cedida para correr los azares del mundo por las tenebrosas profundidades de la concesión Gould; con ansiedad temblorosa había puesto sus manos, ajenas a toda labor mercenaria, sobre el primer lingote de plata sacado del molde, caliente aún; y formulado en su mente una apreciación justa del poder que encerraba aquel trozo de metal, considerándolo no como un mero hecho material, sino como algo impalpable y de especial trascendencia, como la expresión verdadera de una emoción o la emergencia de un principio.

Don Pepe, interesado también en extremo, miraba por encima del hombro de la señora con una sonrisa que, llenándole el rostro de arrugas longitudinales, le daba el aspecto de una máscara coriácea con expresión benignamente diabólica.

—Por Dios que se parece muchísimo a un trozo de estaño, ¿no es así? —Comentó en tono de broma—. Pero si los muchachos de la banda de Hernández supieran el valor que tiene, les gustaría echarle la zarpa.

[...]

De la garganta de la montaña parecía fluir la seguridad y derramarse por todo el territorio. Las autoridades de Sulaco llegaron a comprender que la mina de Santo Tomé imponía la necesidad de no molestar al pueblo ni perturbar la marcha de las cosas.

Fragmento de la obra Nostromo escrita en 1904
por Joseph Conrad (1857-1924)

¿Qué sabes sobre los metales?

1. ¿Sabrías decir el número aproximado de metales que existen?
2. ¿Cuáles fueron los primeros metales empleados por los humanos?
3. ¿Sabes desde cuándo se usan los metales?
4. Haz una lista de los metales que conoces y de algunos objetos fabricados con ellos.
5. ¿Sabes qué es una aleación?
6. ¿Cómo se obtienen los metales?

1 ¿Qué son los metales?

Los elementos químicos se clasifican en una tabla periódica, donde podemos dividirlos en dos grandes grupos: metales y no metales. La mayoría de los elementos son metales, en total, algo más de noventa.

Los metales son materiales conocidos por el ser humano desde la prehistoria. En estado natural, se encuentran formando parte de minerales, por lo que hay que tratarlos para extraer el metal separándolo de la ganga.

Los distintos metales han sido descubiertos y usados por la humanidad a lo largo de la historia en diferentes zonas del mundo. En muchas ocasiones no se los identificaba como materiales diferentes, sino que se confundían con otros ya conocidos de similares características, como el color o las propiedades tecnológicas.

1.1 Los metales en la historia

Muchos materiales metálicos empezaron a usarse de forma accidental, sin saber que eran materiales distintos de los que ya conocían los artesanos. Observa el siguiente cuadro donde se representa la edad aproximada en que fueron descubiertos o empezaron a utilizarse:

Edad		Inicio aproximado	Metales usados o descubiertos
Edad Contemporánea		Desde el s. XVIII	Vanadio, niobio
Edad Moderna		Siglo XV	Titanio, molibdeno, tungsteno, magnesio
Edad Media		Siglo V	Platino, cromo
Prehistoria - Edad Antigua	Edad del Hierro	1200 a.C.	Aluminio, mercurio, plomo, níquel
	Edad del Bronce	3 000 a.C.	Estaño, cinc
	Edad del Cobre	4 000 a.C.	Oro, cobalto
	Neolítico	5 000 a.C.	Hierro, plata
	Mesolítico	10 000 a.C.	Cobre
	Paleolítico	2 500 000 a.C.	Manganeso

COMPRENDE, PIENSA, INVESTIGA...

1. Los metales se encuentran en la naturaleza formando minerales. Averigua qué metal puede extraerse a partir de los siguientes minerales.

Hematita

Malaquita

Cinabrio

Blenda

Galena

1.2 Los principales metales

Hay siete metales conocidos por la humanidad desde la Antigüedad: hierro, cobre, plata, estaño, oro, mercurio y plomo. Desde finales del siglo XVIII, se ha logrado catalogar docenas de nuevos elementos, especialmente metales.

Los metales tienen una serie de características que los hacen muy diferentes de los demás elementos químicos y materiales. Tienen la capacidad de conducir tanto la electricidad como el calor, por lo que se los denomina materiales conductores.

Otra de las características es su facilidad para ser fundidos y, una vez en estado líquido, tomar la forma que se desee. No obstante, no todos los metales necesitan la misma temperatura para ser fundidos, es decir, no todos tienen la misma temperatura de fusión. Observa en la tabla los diferentes puntos de fusión de los principales metales, donde se han destacado en un tono diferente los metales conocidos en la Antigüedad.

Como puedes comprobar en la tabla, el plomo y el estaño son los dos metales en estado sólido a temperatura ambiente que necesitan menor temperatura para volverse líquidos. Esto contrasta con el tungsteno, que tiene una temperatura de fusión más de 10 veces superior.

Estas y otras características determinan que los metales sean un tipo de material utilizado para una gran cantidad de aplicaciones diferentes. Además, muchos metales pueden unirse entre sí para formar nuevos materiales, las **aleaciones**.

Nombre	Punto de fusión °C
Tungsteno	3422
Molibdeno	2623
Niobio	2477
Vanadio	1902
Cromo	1857
Platino	1768
Titanio	1668
Hierro	1535
Cobalto	1495
Níquel	1455
Manganeso	1245
Cobre	1084
Oro	1064
Plata	962
Aluminio	660
Magnesio	650
Cinc	420
Plomo	327
Estaño	232
Mercurio	−39

Aleaciones

Una **aleación** es una combinación de varios elementos, de los cuales al menos uno es un metal, para conseguir un material metálico con determinadas propiedades.

Entre las aleaciones más importantes están el bronce, el latón y el acero inoxidable.

- **El bronce** es una aleación de cobre con estaño. Fue una de las primeras aleaciones utilizadas por la humanidad y fue tan importante que ha dado su nombre a una de las épocas de la historia.

    Aunque es de color dorado, en contacto con el aire tiende a formar una pátina oscura, azulada o verdosa. Gracias a su magnífica sonoridad ha sido empleado desde la Antigüedad para fabricar campanas y gong.

- **El latón** es una aleación compuesta de cobre y cinc, muy utilizada para hacer alambres y varillas. Como no es atacado por el agua salada, se emplea en la fabricación de piezas y equipos para barcos; también se utiliza en instrumentos musicales de viento, pomos de puerta y monedas, entre otras aplicaciones.

- **El acero** es una aleación de hierro y carbono, que contiene menos del 1,76 % de este último.

- **El acero inoxidable** es una aleación de acero con, al menos, un 10 % de cromo, que lo hace resistente a la corrosión, por lo que es muy utilizado en elementos de cocina, en máquinas de procesos alimentarios y en la construcción.

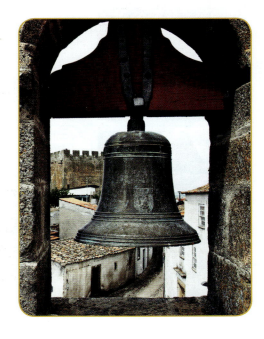

1 ¿Qué son los metales?

1.3 Propiedades generales de los metales

- Tienen alta densidad, es decir, su peso respecto al volumen que ocupan es superior al de la mayoría de los materiales.
- Son buenos conductores del calor y la electricidad.
- Reflejan la luz, de ahí su característico brillo metálico.
- Son sólidos a temperatura ambiente, excepto el mercurio.
- La mayoría de ellos son grises o blanquecinos, aunque también los hay de otros colores.
- Admiten la mezcla con otros metales y otras sustancias que mejoran sus propiedades, como sucede con el acero inoxidable, los latones o las aleaciones ligeras.

Algunas de las propiedades tecnológicas que hacen de los metales unos materiales tan utilizados son:

	Colabilidad	Facilidad del material de mantener la fluidez, tras haber sido fundido, para rellenar un molde.
	Soldabilidad	Facilidad para unir dos o más piezas de metal por medio de la aplicación de calor, presión o ambas.
	Ductilidad	Capacidad de estirarse formando hilos o filamentos.
	Maleabilidad	Capacidad de extenderse en láminas.
	Plegabilidad	Facilidad para doblarse sin romperse.
	Maquinabilidad	Facilidad para ser conformado, moldeado o trabajado por medio de máquinas herramientas en procesos en los que se elimina material (taladrado, torneado...).

EL ORIGEN DE LOS METALES

Durante millones de años, el hidrógeno, principal elemento de las estrellas, se va consumiendo y fusionando para ir creando elementos cada vez más pesados. Los últimos en crearse antes de que la estrella estalle son los metales. Y fruto de ese estallido, los metales se dispersan por el espacio hasta que se condensan formando nubes de polvo y gas que darán origen a nuevos sistemas planetarios.

COMPRENDE, PIENSA, INVESTIGA...

2 Los metales se encuentran formando parte de rocas que deben ser tratadas para separar la mena de la ganga.

  a) Averigua de qué minerales se extraen el cobre, el hierro y el aluminio.

  b) Busca los países en los que están los principales yacimientos de esos minerales.

3 Hay metales que funden a baja temperatura, como el galio. Busca el punto de fusión, la dureza y la densidad del galio, el cesio y el rubidio. ¿Qué usos y propiedades interesantes tienen estos tres metales tan particulares?

2 La obtención de los metales

Los minerales son recursos naturales no renovables, por lo que estamos obligados a hacer un uso responsable de ellos.

2.1 La minería y la metalurgia

La distribución de los distintos elementos en la corteza terrestre no es uniforme. Esto da lugar a la existencia de puntos en los que se concentran cantidades mayores de alguno de ellos, formando **yacimientos**.

La minería es la industria que se encarga de la extracción de minerales.

La extracción de minerales de los yacimientos se puede hacer en minas a cielo abierto o en minas subterráneas, dependiendo de la profundidad a la que se encuentre el mineral que se está buscando.

Solo hay cuatro metales que pueden encontrarse puros en la naturaleza: cobre, plata, platino y oro; los restantes se encuentran mezclados con oxígeno (en forma de óxidos) o con otros no metales, sobre todo con carbono, azufre y cloro.

Los tratamientos para separar la **mena** (parte útil) de la **ganga** pueden consistir en moler la roca, fundirla, lavarla o emplear métodos electroquímicos.

Hasta lograr que el material pueda ser usado para la construcción de objetos, hay que seguir varios pasos:

- Extracción del mineral.
- Separación de mena y ganga para obtener lingotes de metal.
- Transformación de los lingotes en piezas útiles.

Cuando seguimos estos pasos para la obtención de hierro o metales ferrosos, el proceso recibe el nombre de **siderurgia**; en el caso de cualquier otro metal, el proceso recibe el nombre de **metalurgia**.

2.2 Minas a cielo abierto

Tras unos trabajos iniciales para retirar los terrenos que cubren el yacimiento, se empieza a trabajar en franjas horizontales denominadas bancos que van descendiendo gradualmente como si fueran escalones, formando terrazas.

> **Trabaja con el vocabulario**
>
> **Mina. 1.** Criadero de minerales de útil explotación.
>
> **2.** Excavación que se hace para extraer un mineral.
>
> **Mena.** *Ingen.* Mineral metalífero, principalmente el de hierro, tal como se extrae del criadero y antes de limpiarlo.
>
> **Ganga.** *Ingen.* Materia que acompaña a los minerales y que se separa de ellos como inútil.

Mina a cielo abierto.

COMPRENDE, PIENSA, INVESTIGA...

1 ¿Hay minas en tu comunidad autónoma? En caso afirmativo, ¿dónde están? ¿Qué minerales extraen? ¿Se trata de metales? ¿Los extraen a cielo abierto o en mina subterránea?

En caso negativo, busca información sobre los metales que extrae España.

¿Dónde están las minas? ¿Son minas a cielo abierto o subterráneas?

2 Investiga cuáles son los tres metales más utilizados en aplicaciones tecnológicas a escala mundial y en qué países se extraen.

2 La obtención de los metales

2.3 Minas subterráneas

Las minas subterráneas son perforaciones en la tierra hasta el punto de extracción del mineral. El trabajo de los mineros se realiza en las galerías (túneles horizontales). Al túnel principal se le llama socavón. Los minerales se extraen a través de las rampas (1). También hay piques (2) (túneles verticales que salen a la superficie) y chimeneas (3), que también son verticales o inclinadas, pero no llegan hasta la superficie, pues sirven para comunicar galerías de distintos niveles para traspaso de mineral, aire, personas, o se usan como almacenes temporales.

Este tipo de minas son muy costosas y solo justifica su construcción un gran yacimiento, pues hay que realizar instalaciones de ventilación, iluminación, evacuación de agua y seguridad.

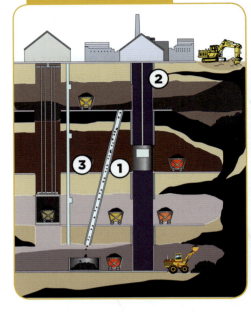

ESQUEMA DE UNA MINA DE CARBÓN

2.4 Repercusiones medioambientales de la extracción de metales

La minería es una actividad que altera profundamente el medio ambiente, sin embargo, de no ser por ella, no dispondríamos de la amplia variedad actual de metales. He aquí algunas de sus consecuencias:

- **Degradación del paisaje.** Tala de bosques, en especial en minas a cielo abierto.
- **Modificación de la estructura del suelo.** Tanto por la construcción de túneles como por la de bancos. Al abandonar una explotación minera, es necesario realizar labores de consolidación del terreno, para evitar desprendimientos.
- **Contaminación por polvo y humos** debido a las voladuras.
- **Contaminación acústica** por las explosiones y el movimiento de maquinaria pesada.
- **Toxicidad** propia de algunos metales y procesos de refinado:
  >> Separación y lavado, donde se usan ácidos y otras sustancias corrosivas.
  >> Desprendimiento de gases nocivos que es necesario filtrar.

Degradación del paisaje.

COMPRENDE, PIENSA, INVESTIGA...

3 Haz una lista de las partes que tiene una mina subterránea.

4 ¿Qué riesgos comporta trabajar en una mina subterránea?

5 ¿Qué problemas para el medio ambiente y la salud supone la extracción de minerales?

6 Anota al menos tres aspectos positivos de la extracción de metales.

7 Describe. Imagina una sociedad que no conozca el uso de los metales.

a) ¿Cómo crees que vivirían?

b) ¿Qué objetos cotidianos no existirían o estarían hechos de otros materiales?

3 Materiales metálicos férricos

El hierro es el segundo metal más abundante de la corteza terrestre, solo superado por el aluminio. Los materiales metálicos férricos son aquellos que contienen hierro. Los principales son tres:

- **Hierro puro.** Contiene menos del 0,1 % de carbono.
- **Acero.** Contiene entre el 0,1% y el 1,76 % de carbono. Es más fuerte, ligero y flexible que el hierro, el cobre o el bronce.
- **Fundición.** Contiene entre el 1,76 % y el 6,7 % de carbono.

3.1 El alto horno

El alto horno es la instalación en la que se eliminan impurezas del mineral de hierro y se transforma en un producto llamado arrabio, que contiene un 92 % de hierro.

Los materiales que hay que introducir en el alto horno son:

- Mineral de hierro o mena. Algunos minerales ricos en hierro son: pirita, magnetita, siderita, hematite o limonita.
- Combustible. Carbón de alto poder calorífico, generalmente coque.
- Fundente. Piedra caliza o arcilla.

Por cada dos toneladas de mineral de hierro se añade una tonelada de combustible y media tonelada de fundente.

Por la parte superior del horno se va introduciendo la mezcla de mineral de hierro, combustible (carbón de coque) y fundente. Por la parte inferior, se insufla aire muy caliente; esto y las altas temperaturas alcanzadas, favorecen las reacciones químicas que transforman el mineral de hierro en metal fundido. Este material fundido precipita hacia el fondo del horno y, debido a la diferencia de densidad, se separa en dos partes: el arrabio o hierro fundido, todavía con impurezas, y la escoria, o material de desecho, que flota sobre el anterior.

Serán necesarios procesos posteriores, por lo general termoquímicos, para mejorar la pureza del arrabio.

EL HIERRO

El punto de fusión del hierro es superior al del cobre, lo que requiere mejores hornos y mucha más energía para procesarlo.

Algunas de las propiedades del hierro son:

- Dúctil y maleable.
- Ferromagnético.
- Aleable. Es fácil mezclarlo con otros minerales y obtener nuevos materiales.
- Se oxida con mucha facilidad.
- Si es muy puro, resulta frágil y demasiado blando, lo que dificulta la maquinabilidad.

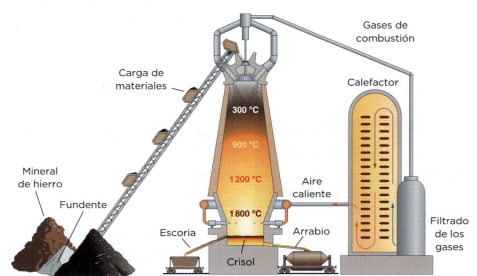

COMPRENDE, PIENSA, INVESTIGA...

1 Haz un esquema de bloques en el que indiques las diferentes partes de que consta un alto horno.

3 Materiales metálicos férricos

3.2 El acero

El acero es una aleación de hierro y carbono que contiene menos del 1,76 % de este último.

La mayor parte del mineral de hierro extraído en el mundo va destinado a fabricar distintos tipos de aceros.

El proceso de obtención del acero

Para obtener acero a partir del mineral de hierro, se requieren una serie de pasos:

1 Etapa de **eliminación de impurezas.** El mineral se lava, se tritura y se criba para seleccionar los trozos de tamaño óptimo para el proceso. En esta etapa, además, se consigue separar la ganga de la mena.

La mena se **mezcla con carbón y caliza** para ser introducida en un alto horno, donde se alcanzan temperaturas superiores a 1 500 °C, temperatura a la que el hierro se vuelve líquido.

2 Como resultado de este proceso se obtiene el **arrabio,** de alto contenido en hierro. Este producto intermedio se denomina también hierro fundido con impurezas de carbono.

3 Con el fin de reducir las impurezas, se somete el arrabio a un proceso termoquímico denominado **afino,** ajustando el contenido en carbono del acero y otros aditivos que mejoran sus propiedades, como el cromo, el níquel o el manganeso.

El afino

El afino es el proceso al que se somete el arrabio para reducir el contenido en carbono y obtener acero.

Existen diversas formas de realizar el afino, una de las más conocidas es la que emplea un convertidor básico al oxígeno o convertidor LD. Como se ve en la imagen, el horno en el que se vierte el material por la zona superior, tiene la forma apropiada para poder eliminar la escoria y obtener el acero limpio.

El paso clave es la introducción de la lanza de oxígeno que, además, inyecta caliza y otros elementos de aleación. La fuerte reacción química elimina las impurezas transformándolas en la escoria, que se elimina antes de extraer el acero.

LA FUNDICIÓN

La fundición es una aleación de hierro y carbono.

El contenido de carbono en la fundición está entre el 1,76 % y el 6,7 %.

① Se inclina ligeramente el horno y se carga con arrabio, fundente y, en ocasiones, chatarra.

② Se coloca vertical y se introduce una lanza que inyecta oxígeno en el metal fundido.

③ Se vuelca el horno hacia un lado para extraer la escoria que flota sobre el acero.

④ Se vuelca hacia el lado contrario para extraer el acero refinado.

3.3 Aleaciones del acero

Para mejorar las propiedades del acero, se mezcla con otros elementos. Dependiendo de la aplicación a la que vaya destinado, buscaremos aumentar dureza, flexibilidad, resistencia a la corrosión, etc. Algunas de estas propiedades disminuirán al incrementar las otras.

El acero se puede mezclar con:

- **Silicio.** Se trata de un metaloide, no es un metal. Mejora la elasticidad y aumenta las propiedades magnéticas.
- **Manganeso.** Endurece y hace el acero más resistente al calor.
- **Níquel.** Previene la corrosión y mejora la resistencia mecánica.
- **Tungsteno.** Aumenta la dureza, la resistencia al calor y a la corrosión.
- **Cromo.** Para hacer el acero inoxidable más duro y flexible.
- **Molibdeno.** Aumenta la dureza, la resistencia al impacto y a la corrosión. Mejora el comportamiento a baja temperatura.
- **Titanio.** Para desoxidar el acero.
- **Vanadio.** Aumenta la capacidad de endurecimiento.
- **Niobio.** Incrementa la resistencia.
- **Plomo.** Mejora la maquinabilidad del acero.

El acero inoxidable

Uno de los principales problemas de los materiales férricos es su facilidad para oxidarse y, posteriormente, corroerse. El acero inoxidable es probablemente el único material de hierro que no se oxida o al menos lo hace de forma muy lenta. Para conseguir que un acero se convierta en acero inoxidable, es necesario alearlo con cromo, molibdeno y níquel.

Dadas sus características, es un material muy solicitado para instalaciones de procesado de alimentos y fármacos, como material para la fabricación de electrodomésticos o como mobiliario sanitario en las casas.

Muchos accesorios de cocina se fabrican en acero inoxidable para evitar problemas en los alimentos.

COMPRENDE, PIENSA, INVESTIGA...

2 ¿Cuáles son las propiedades del hierro que lo hacen más interesante para la actividad tecnológica?

3 ¿Qué propiedades del hierro son menos deseables para los productos tecnológicos?

4 ¿En qué zona del alto horno es más alta la temperatura?

5 Haz un esquema de bloques del proceso de obtención del acero desde el mineral de hierro hasta el afino.

6 Haz una lista de los objetos hechos de acero que usas a diario. Empieza en las distintas habitaciones de tu casa y continúa hasta el instituto.

7 En grupo, averiguad en qué sectores de la industria se emplean el acero, el acero inoxidable y las fundiciones. Confeccionad una tabla en la que aparezcan esos sectores y al menos dos ejemplos concretos de objetos fabricados con cada metal. Por ejemplo, la industria de componentes y máquinas eléctricas emplea el hierro dulce para fabricar motores eléctricos, alternadores y electroimanes.

8 Deduce. ¿Por qué crees que hay que filtrar los gases que se desprenden durante la transformación del arrabio?

4 Materiales metálicos no férricos

4.1 Materiales metálicos de uso industrial

La mayor parte de los metales tienen gran utilidad en la industria y en las actividades del ser humano. Muchos de ellos, como el aluminio, el cobre o el titanio, se emplean como materiales base. El empleo del resto es menor y muchos de ellos sirven para aleaciones o como aditivo para mejorar las propiedades del material resultante.

Nombre	Símbolo	Punto de fusión (°C)	Usos
Magnesio	Mg	650	Aceros, cristal, cemento, agricultura, química y farmacia.
Aluminio	Al	660	Espejos; menaje de cocina; industrias automovilística y aeroespacial en motores, bastidores y otras piezas.
Titanio	Ti	1668	Biomedicina, industrias automovilística y aeroespacial, joyería y productos deportivos.
Vanadio	V	1902	Aceros, piezas de reactores nucleares, llantas de vehículos y catalizador en reacciones químicas.
Cromo	Cr	1857	Aceros, procesos de cromado, pinturas y catalizador.
Manganeso	Mn	1245	Es un oligoelemento para decolorar vidrio y cerámica; industria química.
Cobalto	Co	1495	Colorante de vidrio y cerámicas.
Níquel	Ni	1455	Aleaciones de cobre (alpaca), monedas y colorante del vidrio.
Cobre	Cu	1085	Conductores eléctricos, construcción, calderería y menaje, bisutería, monedas, piezas de máquinas e instrumentos musicales.
Cinc	Zn	420	Aceros, baterías eléctricas, colorante de pinturas y latón.
Molibdeno	Mo	2623	Como aditivo en aceros y para la elaboración de pigmentos.
Estaño	Sn	232	Aleaciones de cobre, soldadura blanda, vidrio, pigmentos, industria química y farmacéutica.
Tungsteno	W	3422	Contactos eléctricos y herramientas de corte.
Mercurio	Hg	-39	Electrónica, instrumentos de medida, lámparas y baterías secas.
Plomo	Pb	327	Pigmentos, aislante frente a radiaciones ionizantes, insecticidas, vidrio, baterías y cerámica.

Llanta de aleación de vanadio.

Prótesis de titanio.

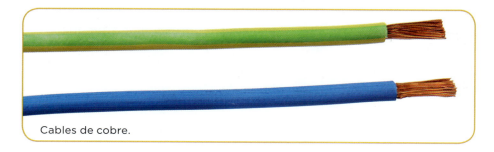

Cables de cobre.

Batería de plomo.

4.2 Aleaciones no férricas

Las aleaciones entre metales dan lugar a nuevos productos con propiedades mejoradas. Este es el caso de la adición de estaño al cobre, que mejora sus propiedades mecánicas, o cuando se alea cobre o cinc con aluminio, que se consigue un material metálico muy resistente pero a la vez ligero. En la siguiente tabla puedes comprobar las principales aleaciones que se utilizan en la industria.

Tipo	Aleado con	Nombre	Propiedades	Usos
De cobre	Estaño del 3 % al 20 %	Bronce	Dorado, resistente a la corrosión, muy dúctil, excelente sonoridad.	Objetos decorativos, campanas, hélices de barco, piezas de maquinaria.
	Cinc del 25 % al 40 %	Latón	Dorado, alta maquinabilidad, muy resistente a la corrosión.	Tornillería, bisagras, instrumentos musicales, bisutería.
	Níquel del 25 % al 55 %	Cuproníquel	Plateado, no se corroe con el agua de mar.	Monedas, piezas y hardware para la Marina.
	Aluminio del 5 % al 12 %	Cuproaluminio	Dorado, resistente a la corrosión, no produce chispas al ser golpeado.	Piezas de motores y tornillería. Muy empleado en ingeniería naval.
	Cinc del 8 % al 45 % y níquel del 8 % al 20 %	Alpaca	Plateada, dúctil, fácil de trabajar a temperatura ambiente. El níquel protege de la corrosión.	Monedas, instrumentos quirúrgicos y dentales, joyería y bisutería, vajillas, piezas de instrumentos musicales.
De aluminio	Cobre del 2,5 % al 4,5 %	Duraluminio	Dúctil y maleable. Alta resistencia mecánica y dureza.	Fabricación de piezas de aeroplanos y automóviles, discos de freno, mosquetones para escalada, etc.
	Cinc del 3,5 % al 6,1 %	Aluminio-Cinc	Elástico y resistente, buena mecanibilidad.	Estructuras de ingeniería, chasis, contenedores, puentes, cuadros de bicicleta, soporte para altavoces, herramientas, etc.

Escultura de bronce.

Accesorios de latón para fontanería.

Discos de duraluminio.

COMPRENDE, PIENSA, INVESTIGA...

1  Investiga qué metales y minerales componen un PC o un teléfono móvil. Para ello, haz una búsqueda en la web eHow en español www.ehowenespanol.com o directamente con tu buscador.

5 Herramientas para el trabajo con los metales

Muchas herramientas tienen un empleo común para todos los materiales. No obstante, para trabajar con metales existen ciertas máquinas y herramientas específicas. Según una clasificación en función del empleo principal, disponemos de:

5.1 Herramientas para agujerear

- **Taladradora:** hay dos tipos de taladradora, la de mano y la de columna. Las de columna pueden estar montadas en un banco de trabajo o en una mesa. Están dotadas de una mesa regulable en altura y, a veces, en inclinación, a la que se fijan, con mordazas, las piezas que queremos perforar. Estas taladradoras permiten una cómoda regulación de la velocidad de giro y de avance de la broca.
- **Las brocas** son piezas que se acoplan al taladrador y son las encargadas de hacer el agujero. Tienen un filo helicoidal cortante, que con el uso tiende a desgastarse. Cuando una broca ha perdido su efectividad, se puede afilar con máquinas afiladoras o amoladoras.
- **El granete** es un cilindro de metal con un extremo terminado en punta, al que se golpea con un martillo, y sirve para marcar el punto donde se va a hacer el agujero y que la broca no resbale.

Taladradora de columna.

5.2 Herramientas para limar

- **Amoladora o esmeriladora.** La esmeriladora es una máquina herramienta que lleva acoplada una piedra abrasiva llamada muela, que gira y al entrar en contacto con una pieza metálica produce el desgaste de esta. Se utiliza normalmente para afilar herramientas.
- **La lima** es una barra de acero con unas rugosidades que permiten separar pequeñas cantidades de viruta cuando se pasa sobre una pieza de metal.
- **El papel de lija** es un papel al que se le han pegado unos granos de sílice de pequeño tamaño y muy abrasivos, y sirve para eliminar irregularidades de las piezas de metal cuando se pasa por su superficie.

También se utiliza para eliminar el óxido de una superficie metálica. Normalmente, este papel de lija suele acoplarse a una máquina que vibra a alta velocidad, la lijadora, lo que facilita su uso.

Esmeriladora.

Limas para metal.

Papel de lija.

Unidad 3

5.3 Herramientas para cortar

Las herramientas de corte de materiales metálicos, principalmente las de corte por aserrado, cumplen una función similar a las empleadas con la madera. No obstante, debido a las características de mecanibilidad de los materiales metálicos, se pueden emplear las máquinas que provocan la cizalladura por impacto. Así, las principales herramientas son:

Manuales	**Sierra de arco:** es un arco de metal que tiene una hoja dentada, con los dientes inclinados hacia delante, y que permite cortar piezas de metal de poco grosor. La hoja debe estar tensa y puede sustituirse.	
	Tijeras de chapa: son unas tijeras compactas, pesadas y de gran tamaño que permiten cortar chapas muy finas.	
	Cizalla: es una herramienta formada por unas cuchillas accionadas por mangos de grandes dimensiones, lo que permite hacer mucha fuerza. Se utiliza para cortes de piezas metálicas de mayor grosor.	
Eléctricas	**Caladora.** Es una máquina herramienta que tiene una sierra que sube y baja a gran velocidad y permite hacer cortes rectos o cortes curvos. Existen hojas para diferentes materiales. Las hojas para corte de metal tienen los dientes más pequeños.	 Hojas de caladora para cortar metales.
	Radial. Es una máquina herramienta que tiene un disco muy fino, que gira a gran velocidad y que permite cortar piezas metálicas.	

> **EL CORTE DE METALES CON SIERRA**
>
> Cuando se trata de cortar metales con herramientas manuales como una sierra, la hoja es el elemento clave. Normalmente una hoja de corte se realiza en acero templado o endurecido de alta resistencia. El filo de la hoja dispone de un dentado para mejorar la acción de corte. El número de dientes varía de una hoja a otra pero las más comunes disponen de 14, 18, 24 o 32 dientes por pulgada. Una norma muy conocida por los trabajadores metalúrgicos para lograr un corte preciso, indica que cuanto más dura sea la pieza que se quiere cortar mayor número de dientes ha de tener la hoja. Por ejemplo, un material tan duro como el acero se ha de cortar con una hoja de 24 o 32 dientes, mientras que para cortar otros metales más blandos como el aluminio es suficiente con una sierra de 14 dientes por pulgada.

COMPRENDE, PIENSA, INVESTIGA...

1 Compón un cuadro con tres columnas en el que listes las herramientas comunes a metales y madera. Especifica cuáles son para el trabajo con metales y cuáles son de empleo único con madera. ¿Qué columna contiene más herramientas?

2 Explica en qué medida se facilita el trabajo cuando se emplean motores eléctricos acoplados a herramientas frente a las herramientas manuales.

3 De las herramientas estudiadas, ¿cuál utilizarías para cortar una cadena? ¿Por qué?

6 Uniones

Las principales formas de unión de piezas metálicas son las uniones fijas en las que se acoplan permanentemente dos piezas metálicas, y las uniones desmontables, que pueden realizarse mediante tornillos, pasadores o chavetas.

6.1 Uniones fijas

Las uniones fijas son las que están pensadas para perdurar en el tiempo. Las más importantes son las remachadas y las soldadas.

Las uniones remachadas

Un remache es una pieza metálica de forma cilíndrica dotada de una cabeza. La cabeza impide que el remache pase completo por el taladro. Las uniones remachadas se realizan de la siguiente forma:

Se hace un taladro en las dos piezas que se quieren unir. Se inserta un remache en el agujero y se asegura por presión. El remachado puede ser a máquina o manual, golpeando el extremo opuesto a la cabeza. También existen máquinas remachadoras manuales que emplean remaches de metales blandos, como el aluminio.

Las uniones soldadas

Existen distintas técnicas para soldar metales. Algunas necesitan aportar un material para realizar la unión y otras se hacen sin aporte de material, como en la soldadura eléctrica. Cuando se aporta material que funde a menos de 450 °C, se conoce como soldadura blanda, y en caso contrario, como soldadura fuerte.

REMACHES

Remachadora.

SOLDADURA BLANDA

Soldador de lápiz.

Hilo de estaño.

La soldadura blanda se caracteriza por que la unión se hace sin fusión de los metales que se van a unir. Con frecuencia se emplea un soldador y un material de aporte formado por plomo, estaño u otros componentes que funden por debajo de los 450 °C. Este tipo de unión se aplica fundamentalmente a piezas pequeñas y a componentes eléctricos y electrónicos.

Unidad 3

SOLDADURA FUERTE

Soldadura oxiacetilénica

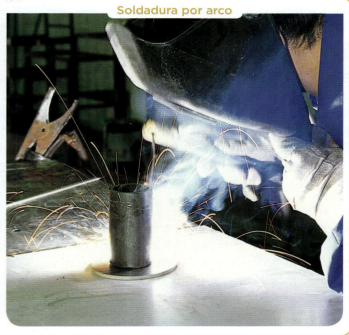
Soldadura por arco

La soldadura fuerte

La **soldadura oxiacetilénica** usa bombonas de dos gases, oxígeno y acetileno, y un soplete. Se regula la mezcla de ambos gases para lograr una llama que puede emplearse para la soldadura sin aporte de material, o bien aportando metal en forma de varillas.

La **soldadura eléctrica por arco** aprovecha el calor generado por un arco voltaico para fundir una parte del material de las piezas que se quieren unir. Es el tipo de soldadura que se emplea casi en exclusiva para la construcción de estructuras metálicas.

6.2 Uniones desmontables

El principal medio de unión desmontable es el empleo de tornillos y tuercas. La unión de ambos se denomina perno. La unión por tornillos puede hacerse de tres formas:

Cuando las piezas a unir disponen de roscas, se usan tornillos del paso de rosca adecuado y, generalmente, ninguna pieza más.

Cuando las piezas no disponen de roscas se pueden usar tornillos autorroscantes, que van creando la rosca a medida que se introducen, o bien pasar el tornillo y asegurarlo por medio de una tuerca, configurando un perno.

UNIONES POR TORNILLOS

Tornillo de paso de rosca o rosca chapa.

Tornillo autorroscante.

Perno de tornillo y tuerca.

COMPRENDE, PIENSA, INVESTIGA...

1. **Infiere.** Observa la caja de un PC. Comprueba cómo son las uniones que quedan a la vista. ¿Son remachadas, atornilladas o soldadas? ¿Por qué crees que es así?

7 Otros trabajos con metales

7.1 Forja

El acero ha sido trabajado tradicionalmente en la fragua para forjar todo tipo de herramientas, muebles, instrumentos y objetos varios. Aunque aún pervive, el trabajo artesano del herrero ha sido sustituido en su mayoría por técnicas industriales, como la forja con estampa. En este caso, se va dando forma al material por medio de moldes llamados troqueles y usando prensas y/o martillos neumáticos.

7.2 Fresado

Es un proceso que se lleva a cabo con una máquina herramienta llamada fresadora, que lleva acoplada una herramienta de corte cilíndrica de diferentes formas, llamada **fresa**, y que gira a gran velocidad. Gracias a la gran variedad de fresas que existen, es posible hacer agujeros de diferentes formas, ranuras, canales, etc.

7.3 Torneado

Para este proceso se emplea una máquina herramienta llamada torno, que hace girar una pieza de metal a gran velocidad y a la que se le aplica una cuchilla que arranca virutas de metal, dándole forma y obteniendo una pieza con sección circular.

MECANIZADO CON ARRANQUE DE VIRUTA

Fresadora

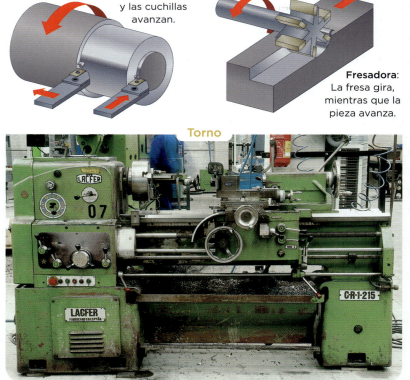

Torno: La pieza gira y las cuchillas avanzan.

Fresadora: La fresa gira, mientras que la pieza avanza.

Torno

Unidad 3

MECANIZADO SIN ARRANQUE DE VIRUTA

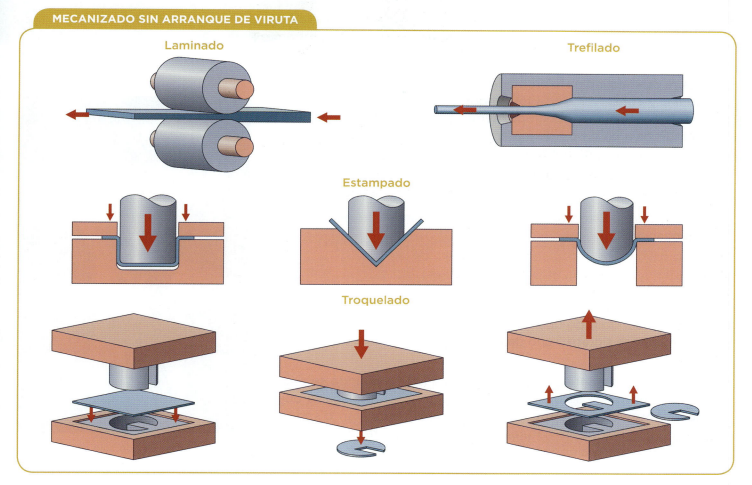

7.4 Laminado

Es un proceso por el cual se hace pasar una pieza de metal entre dos rodillos que giran en sentido contrario. De esta forma, la pieza de metal disminuye su grosor. Si se quiere disminuir aún más su grosor, se puede hacer este mismo proceso pero en varias etapas.

7.5 Trefilado

Es un proceso de estirado de un alambre de metal hasta convertirlo en un alambre más fino, el cual se hace pasar por un orificio. Si la reducción de diámetro es grande, se suele hacer en varias etapas.

7.6 Estampado

Es un proceso por el cual se presiona una chapa de metal entre dos moldes que encajan perfectamente. De esta forma, la chapa de metal toma la forma del molde. Este proceso puede hacerse con la chapa en frío o en caliente.

7.7 Troquelado

Es un proceso en el cual se presiona una cuchilla con una determinada forma sobre una lámina de metal, produciéndose el corte de la chapa con la forma de la cuchilla. Por ejemplo, así se obtienen las arandelas.

PERFILES

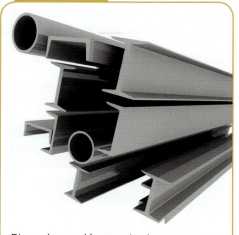

Pieza de sección constante que se prolonga una longitud dada. Puede ser un perfil cuadrado, redondo o irregular, como el caso de los perfiles empleados para conformar ventanas en carpintería metálica.

8. Los plásticos

La palabra plástico indica la propiedad que tienen algunos materiales de adquirir y conservar cierta forma por medio de técnicas de moldeo y deformación. Con el tiempo, hemos pasado a usar esa palabra para referirnos a un grupo de materiales cuya denominación técnica y más apropiada es **polímeros.**

> Un polímero es una molécula de gran tamaño que se crea por unión, acumulación y repetición de unidades estructurales llamadas monómeros. Este proceso de reacción química se denomina polimerización.

8.1 El origen de los plásticos

La industria del plástico se encarga de sintetizar polímeros de forma artificial, fabricando todo tipo de objetos. En 1860 se patentó el celuloide y en 1907 se sintetizó uno de los primeros polímeros artificiales: la baquelita.

No obstante, fue durante la Segunda Guerra Mundial cuando se produjeron los mayores cambios en la síntesis de macromoléculas poliméricas. Antes de la guerra, la industria textil tenía gran disponibilidad de tejidos y fibras naturales. Durante la guerra los recursos naturales como seda, algodón, látex y lana escasearon, por lo que los científicos de las naciones implicadas investigaron la producción de nuevas fibras y compuestos, como el nylon y las fibras acrílicas para sustituir a la seda; el neopreno y el butadieno para sustituir al caucho natural, y otros muchos ejemplos como las resinas sintéticas, el polietileno, etc.

La base de la mayoría de los polímeros es el carbono. El petróleo está formado por distintos compuestos de carbono, por esta razón se convirtió en la principal materia prima para el desarrollo de los polímeros artificiales. A su vez, esto dio origen a la petroquímica como industria de manufacturación de productos derivados del petróleo.

LOS POLÍMEROS

Los polímeros no son solo obra de los humanos. En realidad, los **polímeros naturales** llevan en la Tierra millones de años.

Algunos ejemplos de polímeros naturales de **origen vegetal** son el látex, el almidón y la resina. También los hay de **origen animal,** como la seda, las conchas de tortuga y los cuernos que exhiben algunos herbívoros.

Derivados de la destilación
- Gas
- Queroseno
  - Doméstico
- Fuel-oil
  - Doméstico
  - Industrial
- Nafta
  - Hidrocarburos lineales
    - Etileno
    - Butadieno
    - Propileno
    - Pentano
    - Otros
  - Hidrocarburos aromáticos
    - Benceno
    - Tolueno
    - Xileno
    - Otros

Etileno + Benceno → Estireno → Polimerización → Poliestireno expandido

8.2 Monómeros y polímeros

El proceso de formación de la mayoría de los polímeros consiste en emplear una molécula llamada **monómero** y tratar de replicarla y unirla formando una larga cadena o una estructura reticulada; este proceso se llama **polimerización**. Observa estos ejemplos de tres polímeros muy conocidos:

Monómero	Polímero
Eteno o etileno $H_2C=CH_2$	**Polietileno** Hay varios tipos. Los más conocidos son: de alta densidad o HDPE, de baja densidad o LDPE y polietileno tereftalato o PET
Propeno o propileno $CH_3-CH=CH_2$	**Polipropileno**
Cloroeteno o cloruro de vinilo $CH_2=CHCl$	**PVC o policloruro de vinilo** PVC

ADHESIVOS PLÁSTICOS

La investigación en adhesivos es una de las áreas de industriales que más productos ha aportado al mercado en los últimos años.

Entre los adhesivos más potentes se encuentran los basados en acrilonitrilos.

COMPRENDE, PIENSA, INVESTIGA...

Observa la siguiente lista de polímeros y plásticos, y el año en que fueron sintetizados o comercializados por primera vez. Crea un gráfico de línea de tiempo con estos datos, manteniendo una distancia constante entre años consecutivos.

¿En qué época fue mayor el número de invenciones?

1845 – Nitrocelulosa
1868 – Celuloide
1908 – Rayón
1909 – Baquelita
1920 – Celofán
1926 – Policloruro de vinilo (PVC)
1931 – Neopreno
1935 – Nylon y neopreno
1936 – Polietileno
1938 – Teflón
1949 – Tupperware
1966 – Kevlar
1979 – Poliesteramidas

En la actualidad es posible fabricar nuestras propias piezas en plástico utilizando las técnicas de impresión en 3D.

8 Los plásticos

8.3 Tipos de plásticos

Los plásticos pueden clasificarse siguiendo diferentes criterios, aunque en tecnología se suele preferir hacerlo atendiendo a su estructura interna. De este modo, podemos distinguir tres grandes bloques de polímeros:

- **Termoplásticos.** Están formados por largas cadenas lineales de polímero. Las cadenas son fáciles de desmontar aplicando calor y vuelven a formarse al enfriarse. Así, se pueden fundir y moldear muchas veces, lo que los hace unos excelentes materiales para ser reciclados.

- **Termoestables.** Están formados por cadenas de polímero entrelazadas en tres dimensiones. Se construyen en dos fases, en la primera se forman cadenas lineales de polímero, en la segunda (curado) se moldea el objeto por medio de calor y presión, lo que entrelaza las cadenas. En ocasiones, se acelera el proceso de curado por medio de aditivos químicos.

    Su principal diferencia con los termoplásticos es que, si se vuelve a aplicar calor al objeto terminado, este se quema. Las cadenas que lo forman se degradan de manera irreversible antes de que el plástico funda, esto hace que sean difíciles de reciclar.

- **Elastómeros.** Salvo raras excepciones, se trata de polímeros termoestables que, debido a una particular distribución de sus ramificaciones, logran un alto grado de elasticidad a temperatura ambiente. Su estructura molecular es intermedia entre la de los termoplásticos y la de los termoestables.

8.4 Los polímeros termoplásticos

Los termoplásticos se emplean en una gran variedad de objetos cotidianos, tales como juguetes, tejidos, envases, etc. Además, son materiales fácilmente reciclables, tanto es así, que se ha diseñado un marcado especial para estos materiales que facilita la labor de separado en los centros de reciclaje.

TIPOS DE PLÁSTICOS

Termoplástico.

Termoestable.

Elastómero.

COMPRENDE, PIENSA, INVESTIGA...

1. Realizad una lista de objetos de plástico de uso frecuente. Repartid entre los miembros del equipo la lista, de modo que cada uno lleve a clase entre 3 y 5 objetos.

   En la siguiente sesión, anotad en una tabla cada objeto junto con el marcado para reciclaje. Escribid junto a ellos las características físicas que observáis: color, flexibilidad, dureza, etc. ¿Coinciden con las que aparecen en el libro de texto?

2. El PET es uno de los plásticos más empleados en la industria alimentaria. Investiga más a fondo sus propiedades y los métodos de reciclado. Anótalos en tu cuaderno y extrae tus propias conclusiones sobre cómo debemos usar este material tan común hoy día.

3. Existe una variedad de poliestireno llamada poliestireno expandido, EPS. Busca sus propiedades y usos habituales. ¿Es un material reciclable?

Unidad 3

	Nombre	Características	Aplicaciones
1 PETE	Polietilentereftalato (PET o PETE)	Transparente, aunque admite colorantes, resistente al desgaste y la corrosión, impermeable, muy buen aislante del CO_2	Botellas de agua, bebidas gaseosas o detergentes, película aislante eléctrica, fibra para cuerdas y tejidos
2 HDPE	Polietileno de alta densidad (PEAD o HDPE)	Translúcido, muy ligero, flexible y resistente a impactos	Envases de alimentos, tuberías para agua potable, juguetes, protecciones al choque como cascos o rodilleras
3 PVC	Policloruro de vinilo (PVC)	De color blanco, aunque admite colorantes No inflamable Inestable, necesita aditivos que eviten su autodegradación Existe en formulación rígida y flexible	▪ **Rígido:** Perfiles para la construcción, tuberías, botellas ▪ **Flexible:** Aislantes para cableado eléctrico y alambres, mangueras de riego, juguetes hinchables y de piscina, ropa, calzado
4 LDPE	Polietileno de baja densidad (PEBD o LDPE)	De color blanquecino, más flexible que el HDPE	Bolsas de plástico, botellas, menaje desechable: platos, vasos y cubiertos, película para cubrir plantaciones agrícolas, juguetes
5 PP	Polipropileno (PP)	Se produce en una amplia gama de colores e incluso transparente. Dependiendo del proceso de fabricación se consiguen muchas propiedades diferentes, algunas de las más interesantes son baja densidad, gran rigidez y alta resistencia térmica y química	Muebles de jardín, piezas de automóviles, tubos corrugados para instalaciones eléctricas, fibras para cuerdas y tejidos, envases y botellas, films
6 PS	Poliestireno (PS)	Dos variedades principales: PS cristal es transparente; PS choque es opaco. Buen aislante térmico, se deforma a menos de 100 °C. Existe también el poliestireno expandido (EPS), que se comercializa sólido o en forma de espuma	Embalajes, recipientes y envases para comida, carcasas de aparatos electrónicos, juguetes, revestimientos interiores de frigoríficos El EPS se usa en embalajes y protección de productos frágiles. En forma de espuma se emplea en aislamientos térmicos y acústicos
7 OTROS	Otros plásticos. Aunque hay una amplia variedad, solo se mencionan los más utilizados: Politetrafluoreteno (PTFE o Teflón), policarbonatos (PC), metacrilatos (PMMA)	▪ **Teflón.** Pertenece a la clase de termoplásticos denominada fluoropolímeros. Resistente a los agentes químicos, solo reacciona en condiciones muy concretas. Muy amplio margen de temperaturas de uso (-270° C, +270° C). Aislante eléctrico, antiadherente, muy flexible Bajo coeficiente de rozamiento, lo que permite usarlo como sustituto de lubricantes ▪ **Policarbonatos.** Muy transparentes Buenos aislantes eléctricos Resistencia a impactos y rigidez ▪ **Metacrilatos.** El más transparente de todos los plásticos conocidos Aislante térmico y acústico Resistente al impacto, pero se raya con mucha facilidad	▪ **Teflón:** Tubos, catéteres, perfiles, láminas y película, recubrimiento de ollas y sartenes Cojinetes sin lubricante Tejidos, tapetes y alfombras ▪ **Policarbonatos:** CD, DVD, Blu ray, cajas y envases, bidones de agua, juguetes resistentes para bebés Sustituto del vidrio en cubiertas de edificios y construcciones, también en lentes, gafas, etcétera. ▪ **Metacrilatos:** Placas y planchas, tubos, barras y bloques Sustituto del vidrio en acristalamientos, vitrinas, acuarios y piscinas Si se añade protección UV al fabricarlo, resiste a la intemperie sin perder sus propiedades ópticas

8 Los plásticos

8.5 Los plásticos termoestables

Los plásticos termoestables, también denominados termoendurecibles, se emplean en una amplia variedad de objetos cotidianos. En ellos se buscan las siguientes propiedades:

- Que tengan una dureza y rigidez que los haga indeformables y resistentes a impactos.

- Resistencia a altas temperaturas. Esto requiere un proceso final, denominado **curado,** que fija la estructura tridimensional de cadenas de polímero y que se realiza a más de 200 °C o por medio de una reacción química. **El proceso de curado es irreversible.**

Por su propia naturaleza, los plásticos termoestables tienden a ser más fuertes, duros y rígidos que los termoplásticos, lo que trae consigo que sean más frágiles. Además, resisten mejor las temperaturas elevadas, lo que hace que sea muy difícil repararlos por medio de soldadura. Sin embargo, no son materiales fácilmente reciclables.

El curado se realiza por dos métodos diferentes:

- **Por compresión.** Se introduce el material plástico en un molde, donde es calentado y comprimido para darle la forma deseada.

  Se emplea para producir material eléctrico (interruptores, bases de enchufes, etc.) y asas para menaje de cocina (mangos de sartenes, ollas, etc.).

- **Por impregnación de resinas.** Sobre un molde se extienden delgadas capas de resina de poliéster que se refuerzan con otros materiales, como la fibra de vidrio o de carbono.

  Esta técnica es empleada para lograr materiales muy ligeros a la vez que rígidos.

  Se aplica en la fabricación de paneles para aviones, barcos y automóviles; también para material deportivo de alta competición: cuadros de bicicletas, esquíes, tablas de surf, raquetas, etc.

TIPOS DE PLÁSTICOS

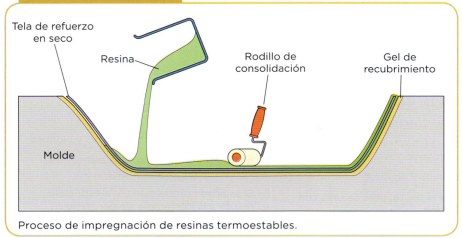

Proceso de impregnación de resinas termoestables.

Trabaja con el vocabulario

Hablando con propiedad, un **termoestable** es un polímero **termoendurecible** que ha sido sometido al proceso de curado y ya reúne todas las características que se esperan de él.

COMPRENDE, PIENSA, INVESTIGA...

4 ¿Por qué el poliuretano se encuentra en estado líquido cuando está en el interior de botellas y cuando es proyectado al exterior forma una espuma que se solidifica? Busca una razón física que justifique la respuesta a esta pregunta.

Principales polímeros termoestables

Nombre	Propiedades y características	Aplicaciones
Baquelitas	Primera sustancia plástica totalmente sintética. Existen tres tipos: baquelita A, B y C. La primera es soluble en alcoholes, fenol, glicerina y acetona. Los tipos B y C son insolubles. Moldeable durante el proceso de fabricación, endurece al solidificar. Dura y frágil. Excelente aislante eléctrico y térmico. Bajo coste de producción. Muy resistente a la corrosión química. Gama reducida de colores.	Carcasas de productos eléctricos y electrónicos. Botones y mandos de electrodomésticos. Enchufes, interruptores y otros mecanismos eléctricos. Soporte de componentes en circuitos impresos. Asas, soportes, mangos y pomos de menaje de cocina. Adhesivos.
Resinas de melamina	Características similares a las de las baquelitas. Resistencia a la corrosión química. Resistentes al calor, a la luz y a los golpes. Duras y ligeras. Los recubrimientos de melamina se rompen y agrietan con facilidad al emplear herramientas de corte convencionales, en este sentido, son frágiles. En forma de espuma tienen muy baja densidad, 9 kg/m^3. Es uno de los materiales más ligeros del mercado.	Adhesivos empleados en aglomerados de madera y contrachapados. Vajillas y menaje de cocina. No son aptos para microondas. Gomas de borrar. Pinturas y recubrimientos protectores para papel, madera y derivados. Aislantes eléctricos. En forma de espuma. Recubrimiento aislante térmico y acústico para motores de explosión.
Resinas de poliéster	Polimeriza a temperatura ambiente con ayuda de un aditivo endurecedor. Este plástico es rígido, duro, frágil y brillante. Muy resistente a la humedad, no es absorbente. Resistente a la corrosión química. Resistente a manchas. Amplia gama de colores. Se puede reforzar con fibra de vidrio, lo que mejora sus características mecánicas.	Pinturas. Adhesivos. Tubos y tuberías. Contenedores, depósitos y bidones. Piscinas. Piezas de automóvil y aeronaves. Juguetes y artículos deportivos. Fibras textiles como tergal, terlenka o terylene.
Resinas epoxi	Endurecen a temperatura ambiente con ayuda de un aditivo endurecedor. Bajo índice de contracción durante y después del curado. Muy buenos aislantes eléctricos. Más resistentes que las resinas de poliéster, aunque también más caros. Resisten mal la exposición a la radiación ultravioleta. Hay que protegerlas para su uso en exteriores. Se deben aplicar en lugares bien ventilados y evitar el contacto directo con el material durante el proceso de curado.	Adhesivos de gran resistencia. Pinturas y recubrimientos protectores de interior. Sellado y refuerzo de superficies. Aditivo para el cemento. Pavimentos.
Poliuretanos	Su uso más frecuente es en forma de espumas. Dependiendo de la densidad se comercializan poliuretanos flexibles y rígidos. Aislante térmico con baja conductividad térmica. Resistentes a impactos. Existen también poliuretanos termoplásticos.	Adhesivos y pinturas. Embalajes. Esponjas artificiales. Colchones y cojines. Recubrimiento de tuberías a alta temperatura. Aislantes en construcción y aislamientos, tanto en refrigeración como en calefacción.

8 Los plásticos

8.6 Los elastómeros

Los elastómeros tienen unas propiedades técnicas muy interesantes: gran elasticidad, baja dureza y alta adherencia.

Las dos primeras propiedades se pueden verificar sometiendo a un objeto fabricado con elastómeros a una fuerza que los comprima o estire y comprobando cómo, al cesar la fuerza, el objeto recupera su forma y dimensiones originales.

Los elastómeros más conocidos son los siguientes:

Nombre	Características	Aplicaciones
Caucho	Polímero natural obtenido del látex, la savia extraída de ciertas plantas, como el *Ficus elastica* o la *Evea brasilensis* En 1879 apareció la primera variedad de caucho sintético, desde entonces se han producido muchos avances en el desarrollo de este producto Uno de los cauchos sintéticos más utilizados es el polibutadieno Aislante eléctrico y de la humedad Es resistente tanto a los ácidos como a productos alcalinos	Neumáticos Suelas de zapatos Suelos y pavimentos Piezas de fontanería Cintas transportadoras Juguetes Aislantes eléctricos Núcleo de pelotas de golf Impermeables y ropa protegida contra la humedad Se añade a otros plásticos para mejorar su resistencia y disminuir su fragilidad
Neopreno	Es el nombre comercial de un tipo de caucho sintético basado en el policloropreno Muy flexible Resistente al desgaste por uso a la intemperie: sol, humedad, frío, etc. Aislante térmico y acústico	Ropa aislante contra el frío y la humedad, especialmente para deportes acuáticos y de montaña Ortopedia: muñequeras, rodilleras, coderas, fajas, tobilleras, pantalones... Monederos, maletines y fundas protectoras para equipos frágiles: móviles, cámaras fotográficas, tabletas y portátiles Mangueras, tubos y tuberías flexibles Adhesivos En construcción: juntas de dilatación, amortiguación y apoyo de columnas
Silicona	Este polímero incluye átomos de silicio y de oxígeno en su composición Flexible Inerte, por lo que puede ser usado en alimentación, medicina y cirugía Resistente al desgaste por uso a la intemperie: sol, humedad, frío, etc. Larga vida útil Aislante eléctrico	Aislamientos eléctricos Selladores y adhesivos Lubricantes Prótesis quirúrgicas Moldes y envases flexibles para alimentos Juguetes Máscaras

9 Técnicas de conformación de plásticos

Los plásticos se modelan calentando el material antes de meterlo en un molde. Para facilitar la labor, el polímero suele venir triturado, en polvo o en bolitas que serán fundidas.

Las técnicas de conformado más empleadas son la extrusión, el calandrado, la conformación al vacío y la conformación por moldeo.

> **Trabaja con el vocabulario**
>
> **Moldear** no es lo mismo que **modelar**. Moldear es dar forma a una materia mediante un molde y modelar es crear una figura a partir de un material plástico, como la arcilla o la plastilina.

9.1 Extrusión

La extrusión consiste en forzar el paso del material plástico fundido a través de una boquilla que tiene la forma que deseamos dar al polímero. La máquina extrusora consta de un dosificador que introduce el material en un cilindro, donde se calienta. El polímero fundido es obligado a avanzar hacia la boquilla de salida por un mecanismo de tornillo sin fin. Cuando sale, el material es enfriado por medio de un chorro de aire frío o de líquido refrigerante. Esta técnica se usa para fabricar láminas, tubos y perfiles de plástico.

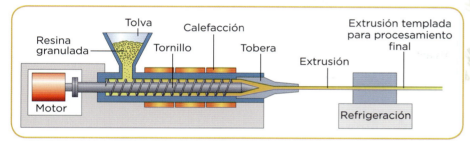

9.2 Calandrado

Se emplea en la fabricación de planchas y láminas de material. La calandra es una máquina que tiene una serie de rodillos que atrapan y presionan el material a medida que lo hacen avanzar. Cada pareja de rodillos tiene una separación entre ellos ligeramente menor que la de la pareja anterior, lo que obliga al material a ir reduciendo su espesor de forma gradual. Además, para facilitar esta labor el material tiene que estar en un estado de gel viscoso, lo que se consigue calentándolo y manteniéndolo a la temperatura en la que comienza a fundirse por medio de los propios rodillos, que también están calientes.

COMPRENDE, PIENSA, INVESTIGA...

1 Pon dos ejemplos concretos de objetos fabricados por extrusión y dos de objetos fabricados por calandrado.

Por ejemplo, los canalones o canaletas para recoger el agua de lluvia se fabrican por extrusión, y las lonas de camión se fabrican por calandrado.

2 Observa los siguientes objetos e indica qué técnicas se habrán utilizado en su conformación.

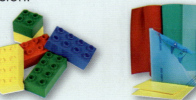 

9 Técnicas de conformación de plásticos

9.3 Inyección

Esta técnica es muy parecida a la extrusión, la diferencia está en que la boquilla de salida está acoplada a un molde que se debe rellenar. Una vez en el molde, el polímero se enfría y adopta la forma deseada. Este método es el más empleado con los termoplásticos, donde destaca la fabricación de juguetes, de piezas para automóviles y para la industria aeroespacial.

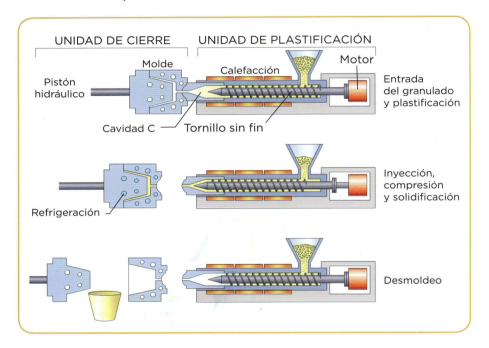

9.4 Soplado

Se suele emplear en la fabricación de botellas y envases de plástico. Mediante la técnica de inyección o la de extrusión se crea un cilindro de plástico caliente; a su alrededor se cierran las dos piezas que forman el molde para el envase. A continuación, por medio de una boquilla se introduce aire a presión que obliga al polímero a adoptar la forma del molde, dejando hueco todo el interior. Por último se enfría y se abre el molde.

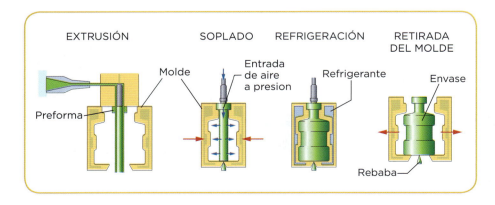

9.5 Compresión

Esta técnica se usa solo con los plásticos termoestables. El material es vertido en un molde compuesto por dos partes con la forma que se desea dar al material. Las dos mitades se cierran y son sometidas a calor y a presión; pasado un tiempo, que dependerá del material empleado, se abre el molde y se extrae la pieza.

9.6 Conformación al vacío

Se utiliza con láminas de material termoplástico que se colocan en un molde cerrado provisto de calentadores (pueden ser simples resistencias eléctricas, infrarrojos e incluso microondas). Cuando la lámina está caliente, se activa una bomba de vacío que obliga a la plancha a adquirir la forma del molde.

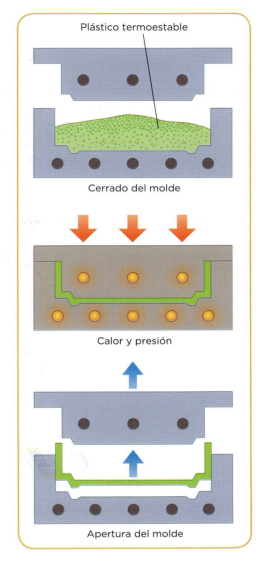

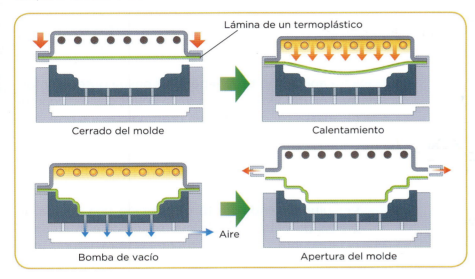

9.7 Centrífugo o rotomoldeo

Se introduce el polímero en polvo o líquido en el interior de un molde. El cierre del molde debe ser estanco para que no pueda escapar nada de material. A continuación, se introduce en un horno que debe estar a temperaturas entre 250° y 450°C. El molde empieza a girar sobre dos ejes perpendiculares. Para conseguir que el material adquiera la forma deseada, además de las propiedades del material, es necesario controlar tres parámetros: temperatura del horno (debe calentar y enfriar gradualmente), velocidad de giro del molde y tiempo que debe permanecer en el interior antes de enfriarlo y desmoldar.

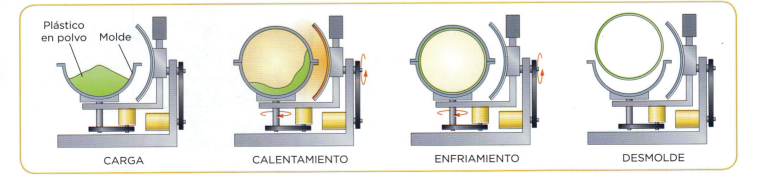

Aplica lo aprendido

⌄ Haz tu propio mapa mental

A continuación puedes ver el comienzo del mapa mental de los contenidos de la unidad. Cópialo y complétalo en tu cuaderno.

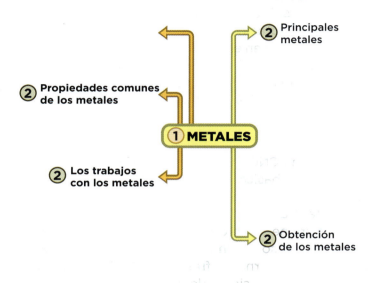

⌄ Investiga

El corte de metales se realiza con hojas mucho más duras que el propio material metálico a cortar. Existen materiales de alta dureza, como el carburo de alto poder abrasivo, que se emplean en los trabajos donde los metales están implicados.

Busca información sobre las herramientas de corte disponibles en el mercado y los materiales que se utilizan para fabricarlas. Para ello, lo mejor es acercarte a un almacén de herramientas o a una ferretería y preguntar al personal del departamento de herramientas.

Prepárate un guion con lo que quieres preguntar y presenta a tu clase un informe con los datos recogidos. Por ejemplo, podrías preguntar lo siguiente:

a) ¿Qué herramientas de corte se venden más, las sierras manuales o las sierras eléctricas?

b) ¿Tienen en la tienda algún material más duro que el carburo? En caso afirmativo, ¿para qué se utiliza?

c) En cuanto a las herramientas eléctricas, ¿qué tipo de herramienta es más solicitada, la sierra radial o la sierra caladora? ¿Cuál de las dos es más eficaz para obtener un corte limpio y fino?

⌄ Haz uso de las TIC

Una app que ofrece toda la información para fabricar plásticos

La empresa sueca Bruder Consulting AB, creada por Ulf Bruder, especialista durante más de 40 años en la industria del plástico, ha desarrollado Plastic Guide, una aplicación para móviles en la que se puede consultar todo tipo de trabajos de manufactura de plásticos, con el objetivo de difundir el conocimiento de este material.

Escribe en tu navegador, o en el Market de Google, las palabras clave «google-play plastic guide bruder» e instala la aplicación en tu tableta o en tu móvil.

Esta aplicación te va a permitir desde obtener información detallada acerca de los plásticos más comunes hasta conocer más en profundidad los procesos de fabricación empleados que ya has estudiado en la unidad, incluyendo imágenes de aplicaciones típicas y vídeos donde se observa sobre el terreno el proceso.

Por último, tendrás a tu disposición una galería de piezas de plástico en la que se indica el material y el fabricante, una larga lista de las abreviaturas utilizadas en la nomenclatura de los plásticos y otra de nombres comerciales.

Busca información

El trabajo sobre metales preciosos, como el oro o la plata y sus aleaciones, recibe el nombre de orfebrería. Esta comprende técnicas básicas de tratamiento de los materiales, como la fusión, la elaboración de láminas, hilos y varillas, o el cortado de las piezas, pero abarca también complejas técnicas decorativas y de acabado de las obras, como la filigrana.

En la siguiente tabla se han listado tres metales preciosos. Aunque se emplean en joyería y orfebrería, también tienen múltiples aplicaciones industriales. Busca información en libros y en la web, y copia y completa el cuadro para conocer un poco más estos metales.

Nombre	Símbolo	Color	Usos	Propiedades
Plata	Ag			
Platino	Pt			
Oro	Au			

Practica el cálculo

Observa, en la siguiente tabla, los datos ofrecidos por el Ministerio de Industria en relación a la actividad minera en España.

Minería en España	Nº de explotaciones		
	2010	2011	2012
Productos energéticos	46	44	46
Minerales metálicos	6	7	7
Minerales industriales	192	186	174
Rocas ornamentales	674	635	589
Productos de cantera	2694	2539	2392
TOTAL	3612	3404	3208

Ahora, calcula:

a) los porcentajes de instalaciones destinados a cada producto.

b) el porcentaje de variación en el número de explotaciones de cada tipo entre los años 2010 y 2011, y en el período 2011 y 2012.

Realiza un gráfico de barras donde muestres las variaciones para cada tipo de explotación.

A la vista de los datos que has calculado, ¿qué productos han sufrido una mayor reducción en el número de explotaciones? ¿Cuales han crecido? ¿Se puede decir que en el período 2010-2012, en España, el único sector en el que no se han perdido explotaciones mineras ha sido el de los minerales metálicos? Reflexiona y justifica tu respuesta.

Innovación técnica

Una máquina CNC, máquina herramienta de control numérico, es básicamente un sistema en el cual se ha acoplado un ordenador a la propia máquina herramienta. Cualquier máquina herramienta convencional dispone de motores para mover los útiles, como es el caso de un torno o una fresadora, pero en el caso de tornos o fresadoras CNC, el ordenador controla la posición de los útiles y la velocidad de los motores que accionan los ejes de la máquina. Esto permite que la máquina realice movimientos combinados para trabajar huecos circulares, líneas diagonales o complejas figuras en tres dimensiones. Pero ¿cómo pueden llegar a realizar más de un movimiento a la vez? Investiga estas máquinas y trata de entender cómo se mueven los husillos, la mesa y el carro de la máquina herramienta.

Proyecto de aula

El cardiotangram

¿En qué consiste?

El tangram es un puzle con el que se pueden montar muchas figuras. En este proyecto vas a construir un tangram con forma de corazón, el cardiotangram.

Para llevar a cabo este juego, vas a necesitar planchas o placas de metal con superficies no muy grandes. Piensa que el cardiotangram no será mayor que un cuadrado de 12 centímetros de lado.

Para empezar, observa la cuadrícula de la derecha y dibuja en una hoja una matriz de 3 × 3 cuadrados de 4 centímetros de lado cada uno. Cada cuadrado contiene una figura y juntos forman el diseño del corazón.

Una vez terminado el dibujo, recorta cada cuadrado por separado y corta también la forma de cada pieza. Ten en cuenta que hay piezas que no ocupan todo el cuadrado y otras que ocupan partes de dos cuadrados.

Ahora tienes que elegir diferentes metales con los que hacer cada pieza. Lo más recomendable es utilizar chapas de metales blandos y de pequeño espesor.

Elige diversos materiales como chapa de aluminio, chapa de cobre, chapa de latón, estaño e, incluso, chapa de cinc.

Utilizando las plantillas de papel, superpón cada una sobre la superficie de una chapa diferente y dibuja cada pieza. Una vez recortadas, obtendrás un corazón con múltiples colores metálicos como el gris, el dorado o el cobrizo.

Ahora, utilizando una cizalla manual y unas tijeras de chapa, trata de cortar con cuidado cada pieza. Al terminar, lima con cuidado las piezas para que los bordes no queden afilados y para eliminar rebabas. Puedes mantener los colores naturales del metal o puedes utilizar rotuladores indelebles con los que podrás colorear cada pieza.

A la derecha de este texto encontrarás varias figuras que se pueden construir usando las piezas del cardiotangram, pero tu imaginación puede crear muchas más. Dibuja en tu cuaderno algunas de tus creaciones e incluye la que más te guste en la memoria del proyecto.

Plantilla para el cardiotangram.
Tamaño total 12 × 12 cm.
Tamaño de un cuadrado 4 × 4 cm.

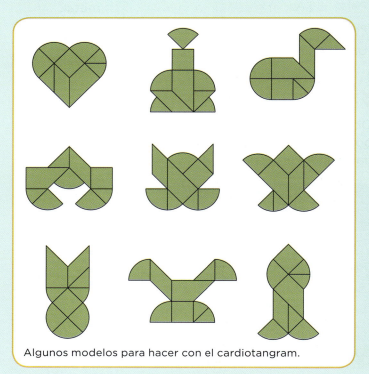

Algunos modelos para hacer con el cardiotangram.

Comprueba cómo progresas

Unidad 3

1. ¿Cuál es el origen de los metales? ¿Cómo crees que se han generado en la Tierra?

2. Haz un glosario de términos de tecnología relacionados con los metales.

3. Trabaja en pequeños grupos. Haz un mural con las herramientas para trabajar metales. En él debe aparecer una imagen de cada herramienta, su nombre y una breve descripción de su uso. Busca catálogos en ferreterías o centros de bricolaje para conseguir fotografías. También puedes optar, junto a tus compañeros de grupo, por dibujar vosotros mismos las herramientas.

4. Explica por qué se utilizan las aleaciones en lugar de los materiales metálicos puros.

5. Describe cuáles son las propiedades mejoradas del bronce y para qué se emplea.

6. Describe cuáles son las principales propiedades del latón y qué metales se emplean para obtener esta aleación.

7. Haz una lista con las propiedades comunes de los metales.

8. Explica, con tus propias palabras, los términos mena y ganga en un mineral rico en metal.

9. ¿Qué diferencia encuentras entre las propiedades de maquinabilidad y plegabilidad?

10. ¿Cuál es la propiedad que confiere a los metales la capacidad de estirarse en hilos o filamentos? ¿Y la capacidad de extenderse en láminas?

11. Realiza un dibujo en tu cuaderno en el que muestres un corte transversal de una mina subterránea, indicando mediante flechas los lugares significativos de la mina, como el socavón, las rampas, los piques y las diferentes galerías, los pozos de montacargas y las tuberías de ventilación.

12. ¿Qué son la escoria y el arrabio en un alto horno?

13. ¿Qué uso se le puede dar a la escoria una vez separada en el alto horno?

14. Haz una lista con las principales propiedades físicas del hierro.

15. ¿Cuáles son los principales usos industriales del aluminio, del cromo y del cobre?

16. Describe las diferencias físicas que existen entre una máquina caladora y una sierra radial.

17. Describe los procedimientos que hayas estudiado para realizar soldaduras fuertes.

18. ¿Para qué se emplea una fresadora? ¿Y un torno?

19. Busca información acerca del proceso de reciclado de los plásticos. ¿Te parece un material ecológico?

20. Los plásticos han reemplazado a otros materiales en la fabricación de muchos objetos. ¿Qué alternativas, utilizando otros materiales, puedes encontrar para los objetos más habituales fabricados en plástico?

21. Investiga sobre los siguientes polímeros e identifica si son de origen natural o sintético: Polipropileno – Almidón – Policarbonato – Celulosa – Inulina – Nylon – Teflón- Polietilentereftalato - Polisacárido – Quitina – Poliestireno – Policloruro de Vinilo

22. Identifica cada una de las clases de polímeros con su estructura molecular:

    a) Termoplástico   1) Estructura intermedia
    b) Termoestable   2) Estructura lineal
    c) Elastómero   3) Estructura entrelazada

23. ¿Qué código de marcado corresponde con los siguientes plásticos?

♳	Polietileno de baja densidad (LDPE)
♳	Polipropileno
♳	Polietileno de alta densidad (HDPE)
♳	Policloruro de Vinilo (PVC)
♳	Polietilentereftalato (PET)
♳	Poliestireno
♳	Policarbonato

24. Explica dos tipos de conformado de plásticos por moldeo.

4. La energía eléctrica

Son muchas las formas de energía disponibles, pero ninguna de ellas es tan versátil como la energía eléctrica: fácil de generar a partir de diferentes fuentes y de sencilla conversión en otras formas de energía, es, al mismo tiempo, fácil de transportar. Pero no todo podían ser ventajas: no resulta sencillo almacenarla en grandes cantidades. Con todo ello, la energía eléctrica es la energía de nuestro día a día.

En esta unidad vas a estudiar...

- ¿Qué es la electricidad?
- La generación y el transporte de la energía eléctrica
- El consumo en los hogares
- El código de eficiencia energética

Como por arte de magia

Tras haber traspasado a oscuras el umbral de la nave, conectó el interruptor general. Al encenderse, unas lámparas tubulares colocadas en las paredes iluminaron un sótano cavernoso atestado de fantásticas máquinas. Lo sorprendente era que no estaban conectadas al cableado eléctrico que discurría por el techo; nada de conexiones, toda la energía que consumían procedía del campo de fuerza circundante, de forma que podía hacerse con cualquiera de las lámparas que no estaban fijas y desplazarse a su antojo por el taller.

Un extraño artilugio comenzó a vibrar silenciosamente en un rincón.

Satisfecho, Tesla entrecerró los ojos. Bajo una especie de anaquel, se había puesto en funcionamiento el más diminuto de los osciladores: solo él estaba al tanto de la asombrosa cantidad de energía que generaba.

[...]

Tesla apagó las luces y la nave quedó a oscuras, como una cueva. —Ahora, amigos míos, permítanme que les proporcione un poco de luz. De repente, una extraña y maravillosa luz inundó el laboratorio. Sorprendidos, McGovern, Twain y Jefferson miraron a su alrededor, pero no encontraron nada parecido a una fuente luminosa. Por un momento, el periodista pensó si aquel sorprendente efecto no guardaría relación con aquel otro que, al parecer, Tesla había producido en París, haciendo que se iluminasen dos enormes platos, carentes de fuente de alimentación, situados a ambos lados del escenario (nadie hasta hoy ha conseguido un efecto similar).

Margaret Cheney, *Nikola Tesla. El genio al que le robaron la luz.* Editorial Turner

¿Qué sabes sobre la energía eléctrica?

1. ¿Qué es la energía eléctrica y de dónde procede?
2. ¿Cuáles son los dispositivos más habituales que utilizan energía eléctrica?
3. ¿Sabes qué es un receptor eléctrico?
4. ¿Sabes cómo elegir el electrodoméstico más eficiente?
5. ¿Cómo se producirá la electricidad en el futuro?
6. ¿Conoces cuáles son las magnitudes eléctricas?

1 ¿Qué es la electricidad?

UN DÍA SIN ELECTRICIDAD

La energía eléctrica desempeña un papel muy importante en la vida del hombre moderno. Está tan acostumbrado a tenerla a su disposición cada vez que la necesita, que seguramente no se ha planteado qué ocurriría sin ella.

- ¿Cómo te imaginas un día sin electricidad?
- Haz un listado de todas las actividades de tu vida diaria en las que esté presente el uso de la electricidad e indica cómo realizarías esas actividades si no dispusieras de energía eléctrica. ¿Qué implicaría la falta de electricidad de forma global? Debate tus ideas en clase con los compañeros.

1.1 Cargas y corrientes eléctricas

La electricidad tiene su origen en la existencia de las cargas eléctricas.

Aunque no puedas verlos, todos los cuerpos están formados por átomos. El átomo, cuyo significado original en griego era «no divisible», es la mínima parte de materia de un elemento químico que conserva sus propiedades químicas.

Los átomos están formados por un núcleo y una corteza. En el núcleo se encuentran los protones y los neutrones, y en la corteza, orbitando alrededor del núcleo, los electrones. Los neutrones no tienen carga, los protones tienen carga positiva y los electrones, negativa.

Entre las cargas eléctricas se producen fuerzas de atracción y repulsión, de tal forma que cargas del mismo signo se repelen y de distinto signo se atraen.

El estudio de las cargas eléctricas en reposo se llama **electrostática**.

Cuando las cargas eléctricas negativas, los electrones, se desplazan a través de un material, se habla de **corriente eléctrica**. Puede ser de dos tipos:

- **Corriente continua,** proporcionada por pilas y baterías, en la que los electrones se mueven siempre en la misma dirección.
- **Corriente alterna,** que es la que llega a los hogares a través de la red eléctrica, en la que los electrones cambian el sentido de su movimiento de forma periódica.

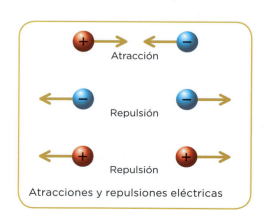

Atracciones y repulsiones eléctricas

2. La generación y el transporte de la energía eléctrica

2.1 El alternador

El alternador es una máquina que transforma la energía mecánica en energía eléctrica. La energía que produce el movimiento del alternador procede del vapor de agua generado a elevada temperatura y presión en una central nuclear o térmica, del agua que cae en una central hidroeléctrica, del viento, o de las olas, entre otras fuentes.

El alternador está formado por dos partes: una fija que recibe el nombre de **estator,** o inducido, y una móvil, que gira y recibe el nombre de rotor o **inductor.**

Su funcionamiento se basa en la relación que existe entre la electricidad y el magnetismo. El movimiento de una bobina de cobre en el interior de un campo magnético, creado por imanes, da lugar a una corriente eléctrica alterna en el inductor.

EL ALTERNADOR

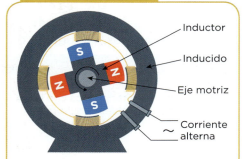

Este alternador está formado por un inductor o rotor con imanes permanentes y por un estator con cuatro bobinas.

Al rotar el inductor, produce constantes cambios en los campos magnéticos a los que están sometidas las bobinas, lo que genera (induce) en ellas una corriente alterna. Esta corriente se transmite a través de sus terminales a un transformador y de este, al lugar de utilización.

2.2 Las líneas de transporte

La electricidad debe ser transportada desde el lugar donde se produce hasta los puntos de consumo: industrias, hogares. En cada instante, la electricidad que se genera debe ser igual a la que se consume, puesto que no es posible almacenarla en grandes cantidades.

No todas las líneas de transporte y distribución tienen el mismo voltaje. En función de este se clasifican en líneas de baja, media y alta tensión.

2.3 Las estaciones de transformación

La electricidad se genera a un voltaje distinto del que se utiliza para su transporte y su consumo. El voltaje se modifica mediante el uso de transformadores. Estas máquinas se encuentran en las llamadas **estaciones o centros de transformación.**

La energía eléctrica se genera a un voltaje entre 5 y 25 kV (media tensión), se transporta entre 222 y 400 kV (alta tensión) y se consume en los hogares a 230 V.

Línea de transporte eléctrico de alta tensión.

GENERACIÓN Y TRANSPORTE DE LA CORRIENTE ELÉCTRICA

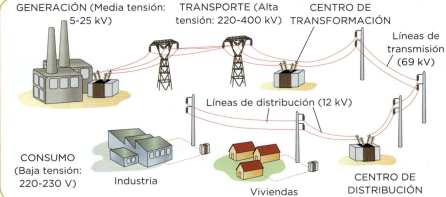

Transformador.

3 El consumo en los hogares

Observa los diferentes dispositivos que hay en tu casa. Muchos de ellos funcionan con energía eléctrica y llevan a cabo tareas rutinarias. Son los llamados **electrodomésticos**. Los electrodomésticos se clasifican en tres grupos, en función de las necesidades que cubren:

Grupo	Uso	Ejemplos
Línea blanca	Electrodomésticos relacionados con la limpieza del hogar y con la cocina.	
Línea marrón	Elementos relacionados con el audio y el vídeo, así como los equipos informáticos.	
Pequeñas aplicaciones	Dedicados al mantenimiento de la casa, preparación alimentaria e higiene y belleza.	

3.1 Principales electrodomésticos

Televisor

Un televisor es un dispositivo que permite recibir y reproducir imágenes en movimiento y sonidos emitidos a distancia. Inicialmente, la transmisión de la información se realizaba a través de ondas de radio, mientras que hoy en día existen otras modalidades, como la televisión por cable, a través de Internet, vía satélite y la televisión digital terrestre (TDT).

Desde las primeras televisiones enteramente electrónicas en blanco y negro hasta las flamantes SmartTV con acceso a Internet y tecnología 4K actuales, la televisión, dentro de la electrónica de consumo, ha liderado el cambio tecnológico en el mundo de los electrodomésticos.

EL RECICLAJE DE ELECTRODOMÉSTICOS

Con la compra de cada electrodoméstico, el consumidor abona una cantidad destinada a su futuro reciclaje, con el objetivo de ahorrar materias primas, energía y salvaguardar el medio ambiente. Sin embargo, un elevado porcentaje de los electrodomésticos no está siendo reciclado, lo que supone un grave perjuicio para el consumidor, que paga por ello, para los recicladores autorizados, que no reciben productos con los que trabajar y, por supuesto, para el medio ambiente.

EVOLUCIÓN DEL TELEVISOR

Años 50

Años 70

Años 90

Siglo XXI

Placa vitrocerámica y de inducción

La **placa vitrocerámica** es un sistema de cocción que consiste en una superficie de vidrio cerámico, que se sitúa entre la fuente de calor y el recipiente que se calienta. Un termostato se encarga de mantener la temperatura y la potencia de la placa en el nivel elegido. La fuente de calor habitual es una resistencia eléctrica que se calienta con el paso de la electricidad, aunque también existen placas que utilizan gas como fuente de energía.

La **placa de inducción,** de aspecto muy similar al de la placa vitrocerámica, se diferencia de ella en su principio de funcionamiento. La placa de inducción crea un campo magnético que da lugar a la aparición de unas corrientes inducidas, llamadas corrientes de Foucault, en el recipiente situado sobre ella. Estas corrientes producen el calentamiento del recipiente. El cristal se calienta por el hecho de estar en contacto con el recipiente, pero no es el medio a través del cual se transmite el calor.

Las placas de inducción tienen el inconveniente de no funcionar con recipientes de cualquier tipo de material: deben ser de material ferromagnético. El coste de la placa de inducción es más elevado que el de la vitrocerámica, pero su eficiencia energética es mayor y el calentamiento más rápido.

Placa vitrocerámica.

Frigorífico

También conocido como nevera o refrigerador, tiene como objetivo fundamental la conservación de los alimentos y el enfriamiento de bebidas mediante su mantenimiento a temperaturas adecuadas.

En contra de lo que se podría pensar, **el frigorífico no aporta frío a los alimentos, sino que extrae calor de su interior, transfiriéndolo al ambiente** a través de una rejilla situada normalmente en su parte posterior.

Actualmente, gran parte de los frigoríficos utilizan el llamado **sistema combi,** que emplea un motor para la parte refrigeradora y otro para la parte congeladora, lo que permite conseguir las temperaturas de funcionamiento con mayor facilidad, al tiempo que reduce el consumo.

EL FRIGORÍFICO

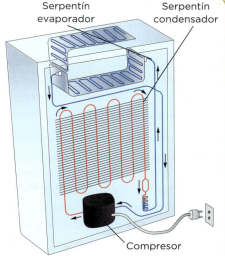

Los frigoríficos funcionan gracias a un fluido que absorbe y cede calor con gran facilidad. El compresor impulsa el fluido que absorbe el calor de los alimentos en el interior del frigorífico y cede el calor hacia el exterior del aparato por el serpentín condensador.

COMPRENDE, PIENSA, INVESTIGA...

1. Clasifica los siguientes electrodomésticos dentro de los tres grupos estudiados:

   a) frigorífico; b) aspirador; c) equipo de música; d) videoconsola; e) lavavajillas; f) ordenador; g) cepillo eléctrico; h) despertador.

2. Haz un listado que incluya todos los electrodomésticos que se encuentran en tu casa y completa con ellos la clasificación del ejercicio anterior.

3. Identifica nuevos avances tecnológicos en los electrodomésticos que se encuentran en tu domicilio.

4. ¿En qué años crees que se empezaron a utilizar los ordenadores en los hogares? ¿Y los televisores? ¿Y las radios? Escribe la fecha en la que crees que empezaron a utilizarse y busca la fecha aproximada en que realmente ocurrió.

5. **Compara.** ¿Utilizan las placas de inducción y las vitrocerámicas el mismo principio de funcionamiento? ¿En qué se diferencian?

6. Deja trabajar tu imaginación. ¿Qué nuevas y útiles funcionalidades incluirías, en el futuro cercano, en los electrodomésticos estudiados?

4 El código de eficiencia energética

4.1 El etiquetado energético

El rendimiento energético es la relación que existe entre la energía extraída de un sistema, o energía útil que realmente obtenemos, y la energía suministrada a dicho proceso o sistema.

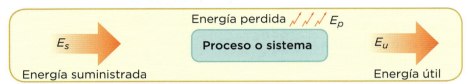

$$\text{Rendimiento} = \frac{E_u}{E_s}$$

Un dispositivo es **energéticamente eficiente** cuando tiene un elevado rendimiento energético. Quiere decir que aprovecha al máximo la energía suministrada, reduciendo al mínimo las pérdidas de energía.

Debido a la importancia de ahorrar energía y reducir las emisiones de dióxido de carbono, el Parlamento Europeo exige el etiquetado energético de los electrodomésticos, para poder identificar su nivel de eficiencia energética.

El etiquetado energético es obligatorio en frigoríficos y congeladores, lavadoras, lavavajillas, secadoras, secadoras-lavadoras, fuentes de luz, hornos eléctricos, aires acondicionados, campanas extractoras y calentadores de agua. Recientemente ha entrado en vigor una nueva normativa que limita el consumo máximo que pueden tener los aspiradores domésticos y exige que lleven etiquetado energético.

La utilización de electrodomésticos energéticamente eficientes permite el ahorro de energía y agua en los hogares, lo que contribuye a hacer un uso más eficiente de la energía y de los recursos naturales.

4.2 Campos de la etiqueta energética

La etiqueta energética tiene una apariencia similar a la de la figura de la página siguiente. En ella destacan los siguientes campos:

- **Marca y modelo.** Debe incorporar el nombre del fabricante y el modelo del electrodoméstico al que corresponde.

- **Clasificación energética del producto.** Es el dato más relevante de la etiqueta e indica la categoría de consumo en la que se encuentra el electrodoméstico en relación con el consumo medio de electrodomésticos del mismo tipo. Cuanta más alta es la categoría, menor es el consumo energético.

- **Consumo eléctrico anual,** expresado en kWh y calculado bajo unas condiciones de uso estandarizadas.

- **Otras características,** en función del tipo de electrodoméstico. Por ejemplo, en una lavadora, aparte del consumo energético anual y su categoría energética, se incluye el número de litros de agua por ciclo y la cantidad de ropa que puede lavar, así como el ruido durante el lavado y el centrifugado.

EJEMPLO

Una bombilla incandescente transforma en luz aproximadamente un 15% de la energía eléctrica que recibe, perdiéndose el 85% restante en forma de calor.

Se trata de un dispositivo muy poco eficiente y por esta razón dejaron de fabricarse en la Unión Europea el 1 de septiembre de 2012.

Unidad 4

ETIQUETA ENERGÉTICA

- Marca y modelo
- Clasificación energética del producto
- Consumo eléctrico anual
- Otras características de este tipo de electrodoméstico

INTERPRETACIÓN DE LAS ETIQUETAS

Los más eficientes	A+++	Muy alto nivel de eficiencia; un consumo de energía inferior al 55 % de la media.
	A++	Entre el 55 % y el 75 %.
	A+	Entre el 75 % y el 90 %.
Los que presentan un consumo medio	A	Entre el 90 % y el 100 %.
	B	Entre el 100 % y el 110 %.
Alto consumo de energía	C	Entre el 110 % y el 125 %.
	D	Superior al 125 %.

COMPRENDE, PIENSA, INVESTIGA...

1. Averigua el significado de los siguientes pictogramas e indica en qué tipo de electrodoméstico crees que podrías encontrarlos:

2. Compara la antigua y la nueva etiqueta de eficiencia energética de los productos. En tu opinión, ¿cuáles son las ventajas e inconvenientes que presentan?

3. Los tamaños de los televisores suelen venir indicados en pulgadas. ¿Sabes en qué sistema de medida se utiliza esta unidad y a cuántos centímetros corresponde?

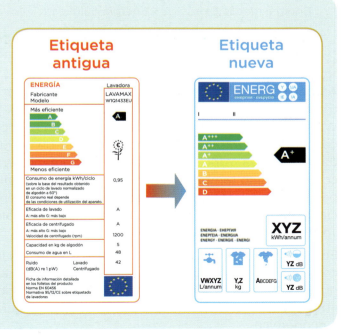

Aplica lo aprendido

⌄ Haz tu propio mapa mental

En el gráfico siguiente tienes un ejemplo de mapa mental de la unidad. ¿Te atreves a hacer el tuyo propio? Una vez que lo tengas terminado, vas a comprobar todo lo que has aprendido, entendido y memorizado.

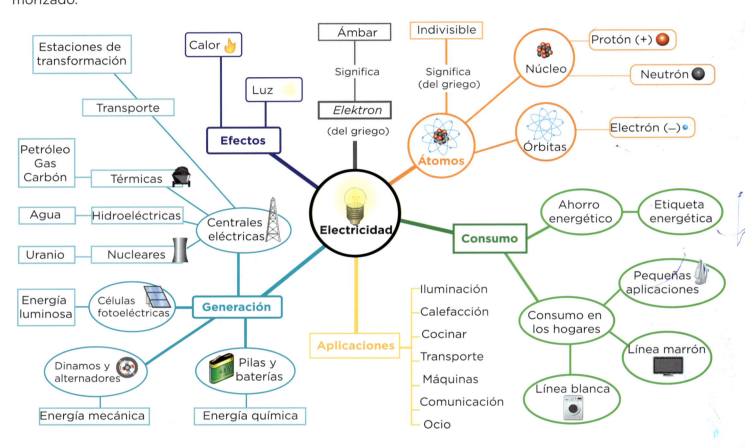

⌄ Investiga sobre el terreno

A finales del siglo XIX, dos grandes compañías eléctricas recién creadas, General Electric Company y Westinghouse Electric Company, competían por conseguir el contrato del trazado eléctrico de la ciudad de Nueva York. Esta batalla no solamente era comercial, sino también científica, ya que cada compañía tenía en nómina un peso pesado de la ciencia de finales de siglo: Thomas Alva Edison y Nikola Tesla.

Edison, que fundó la General Electric, sostenía que la corriente continua era el futuro del mundo, mientras que Tesla, científico principal de la Westinghouse, abogaba por la corriente alterna como más segura y económica.

¿Quién ganó la batalla? Descúbrelo muy fácilmente. Accede a Google y bastará con que escribas «La guerra de las corrientes» para poder elegir entre más de un millón de referencias.

Unidad 4

❖ Piensa como ingeniero

Trabajando en grupos, pensad en medidas para mejorar la eficiencia energética de vuestro hogar y vuestro IES. Anotad todas las medidas que se os ocurran en cuanto a iluminación, calefacción, limpieza, etc.

Ojead ahora el manual del IDAE (Instituto para la Diversificación y el Ahorro Energético).

Para acceder al pdf del manual, la ruta en Internet es la siguiente: **http://idae.es** → Información Ciudadano → Guías de consumo: Consejos → Información detallada de la guía → Guía práctica de la energía: Consumo eficiente y responsable.

Compara y completa las medidas planteadas en clase con las recogidas en este manual.

❖ Haz uso de las TIC

¿Son eficientes los electrodomésticos que tenéis en casa? Compruébalo tú mismo con la aplicación para móviles myecoNavigator, disponible en varios idiomas y con varias funciones para conocer cuán eficientes son los electrodomésticos que tenemos en casa o elegir adecuadamente un nuevo electrodoméstico.

La función para conocer la eficiencia de un electrodoméstico, permite escanear la etiqueta energética del electrodoméstico mediante la cámara del móvil. Una vez capturada la etiqueta, la aplicación te dirá si el electrodoméstico en cuestión está entre el 20 % de los productos más eficientes del mercado.

Otra función, permite introducir dos electrodomésticos del mismo tipo y comparar sus eficiencias energéticas y sus costes, incluido el gasto eléctrico a lo largo de su vida útil.

Finalmente, podrás leer consejos para ahorrar energía utilizándola de forma racional y sostenible.

❖ Innovación técnica

El horno microondas supuso, con su introducción en las cocinas modernas, una revolución en la forma de calentar, descongelar e, incluso, cocinar. Sin embargo, hasta hoy, no se había construido ningún dispositivo capaz de trabajar en el sentido contrario, más allá de los vistosos experimentos televisivos que utilizan nitrógeno líquido.

Rapid Cool es un proyecto que pretende conseguir enfriar latas y botellas de bebidas desde una temperatura ambiente de unos 20 °C hasta unos 4-6 °C, utilizando una pequeña cantidad de energía y en un tiempo muy corto, inferior a un minuto para latas de 33 cl y cuatro minutos para botellas de plástico.

La principal ventaja de este dispositivo, que se comercializará bajo la marca V-Tex, es reducir el consumo energético asociado a los dispensadores de bebidas frías que puedes encontrar en gasolineras, supermercados y cafeterías, entre otros lugares. De esta forma, en lugar de mantener las bebidas permanentemente frías mediante un consumo continuado de energía eléctrica, las bebidas solo se enfriarán en el momento en que vayan a ser consumidas. El ahorro energético calculado es de en torno a un impresionante 80 %.

El proyecto continúa en marcha, y se espera obtener tiempos de enfriamiento mucho menores. En el tiempo que has necesitado para leer este apartado, ¡habrías conseguido enfriar tu refresco!

Proyecto de aula

Decisión multicriterio

¿En qué consiste?

En el aula de informática vais a trabajar por grupos en la búsqueda de electrodomésticos eficientes. Cada grupo debe elegir un tipo de electrodoméstico y buscar el electrodoméstico más eficiente dentro de cada familia.

Procedimiento

Debéis establecer una clasificación de los electrodomésticos, atendiendo a los diferentes criterios que aparecen en su etiqueta energética, y seleccionar los que consideréis más importantes, dependiendo del tipo de electrodoméstico elegido.

Asignad a cada una de estas categorías una puntuación de 0 a 100, de forma que la suma de puntuaciones de todos los apartados sea 100. Por ejemplo, para los cuatro televisores cuyas etiquetas energéticas aparecen abajo, podéis seleccionar los siguientes criterios:

a) Categoría energética (20)
b) Tamaño (20)
c) Consumo en standby (10)
d) Conectores (30)
e) Aspecto estético (20)

También podéis incorporar otros criterios que os parezcan interesantes.

El precio es, en muchas ocasiones, un factor determinante a la hora de realizar una compra. O se puede tener en cuenta el hecho de que el producto haya sido fabricado con **materiales reciclados** o con materiales que permitan un reciclaje más sencillo que los otros productos de la competencia.

Observad que cuanto mayor es la puntuación que se le asigna a un criterio, mayor importancia toma este en la puntuación final. Esta importancia recibe el nombre de **ponderación.** Puesto que se utilizan varios criterios a la hora de tomar la decisión, este tipo de técnicas reciben el nombre de **técnicas de decisión multicriterio.**

Siguiendo con el ejemplo, en la siguiente tabla se ha dado a cada criterio una nota entre 0 y 1 y finalmente, se ha obtenido la nota para cada televisor:

	a)	b)	c)	d)	e)
TV 1	0,3	0,8	1	0,3	0,2
TV 2	0,5	0,8	1	0,5	0,5
TV 3	0,7	0,8	1	0,7	0,8
TV 4	1	0,8	1	0,8	0,6

Conseguid la etiqueta de eficiencia y una fotografía de 4 aparatos de la familia que habéis elegido, por ejemplo, en el catálogo online del fabricante, y aplicad la tabla de decisión multicriterio como si tuvierais que comprarlo.

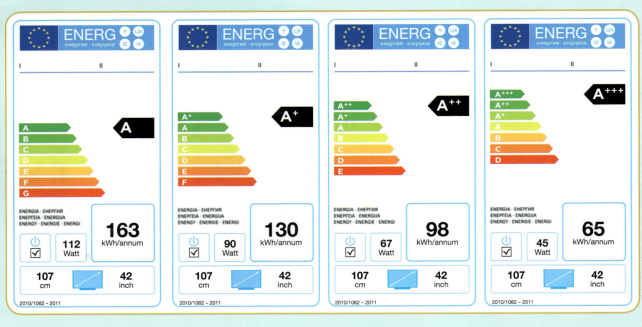

Comprueba cómo progresas

1. Indica cuáles son las ventajas y los inconvenientes de la energía eléctrica.

2. ¿Qué es el átomo? ¿Qué elementos lo forman?

3. ¿Qué es la electrostática? ¿En qué consiste la corriente eléctrica?

4. ¿Qué dos tipos de corrientes existen?

5. Enumera las ventajas y las desventajas que supone el uso de la energía eléctrica.

6. ¿En qué principio físico se basa el funcionamiento del alternador?

7. Indica, al menos, tres elementos empleados en las líneas de distribución de energía eléctrica.

8. ¿Qué dispositivo se emplea para cambiar el valor del voltaje generado y que pueda ser transportado?

9. ¿Cuáles son los electrodomésticos que deben incorporar obligatoriamente el etiquetado de eficiencia energética?

10. Haz una lista de la información más importante que ha de contener una etiqueta de eficiencia energética. ¿Se te ocurre algún otro aspecto importante que pueda ser incluido?

11. Busca información de las diferentes tecnologías utilizadas en la fabricación de los televisores electrónicos desde su aparición en el año 1936. Ordénalas en una línea de tiempo.

12. Actualmente existen en el mercado frigoríficos que incorporan pantallas táctiles, conexión inalámbrica y otros avances tecnológicos. ¿Para qué crees que se pueden utilizar estas innovaciones?

13. Haz una lista de los electrodomésticos que tenéis en casa. Trata de encontrar en Internet o en su placa de características la potencia que consume en kilovatios (KW).

    Pregunta a tus padres cuántas horas creen que están funcionando al día. Multiplica la potencia de cada electrodoméstico por las horas de funcionamiento. Suma todos los valores obtenidos y muéstralo a tus compañeros de clase. Comparad entre vosotros quién consume más y quién consume menos.

14. ¿Qué cocinas conoces que funcionen con una fuente de energía distinta de la energía eléctrica? ¿Cuáles son sus ventajas e inconvenientes?

15. Existen frigoríficos que no funcionan con energía eléctrica. Busca información sobre ellos y explica su funcionamiento a tus compañeros.

16. ¿Han «saltado los plomos» en tu casa alguna vez? ¿Por qué ocurre este fenómeno? Pide ayuda en casa para identificar el término de potencia contratada en una factura eléctrica y explica en qué consiste.

17. Piensa en medidas para reducir el consumo de electricidad en tu domicilio y en tu instituto. Trabajad en grupos para elaborar una lista de medidas de ahorro y ponedlas en común con el resto de grupos de tu clase.

18. Piensa ahora en medidas para ahorrar en el consumo de agua, de calefacción y de gas. Trabajad de forma análoga a la de la actividad anterior.

19. Clasifica las medidas de ahorro consensuadas en los ejercicios anteriores en función de los recursos y de la dificultad para llevarlas a cabo. ¿Serías capaz de comprometerte a cumplir con, al menos, cinco de ellas?

20. Visualiza en Internet el documental de *Documentos TV* «La tragedia electrónica», donde se trata el problema del tráfico ilegal de residuos electrónicos. Identifica quiénes son los culpables y quiénes los beneficiados y perjudicados por este tráfico. ¿Qué medidas podrías tomar como consumidor? Debate tus propuestas con tus compañeros y compañeras en clase.

5. Los circuitos eléctricos

Si piensas en un ordenador, un teléfono móvil, un horno microondas, una bombilla o un pequeño motor eléctrico, todos tienen algo en común: necesitan electricidad para funcionar. Es preciso conectarlos a un circuito eléctrico para que la energía eléctrica procedente del generador fluya a través de estos aparatos. En su interior, la electricidad es transformada en distintas formas de energía.

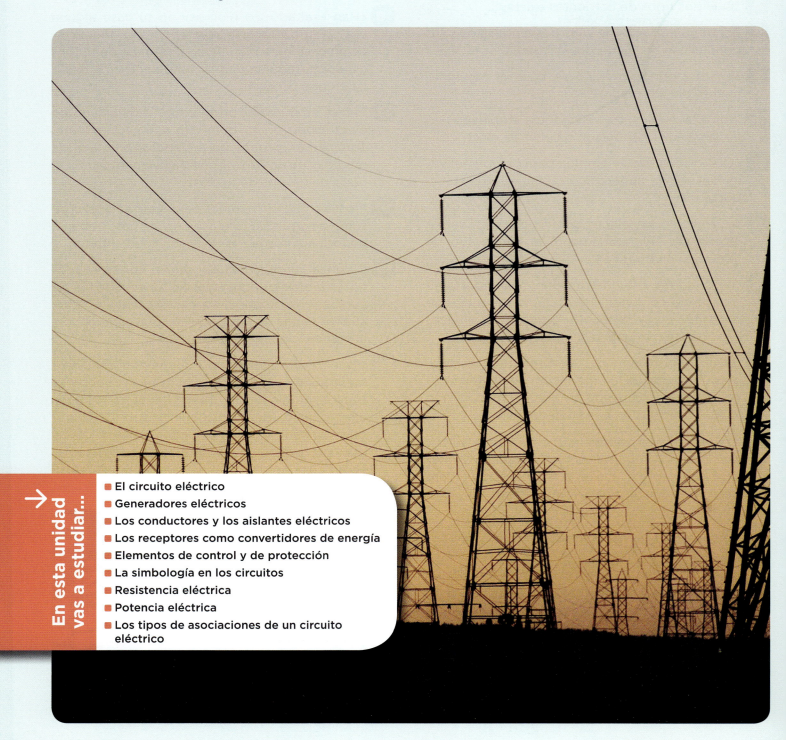

En esta unidad vas a estudiar...
- El circuito eléctrico
- Generadores eléctricos
- Los conductores y los aislantes eléctricos
- Los receptores como convertidores de energía
- Elementos de control y de protección
- La simbología en los circuitos
- Resistencia eléctrica
- Potencia eléctrica
- Los tipos de asociaciones de un circuito eléctrico

Unidad 5

Fundación e Imperio

La gran puerta se cerró sin ruido detrás del sonriente sargento. Ducem Barr saltó de su silla.

—Bueno, nos ha pagado con creces el refrigerador. Echemos una mirada a este nuevo libro. ¡Ah!, ha desaparecido el título.

Desenrolló un metro de película y la miró a contraluz. Entonces murmuró:

—Vaya, que me pasen por el colador, como dice el sargento. Esto es *El jardín de Summa,* Devers.

—¿De verdad? —preguntó el comerciante, sin interés. Echó a un lado los restos de su cena—. Siéntese, Barr. Escuchar esta antigua literatura no me hace ningún bien. ¿Ha oído lo que dijo el sargento?

—Sí. ¿Qué hay de ello?

—Comenzará la ofensiva. ¡Y nosotros debemos permanecer sentados aquí!

—¿Dónde quiere sentarse?

—Ya sabe a qué me refiero. Esperar no sirve de nada.

—¿Usted cree? —Barr estaba quitando cuidadosamente una película del transmisor e instalando la nueva—. Durante el último mes me ha contado muchas cosas de la historia de la Fundación, y parece ser que los grandes dirigentes de las crisis pasadas no hicieron mucho más que sentarse y esperar.

—¡Ah!, Barr, pero ellos sabían adónde iban.

—¿De veras? Supongo que así lo afirmaban cuando todo había terminado, y tal vez decían la verdad. Pero no existen pruebas de que todo no hubiese ido tan bien o mejor si no hubieran sabido hacia dónde se dirigían. Las fuerzas más profundas económicas y sociológicas no son dirigidas por hombres aislados. Devers sonrió burlonamente.

Isaac Asimov. *Fundación e Imperio,* 1952

¿Qué sabes sobre los circuitos eléctricos?

1. ¿Sabes qué es un circuito eléctrico? ¿Qué elementos lo componen?
2. ¿Cuál es la diferencia entre una pila y una batería?
3. ¿Qué aparatos eléctricos utilizas habitualmente?
4. ¿Sabes qué es el voltaje? ¿Y la corriente eléctrica?
5. ¿Qué entiendes por resistencia eléctrica? ¿Y por resistencia eléctrica equivalente en un circuito?

1 El circuito eléctrico

1.1 ¿Qué es un circuito eléctrico?

Un circuito eléctrico es un camino cerrado formado por un material conductor de la electricidad y en el que se conectan componentes eléctricos por los que circulan las cargas eléctricas.

En un circuito eléctrico puedes encontrar los siguientes elementos:

- **Pila o generador,** que proporciona energía al circuito.
- **Conductores,** son los que permiten la circulación de electricidad desde el generador hasta los receptores.
- **Receptores,** que transforman la energía eléctrica y producen efectos: movimiento, luz, calor, etc.
- **Elementos de control,** como los interruptores y los pulsadores.
- **Elementos de protección,** como los fusibles.

La pila o generador, los conductores y al menos un receptor deben estar presentes en el circuito. Los elementos de control y de protección son opcionales.

LA CARGA ELÉCTRICA

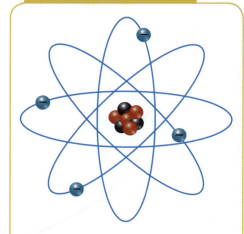

El electrón es una partícula subatómica con carga eléctrica. La carga del electrón es la cantidad más pequeña de carga que podemos encontrar.

Como el electrón posee una carga tan pequeña se ha definido una unidad mayor, el culombio, que contiene la carga eléctrica de $6,24 \cdot 10^{18}$ electrones. Este número corresponde al impresionante

624 000 000 000 000 000

Es decir, un culombio contiene la carga de 624 mil billones de electrones.

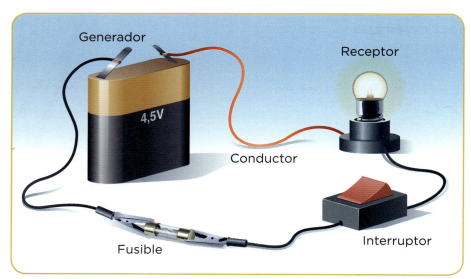

1.2 El símil del circuito de calefacción

Todo tipo de energía necesita un medio de transporte para llegar desde la fuente que la produce hasta un consumidor. Piensa, por un momento, en una instalación de calefacción. Igual que un circuito eléctrico, también es un circuito cerrado, en este caso formado por tuberías para la circulación de agua. La fuente calórica es la caldera, donde entra agua fría y de donde sale agua caliente destinada a alcanzar los radiadores situados en las diferentes estancias.

Ambos circuitos, eléctrico y de calefacción, son similares y totalmente comparables. Por un lado, el generador eléctrico se encarga de dar energía a las cargas eléctricas, igual que la caldera aporta calor a cada gota de agua que circula por ella. Ambos generadores impulsan cargas y gotas, respectivamente, hacia los elementos consumidores.

Unidad 5

SÍMIL HIDRÁULICO DE LA CORRIENTE ELÉCTRICA

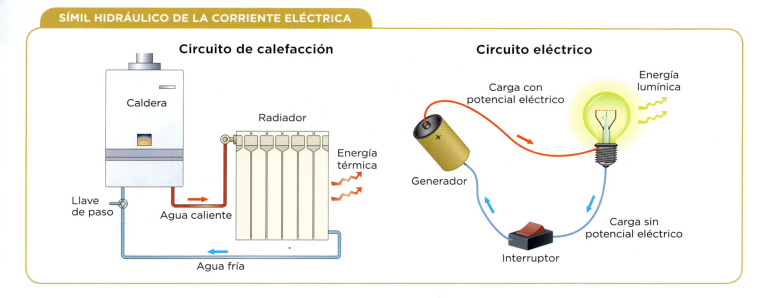

¿Por qué se mueven las gotas de agua de la caldera al radiador?

La respuesta a esta pregunta tiene que ver con la presión. La gota de agua pasa de un estado de alta energía, debida a su presión y temperatura en la caldera, hacia un estado de baja energía tras su paso por el radiador, donde cede al ambiente la energía calorífica suministrada por la caldera.

Algo parecido sucede con el agua en una presa. En la parte superior el agua tiene adquirida una energía potencial que libera a medida que desciende hasta la zona más baja en el río, tras haber impulsado las turbinas.

Así mismo, los electrones que componen la carga eléctrica adquieren energía a su paso por la fuente de energía eléctrica, el generador. En ese momento se dice que la carga eléctrica ha adquirido potencial eléctrico. Con el potencial eléctrico, los electrones circularán a través de los conductores hasta los receptores, por ejemplo, lámparas, resistencias, etc., y al pasar por ellos, las cargas eléctricas van perdiendo el potencial pues se va transformando en otras formas de energía (luz, calor, movimiento, etc.). Todos los electrones que salieron con potencial, o dicho de otra forma, con energía, del generador regresan al generador sin potencial eléctrico.

COMPRENDE, PIENSA, INVESTIGA...

1 ¿Qué bombillas crees que se iluminarán en los siguientes circuitos y por qué?

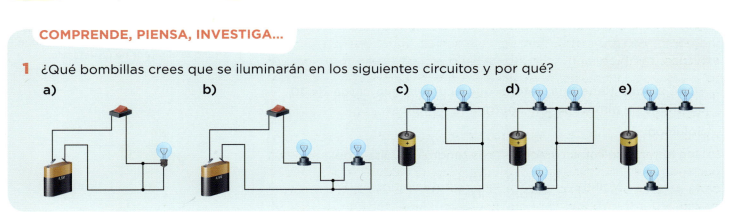

2 Generadores eléctricos

2.1 Los generadores eléctricos

Los generadores eléctricos son los elementos principales de un circuito, ya que son los que proveen de energía eléctrica. Podemos clasificarlos en:

- **Pilas y baterías,** que son de naturaleza química. Esto significa que se produce en su interior una reacción química que genera electricidad. Normalmente las pilas eléctricas no pueden recargarse, mientras que las baterías son recargables. En el caso de las baterías, la reacción química puede revertirse, razón por la cual se pueden recargar.

- **Fuentes de alimentación.** Son dispositivos electrónicos que convierten la corriente alterna en otra forma de energía eléctrica, como por ejemplo corriente continua, es decir, que siempre tiene el mismo valor. Una fuente de alimentación ha de estar conectada a la red eléctrica para suministrar esta energía.

Un ordenador de sobremesa está conectado a la red eléctrica de corriente alterna, pero sin embargo sus circuitos funcionan con corriente continua. Es necesario que disponga de una fuente de alimentación cuya misión es la de transformar la señal eléctrica alterna en continua.

2.2 El voltaje eléctrico

Las baterías, los generadores y las fuentes de alimentación son los encargados de aportar la energía que se precisa para mantener las cargas en circulación. En ausencia de energía, es decir, con la pila desconectada o gastada, el movimiento de electrones no se produce.

Físicamente, el voltaje está relacionado con la cantidad de energía necesaria para llevar una carga eléctrica de un punto a otro con menor potencial eléctrico. Dicho de otro modo, si un generador entrega 1 julio de energía a 1 culombio de carga, se dice que el generador entrega 1 voltio.

Por tanto, la fórmula del voltaje será:

$$\text{Voltaje} = \frac{\text{Energía}}{\text{Carga Eléctrica}} \quad ; \quad V = \frac{E}{Q}$$

donde E es la energía expresada en julios (J), Q es la carga eléctrica expresada en culombios (C) y V es el voltaje expresado en voltios (V).

El **voltio** es la unidad de voltaje en el Sistema Internacional y recibe este nombre en honor a Alessandro Volta (1745 – 1827), creador de la primera pila eléctrica. Se representa mediante la letra V.

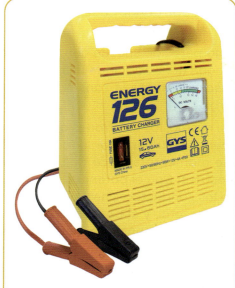

El dispositivo de la fotografía es un cargador de baterías de coche. Acumula mucha energía para poder suministrar suficiente carga a una batería que arranque el motor de un vehículo.

EJERCICIO RESUELTO

¿Qué voltaje tiene una batería que acumula una carga de 10 culombios y almacena una energía de 45 julios?

Solución:

Una batería de estas características tendrá un voltaje de:

$$\text{Voltaje} = \frac{\text{Energía}}{\text{Carga}} = \frac{45 \text{ J}}{10 \text{ C}} = 45 \text{ voltios}$$

3 Los conductores y los aislantes eléctricos

No todos los materiales tienen el mismo comportamiento frente a la corriente eléctrica. Algunos permiten el paso de la corriente y son empleados para conducirla. Otros, por el contrario, no permiten el paso de la corriente y son utilizados para evitar que llegue donde no debe.

Tipo	Características	Ejemplos
Conductores	Oponen poca resistencia al paso de la corriente eléctrica.	Materiales metálicos
Aislantes	Oponen una resistencia elevada al paso de la corriente eléctrica.	Papel, plástico, cerámica, vidrio

3.1 La corriente eléctrica en los conductores

La corriente eléctrica es el efecto que surge en el interior de un conductor cuando está conectado a un circuito cerrado en el que se dispone de un generador. Las cargas se mueven y por tanto, crean un flujo a través de los conductores.

> La corriente eléctrica consiste en el movimiento continuo y ordenado de electrones a través de los elementos del circuito.

Para determinar si el flujo es pequeño o grande existe una forma de cuantificarlo en función del número de cargas que atraviesan un determinado punto del circuito en una unidad de tiempo. Esto se define como intensidad de corriente eléctrica o, sencillamente, **intensidad eléctrica**. Matemáticamente se expresa como:

$$\text{Intensidad} = \frac{\text{Carga}}{\text{Tiempo}} \quad ; \quad I = \frac{Q}{t}$$

Por tanto, si la carga eléctrica se mide en culombios y el tiempo en segundos, la intensidad eléctrica se medirá en culombios por segundo, aunque se ha rebautizado esta unidad compuesta en una más sencilla: el amperio.

El **amperio** es la unidad de voltaje en el Sistema Internacional y recibe este nombre en honor a André Marie Ampère (1775 – 1836), inventor del galvanómetro, dispositivo utilizado para la medida de la intensidad de corriente. Se representa mediante la letra A.

EXPERIENCIA

Observa el circuito de la fotografía. En él se puede ver una pila conectada a una lámpara, intercalando entre ambas un objeto. Repite la experiencia intercalando, uno a uno, objetos fabricados con diferentes materiales, anotando si la lámpara se enciende y por tanto, se trata de un elemento conductor o si la lámpara se apaga, por lo que estaremos conectando un aislante. Empieza ensayando con los siguientes objetos: cable de cobre, trozo de tubería, lapicero, trozo de vidrio, cascara de huevo, trozo de limón y agua.

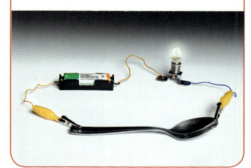

COMPRENDE, PIENSA, INVESTIGA...

1. ¿Cuánta energía almacena una batería de coche de 12 voltios con una carga de 600 culombios?

2. Busca algunos aparatos eléctricos en casa y observa los elementos aislantes que tiene. ¿De qué materiales están hechos?

3. ¿Qué intensidad se obtiene de un generador que produce 4 culombios en dos minutos?

4. **Explica.** El aire es aislante (la electricidad no circula de un borne a otro en un enchufe), sin embargo, la electricidad del rayo pasa de las nubes hasta el suelo. ¿Cómo explicarías este fenómeno?

4 Los receptores como convertidores de energía

Los **receptores** son elementos que reciben la energía eléctrica y la transforman en otra forma de energía.

En general, todos los receptores poseen una característica común: el grado de facilidad o impedimento al paso de la corriente eléctrica a través de ellos, lo que se conoce como resistencia eléctrica.

A continuación vamos a revisar los principales receptores de los circuitos eléctricos.

4.1 Receptores emisores de luz

Existen muy variados dispositivos que transforman la energía eléctrica en luz. Su principal representante son las lámparas.

En la actualidad cada vez es más utilizada la iluminación basada en diodos emisores de luz (LED). Están fabricados con materiales semiconductores y tienen un consumo eléctrico muy reducido.

Tipo	Imagen	Eficiencia energética	Características
Lámpara incandescente		Escasa eficiencia energética y duración. Ya no se fabrica.	Basada en un filamento incandescente dentro de una ampolla de vidrio.
Lámpara halógena		Escasa eficiencia energética y corta duración.	Similar a la incandescente pero con un gas halógeno inerte en su interior.
Tubo fluorescente		Mucho más eficiente que las lámparas incandescentes y con larga vida útil. El número de encendidos y apagados afecta a su duración.	El interior de una lámpara fluorescente contiene un gas por el que circula una corriente eléctrica. Se produce entonces el efecto de ionización del gas que se ilumina gracias a su propiedad de fluorescencia.
Lámpara compacta fluorescente (bajo consumo)		Su funcionamiento y propiedades son como las de un fluorescente normal. Su vida útil es muy prolongada.	Su encendido es gradual.
Lámpara de diodos LED		Muy eficiente y tiene muy larga vida útil, aunque todavía es cara.	Fabricada con materiales semiconductores de bajo consumo.

4.2 Receptores emisores de calor

Los dispositivos que convierten la energía eléctrica en energía calorífica basan su funcionamiento en el efecto Joule, por el cual la energía se transforma en calor al paso de la corriente eléctrica por un material conductor. Algunos ejemplos son: tostadores, calentadores de agua, hornos eléctricos, etc.

El calor puede transmitirse de tres formas diferentes: por **conducción,** por **convección** y por **radiación.** Existen distintos tipos de calefactores, basados en cada una de las formas de transmisión del calor.

- La transmisión de calor por conducción se produce al entrar en contacto dos cuerpos a distintas temperaturas. Una plancha para ropa es un dispositivo que transmite el calor por conducción.
- La transmisión de calor por convección se hace a través de un fluido (líquido o gas) que conduce el calor a lugares con distinta temperatura. Un secador de pelo es un dispositivo que transmite el calor por convección.
- La transmisión de calor por radiación se debe a la temperatura interna de cada cuerpo. Cuanto mayor es la temperatura de un cuerpo, mayor es la intensidad de su radiación. Existen numerosos calefactores que funcionan por radiación: infrarrojos, halógenos, de cuarzo, etc.

4.3 Receptores generadores de movimiento

Los motores eléctricos convierten la energía eléctrica en energía mecánica. Esto se logra aprovechando las fuerzas de atracción y repulsión debidas a los campos magnéticos que aparecen al hacer circular la corriente eléctrica por la bobina de un motor.

Los receptores más habituales en el taller de tecnología que producen movimiento son los motores de corriente continua.

En el hogar, son muchos los electrodomésticos que contienen partes encargadas de producir movimiento: las bombas de la lavadora y el lavavajillas, la batidora, el exprimidor o el lector de DVD. Algunos de ellos funcionan con corriente continua y otros con corriente alterna.

4.4 Otros receptores

Considera todos aquellos que transforman la energía eléctrica en una forma de energía diferente a las anteriormente mencionadas. Entre ellos se encuentran los altavoces, los zumbadores y los timbres, los relés electromagnéticos, etc.

RECEPTORES

Plancha

Secador de pelo

Calefactor

Motor eléctrico

COMPRENDE, PIENSA, INVESTIGA...  Descubre

1. Pregunta en casa qué aparatos tienen motores o bombas dentro y averigua si funcionan con corriente continua o con corriente alterna.
2. Haz una lista de las estancias de tu casa, anota qué aparatos eléctricos hay en cada una y qué transformación de energía hacen. En el caso de la transformación de calor, indica si es por conducción, convección o radiación. ¿Hay alguno que aproveche la energía para producir más de un efecto?

5 Elementos de control y de protección

Los elementos de control son componentes cuya misión es permitir o impedir el paso de la corriente eléctrica por todo el circuito o por una parte del mismo. Existen tres tipos principales: interruptores, pulsadores y conmutadores.

5.1 Los interruptores

Tienen por objetivo abrir o cerrar el circuito en el que se encuentran. Los interruptores cambian de posición al ser accionados y mantienen la posición hasta que son accionados de nuevo.

Observa cómo el símbolo del botón se corresponde con la funcionalidad del mismo: cuando el interruptor está abierto, su símbolo también lo está, no permitiendo que circule corriente eléctrica. Al cambiar el interruptor de posición, el circuito se cierra, como su símbolo, permitiendo el paso de la corriente.

Un ejemplo es el interruptor de la luz de tu habitación o los interruptores para encender o apagar el horno, la campana extractora, etc.

INTERRUPTOR

5.2 Los pulsadores

Funcionan de forma similar a los interruptores, con la particularidad de que solo cumplen con su misión de abrir o cerrar el circuito eléctrico mientras permanecen accionados. Existen dos tipos de pulsadores:

- Pulsadores normalmente abiertos, o n.a.
- Pulsadores normalmente cerrados, o n.c.

Ejemplos típicos son el mando que se emplea para abrir el portero automático o los timbres de las casas en los que, mientras mantengas pulsado el pulsador, este se acciona.

PULSADOR

5.3 Los conmutadores

El conmutador se diferencia del interruptor en que este último solo interrumpe el paso de corriente a través de una línea de un circuito, mientras que un conmutador no abre o cierra un circuito sino que cambia la conexión entre dos circuitos según se accione.

Su aspecto exterior es similar al de los interruptores, y un ejemplo lo puedes encontrar en los mandos que encienden y apagan las luces de los pasillos y otras estancias desde dos puntos diferentes.

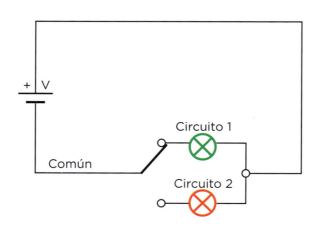

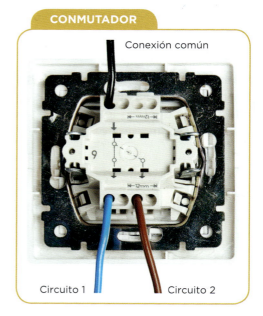

CONMUTADOR

Conexión común

Circuito 1   Circuito 2

6 La simbología en los circuitos

Como toda actividad técnica, la representación de circuitos eléctricos es una parte importante en la definición de los circuitos. Para poder interpretar un esquema eléctrico que representa un circuito es necesario conocer la simbología empleada para generadores, conductores, receptores y elementos auxiliares como interruptores y pulsadores.

Observa la siguiente tabla y trata de memorizar los diferentes símbolos eléctricos que se representan.

Componente	Imagen	Símbolo
Pila		+∣⊢−
Batería		+∣⊢− +∣⊢−
Alternador		CA ⊙
Cable		———
Resistencia		⊏⊐ ⋀⋀⋀
Bombilla		⊗
Timbre		⊲
Motor		Ⓜ
Interruptor		─∘ ∘─ ─∘ ∘─
Pulsador NA		─∘⊥∘─
Pulsador NC		─∘⊤∘─
Conmutador		─∘ ∕∘─ ─∘─
Fusible		▭

COMPRENDE, PIENSA, INVESTIGA...

1 Trata de dibujar los siguientes circuitos sustituyendo las lámparas y las baterías por sus símbolos eléctricos. ¿Qué lámparas se iluminan y cuáles no? Justifica tu respuesta.

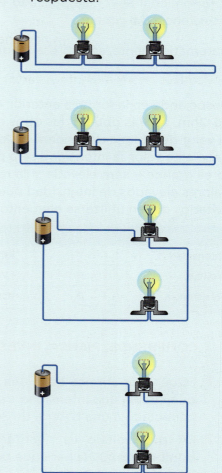

7 Resistencia eléctrica

7.1 El concepto de resistencia eléctrica

Se define la **resistencia eléctrica** como la mayor o menor dificultad que presenta un cuerpo al paso de la corriente eléctrica.

En función de esta oposición, los materiales se clasifican en conductores, aislantes, semiconductores y superconductores. La resistencia eléctrica de un objeto depende de su composición y de sus dimensiones físicas. La **resistividad** es una propiedad física de los materiales que permite conocer si un material es buen o mal conductor.
A mayor resistividad, peor capacidad para conducir la electricidad.
En el sistema internacional, la **unidad de resistencia** es el **ohmio** y se representa con la letra Ω.

TRIÁNGULO DE LA LEY DE OHM

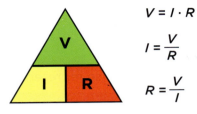

$V = I \cdot R$

$I = \dfrac{V}{R}$

$R = \dfrac{V}{I}$

7.2 La ley de Ohm

Georg Ohm, científico alemán del siglo XVIII, descubrió la relación que existe entre las tres magnitudes eléctricas fundamentales, intensidad, voltaje y resistencia, y enunció la ley que lleva su nombre:

La intensidad que recorre un circuito eléctrico es directamente proporcional al voltaje aplicado e inversamente proporcional a la resistencia del circuito.

Matemáticamente, se expresa mediante la fórmula:

$$I = \dfrac{V}{R}$$

Despejando en la fórmula anterior, o con ayuda del triángulo de la **ley de Ohm**, podrás obtener las otras dos expresiones de la ley.
El valor del voltaje dependerá de la batería o fuente de alimentación; dado este valor, la intensidad será pequeña si la resistencia del circuito es grande y será elevada si la resistencia del circuito es pequeña. Valores elevados de intensidad pueden causar daños al circuito, para evitarlos deben utilizarse elementos de protección.

Magnitud	Sigla	Unidad	Símbolo de la unidad
Intensidad	I	Amperio	A
Voltaje	V	Voltio	V
Resistencia	R	Ohmio	Ω

EJERCICIOS RESUELTOS

1 Calcula la intensidad que circula por una bombilla de 100 Ω si se conecta a una pila de 5 V.

$I = \dfrac{V}{R} = \dfrac{5\ V}{100\ \Omega} = 0,5\ A$

2 Calcula a qué voltaje es necesario conectar una resistencia de 3 Ω para que por ella circule una intensidad de 1,5 A.

$V = I \cdot R = 1,5\ A \cdot 3\ \Omega = 4,5\ V$

3 Calcula el valor de una resistencia por la que circulan 0,25 A al conectarla a una pila de 9 V.

$R = \dfrac{V}{I} = \dfrac{9\ V}{0,25\ A} = 36\ \Omega$

COMPRENDE, PIENSA, INVESTIGA...

1. ¿Qué valor óhmico tiene una resistencia por la que circula una intensidad de 0,5 A cuando es conectada a una batería de 24 V?

2. ¿A qué voltaje es necesario conectar una bombilla de 100 Ω para que por ella circule una intensidad de 1,2 A?

3. ¿Qué intensidad circulará por una bombilla de 90 Ω al ser conectada a una pila de 4,5 V?

4. Considera dos circuitos con la misma resistencia. Por el primero circula el doble de intensidad que por el segundo. ¿Cómo será el voltaje del segundo circuito?

8 Potencia eléctrica

Todos los aparatos eléctricos, cuando están funcionando, consumen energía eléctrica. Pero no todos consumen la misma cantidad de energía. Esto depende del valor de potencia eléctrica que desarrollen.

La potencia eléctrica es la cantidad de energía que se consume durante un período de tiempo. La unidad de medida es el **vatio** (W), que se define como el consumo de un julio de energía cada segundo:

$$1\ W = \frac{1\ J}{1\ s}$$

No obstante, a pesar de que el julio es la unidad de medida de la energía en el S.I., cuando se habla de energía eléctrica, se prefiere emplear otra unidad, el Kilovatio-hora (kWh). La razón es que resulta una unidad mucho más apropiada dado que los aparatos eléctricos funcionan durante períodos de tiempo de horas.

Normalmente, el valor de la potencia de un aparato eléctrico está escrito sobre su superficie o en su placa de características. Por ejemplo, las bombillas suelen tener su potencia escrita en el bulbo o en el casquillo. A continuación, puedes ver una tabla comparativa de las potencias de distintos tipos de bombillas que proporcionan una cantidad equivalente de luz.

Tipo de bombilla	Equivalencias lumínicas			
Incandescente	40 W	60 W	75 W	100 W
Halógena	22 W	35 W	47 W	60 W
Bajo consumo	9 W	11 W	15 W	20 W
LED	5 W	8 W	10 W	13 W

STAND BY

Stand-by es la situación en la que se encuentran algunos aparatos eléctricos cuando, estando enchufados, están a la espera de iniciar su funcionamiento. En esta situación el aparato tiene un consumo eléctrico, aunque sea muy pequeño. Por eso se recomienda que si no se van a utilizar los aparatos, se desconecten totalmente de la corriente eléctrica.

¿Sabes que el consumo de estos aparatos «en espera» puede llegar a alcanzar hasta el 10 % del consumo total en una vivienda?

Investiga cuántos aparatos de tu casa se encuentran en *stand-by*.

EJERCICIO RESUELTO

Una bombilla de 60 W está encendida durante 3 horas diarias en una semana. ¿Qué energía ha consumido en kWh en dicho período?

Solución:

Lo primero que haremos será calcular el número de horas que ha estado encendida la bombilla:

7 días × 3 h/día = 21 horas

La potencia en kW será:

$$\frac{60\ W}{1000\ W/kW} = 0{,}06\ kW$$

Aplicando la fórmula:

E = 0,06 kW · 21 horas → E = 1,26 kWh

COMPRENDE, PIENSA, INVESTIGA...

1 Calcula el consumo, en kWh, de los siguientes aparatos durante 30 días:

a) Un televisor de 150 W de potencia, funcionando todos los días, 3 h diarias.

b) Una lavadora de 800 W de potencia, funcionando todos los días durante 1,5 horas.

c) Un ordenador de 100 W, funcionando 4 horas un día sí y otro no.

9 Los tipos de asociaciones de un circuito eléctrico

9.1 Asociación de resistencias. Concepto de resistencia equivalente

Los circuitos eléctricos están compuestos habitualmente por más de un receptor. Estos receptores pueden estar asociados de diferentes formas, dando lugar a diferentes tipos de circuitos.

> Se denomina **resistencia equivalente** a aquella resistencia única que tiene, en un circuito, un comportamiento similar al conjunto de resistencias de dicho circuito.

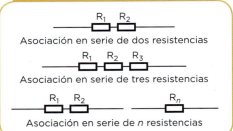

ASOCIACIÓN DE RESISTENCIAS EN SERIE

Asociación en serie de dos resistencias

Asociación en serie de tres resistencias

Asociación en serie de n resistencias

9.2 El circuito serie

En un circuito serie los receptores están conectados uno a continuación del otro. Tiene el inconveniente de que si uno de los receptores se estropea, el resto dejará de funcionar, puesto que la corriente no podrá circular a través de él.

La resistencia total que ofrece el conjunto de receptores es igual a la suma de la resistencia de cada uno de ellos, de acuerdo con la fórmula:

$$R_t = R_1 + R_2 + \ldots + R_n$$

Por ejemplo, la resistencia total o equivalente de una asociación en serie de dos resistencias de 3Ω y 5Ω será una resistencia de:

$$R_t = R_1 + R_2 = 3\Omega + 5\Omega = 8\Omega$$

En un circuito serie, la intensidad que recorre todos los elementos, al estar conectados en serie, es la misma, y corresponde a la intensidad que proporciona el generador.

Sin embargo, el voltaje se reparte entre los diferentes elementos, es decir, la energía que proporciona el generador se distribuye entre todos los receptores del circuito.

Se podrá calcular el voltaje en cada punto multiplicando el valor de la intensidad por el valor de cada resistencia.

Si se suman todos los voltajes de las resistencias, el resultado ha de ser igual al valor de voltaje de la pila o generador.

Magnitud	Explicación	Fórmula
Resistencia equivalente	La suma de las resistencias que forman el circuito.	$R_t = R_1 + R_2 + \ldots + R_n$
Voltaje	El voltaje que proporciona la pila se distribuye entre las diferentes resistencias, cumpliéndose que la suma de los voltajes de las resistencias ha de ser igual al voltaje del generador.	$V_{gen} = V_1 + V_2 + \ldots + V_n$
Intensidad	Al existir un solo camino para la corriente, esta será la misma para todos los elementos del circuito.	$I = I_1 = I_2 = \ldots = I_n$

EJERCICIO RESUELTO

En el circuito de la figura, calcula:

a) La resistencia equivalente.

b) La intensidad total de la corriente que recorre el circuito.

c) La intensidad de la corriente que atraviesa cada una de las resistencias.

d) La caída de voltaje en cada resistencia.

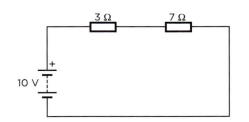

Solución:

La resistencia equivalente será la suma de las resistencias:

$$R_t = R_1 + R_2 = 3\Omega + 7\Omega = 10\Omega$$

Para calcular la intensidad total, aplicamos la ley de Ohm, dividiendo el voltaje entre la resistencia equivalente:

$$I = \frac{V}{R_t} = \frac{10V}{10\Omega} = 1A$$

Como las resistencias están conectadas en serie, todas ellas están recorridas por la misma intensidad.

$$I = I_1 = I_2 = 1A$$

Para calcular la caída de voltaje en cada resistencia bastará con aplicar la ley de Ohm en cada una de ellas:

$$V_1 = I_1 \cdot R_1 = 1A \cdot 3\Omega = 3V$$

$$V_2 = I_2 \cdot R_2 = 1A \cdot 7\Omega = 7V$$

La suma de las caídas de voltaje en ambas resistencias tiene que coincidir con el voltaje de la pila, como puedes fácilmente comprobar:

$$V = V_1 + V_2 = 3V + 7V = 10V$$

COMPRENDE, PIENSA, INVESTIGA...

1 Calcula la resistencia equivalente de las siguientes agrupaciones de resistencias:

a)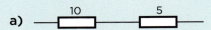

b)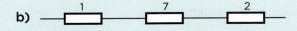

c)

d)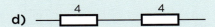

e)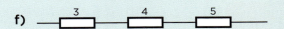

f)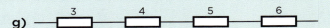

g) (3, 4, 5, 6)

2 Calcula la intensidad que proporciona la pila y la que circula por cada resistencia, así como el voltaje en cada resistencia, si cada rama del ejercicio anterior se conecta a una pila de 50 voltios.

9 Los tipos de asociaciones de un circuito eléctrico

9.3 El circuito paralelo

En un circuito pararelo los receptores tienen sus terminales conectados entre sí. De esta forma existe más de un camino por el que la corriente eléctrica puede circular.

Este esquema es el que se utiliza en las viviendas. Permite que aunque uno de los receptores no funcione, los demás puedan hacerlo.

La resistencia total de un conjunto de resistencias conectadas en paralelo se calcula de acuerdo con la fórmula:

$$\frac{1}{R_t} = \frac{1}{R_1} + \frac{1}{R_2} + ... + \frac{1}{R_n}$$

En el caso particular de dos resistencias, la fórmula se reduce a:

$$R_t = \frac{R_1 \cdot R_2}{R_1 + R_2}$$

También puedes utilizar la fórmula anterior para asociaciones de más de dos resistencias, agrupándolas de dos en dos hasta obtener una única resistencia equivalente.

En los circuitos en paralelo todos los elementos están conectados al mismo voltaje, el voltaje del generador. Y la intensidad que proporciona el generador corresponde a la suma de las intensidades que circulan por cada una de las resistencias.

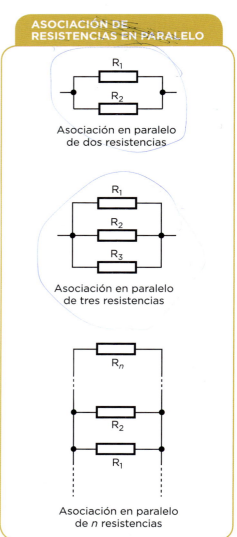

ASOCIACIÓN DE RESISTENCIAS EN PARALELO

Asociación en paralelo de dos resistencias

Asociación en paralelo de tres resistencias

Asociación en paralelo de n resistencias

Magnitud	Explicación	Fórmula
Resistencia equivalente	Se calcula como el valor inverso de la suma de los valores inversos de cada una de las resistencias del circuito. En el caso de tener dos resistencias, se puede emplear la fórmula del producto partido de la suma.	$\frac{1}{R_t} = \frac{1}{R_1} + \frac{1}{R_2} + ... + \frac{1}{R_n}$
Voltaje	El voltaje que proporciona la pila es el mismo para todos los elementos que se conecten en paralelo.	$V = V_1 = V_2 = ... = V_n$
Intensidad	Por cada rama del circuito circulará una intensidad que dependerá exclusivamente del valor de resistencia de la rama. La intensidad total, que es la proporcionada por la pila, será la suma de todas las intensidades circulantes por las ramas.	$I = I_1 + I_2 + ... + I_n$

EJERCICIO RESUELTO

Calcula la resistencia equivalente de las siguientes asociaciones de resistencias:

$$R_t = \frac{R_1 \cdot R_2}{R_1 + R_2} = \frac{6\Omega \cdot 3\Omega}{6\Omega + 3\Omega} = 2\Omega$$

$$\frac{1}{R_t} = \frac{1}{R_1} + \frac{1}{R_2} + \frac{1}{R_3} = \frac{1}{4} + \frac{1}{6} + \frac{1}{12} = \frac{3+2+1}{12} = \frac{6}{12}$$

Para obtener el valor de R_t se invierte el resultado obtenido: $R_t = \frac{12}{6} = 2\Omega$

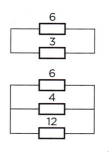

Unidad 5

EJERCICIO RESUELTO

En el circuito de la figura, calcula:

a) La resistencia equivalente.

b) La intensidad total de la corriente que recorre el circuito.

c) La intensidad de la corriente que atraviesa cada una de las resistencias.

d) El voltaje en cada resistencia.

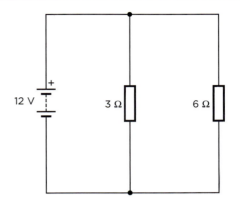

Solución:

Como se trata de dos resistencias en paralelo, la resistencia equivalente vendrá dada por la fórmula:

$$R_t = \frac{R_1 \cdot R_2}{R_1 + R_2} = \frac{3 \cdot 6}{3 + 6} = \frac{18}{9} = 2\,\Omega$$

Para calcular la intensidad total aplicamos la ley de Ohm, dividiendo el voltaje entre la resistencia equivalente:

$$I = \frac{V}{R_t} = \frac{12}{2} = 6\,A$$

Como las resistencias están conectadas en paralelo, todas ellas reciben el mismo voltaje.

$$V = V_1 = V_2 = 12\,V$$

Para calcular la intensidad de corriente bastará con aplicar la ley de Ohm en cada una de las resistencias:

$$I_1 = \frac{V_1}{R_1} = \frac{12}{3} = 4\,A \quad ; \quad I_2 = \frac{V_2}{R_2} = \frac{12}{6} = 2\,A$$

COMPRENDE, PIENSA, INVESTIGA...

1 Calcula la resistencia equivalente de las siguientes agrupaciones de resistencias:

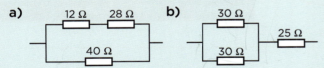

2 Calcula la resistencia equivalente, la intensidad que proporciona la pila y la que circula por cada resistencia, así como el voltaje en cada bombilla, en cada uno de los siguientes circuitos. Considera todas las bombillas iguales, y por tanto, con la misma resistencia eléctrica de 100 ohmios.

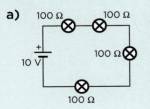
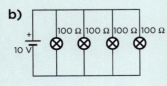

3 Observa los siguientes circuitos equipados con bombillas (L) e interruptores (S). Los interruptores podrán estar cerrados y permitir el paso de corriente o estar abiertos con lo que no circulará corriente por la rama en la que se han situado. Según la posición de los interruptores en cada circuito, ¿qué bombillas lucirán y cuáles estarán apagadas?

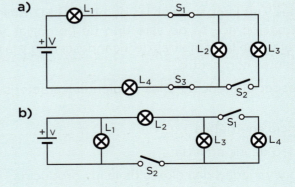

117

Aplica lo aprendido

❯❯ Haz tu propio mapa mental

Observa el siguiente mapa mental sobre el contenido de la unidad. Realiza el tuyo propio con los dibujos que consideres oportunos para que puedan ayudarte a tener una visión global de la unidad.

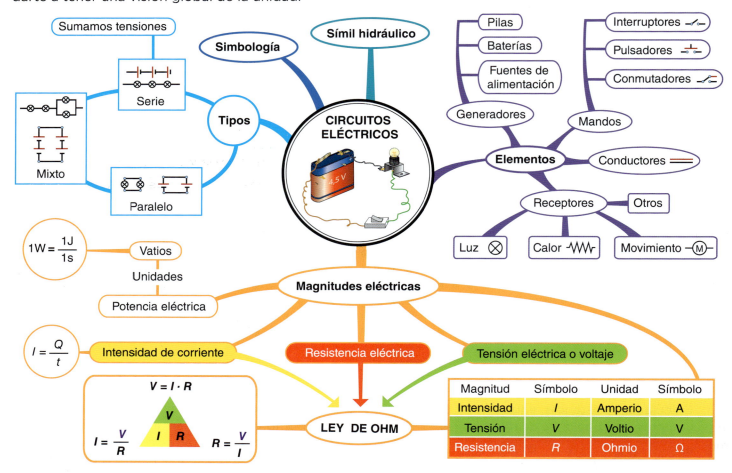

❯❯ Piensa como ingeniero

Compara dispositivos luminosos

Una de las últimas apariciones en el mercado de las luminarias y las lámparas son las bombillas LED. Busca información acerca de este tipo de bombillas y compáralas con las lámparas de incandescencia y las fluorescentes compactas.

Presta especial atención a las siguientes características:

- Eficiencia energética
- Cantidad de luz emitida
- Rango y variedad de colores de la luz producida
- Precio actual

Investiga sobre el terreno

Los interruptores

En la clasificación de los elementos componentes de un circuito, un tipo de dispositivos son los elementos de control, como un interruptor o un pulsador.

Un interruptor permite la conexión o desconexión estable de un circuito o de parte de él, dado que cada vez que se acciona cambia su estado. Esto significa que al accionar un interruptor cerrado, lo abrimos y por el contrario, al accionar un interruptor en posición de abierto, cerraremos el circuito.

Ahora que conoces más a fondo el funcionamiento de un interruptor, busca en catálogos de fabricantes de interruptores disponibles en Internet cuántos tipos se pueden encontrar. Atención, céntrate en el tipo de mecanismo, no en el diseño externo. ¿Cuántos de ellos reconoces que hay instalados en tu casa?

Innovación técnica

Lámparas con conexión wifi

La empresa Philips, fabricante de dispositivos eléctricos y electrónicos, ha desarrollado un tipo de bombilla que dispone de acceso a la red wifi del hogar para que sea controlada desde un dispositivo móvil, en concreto, desde un iPhone.

El fabricante ha llamado Philips Hue a la bombilla autorregulable desde un móvil y con ello ha integrado el control independiente de cada lámpara de la casa. Este sistema viene a completar los sistemas de control de dispositivos en el hogar, también conocidos como domótica, término procedente de las palabras inglesas *Domestic Automation* o automatización doméstica.

Lee un poco más sobre este producto en distintas páginas web. Para localizarlas, introduce los términos *Philips Hue* en el buscador.

Hac uso de las TIC

Programas de simulación eléctrica

Existen muchas aplicaciones para la simulación de circuitos eléctricos. Algunas son freeware, aunque la mayoría son de software propietario. Las más utilizadas son Crocodile Clips y su evolución, Yenka.

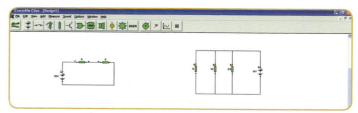

Existen también aplicaciones online, que permiten realizar la simulación sin necesidad de instalar software en tu equipo. Visita la página del DC/AC Lab en http://www.dcaclab.com/en/lab/ y monta un sencillo circuito con una pila y una bombilla.

Prueba también el simulador de la universidad de Colorado en: http://phet.colorado.edu/es/simulation/circuit-construction-kit-dc

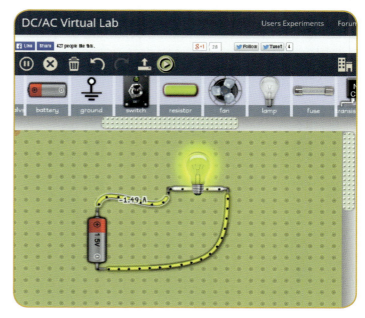

Proyecto de aula

Placa de circuitos

¿En qué consiste?

Para poder practicar el montaje de circuitos eléctricos ya sean serie, paralelo o una combinación de ambos, vas a construir una placa con materiales fáciles de encontrar a fin de que montes y compruebes el funcionamiento de diferentes circuitos.

Proceso de montaje y materiales

Necesitarás un tablero de contrachapado; siete pares de conexiones tipo banana hembra negras y rojas, y tres interruptores de fijación a rosca; tres portalámparas; bananas de conexión macho (por lo menos una docena); un portapilas o una fuente de alimentación y cables.

Construcción: para comenzar, debes medir los diámetros de las roscas de las bananas hembra y de los interruptores para hacer los taladros necesarios en el tablero de contrachapado.

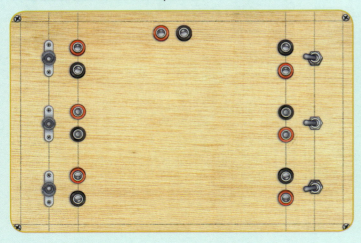

Para saber dónde debes hacer los taladros, fíjate en las ilustraciones. Haz también orificios para introducir los cables de los portalámparas.

Conecta e instala los portalámparas y los interruptores.

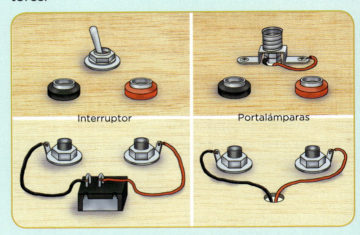

Interruptor   Portalámparas

La placa superior quedará terminada una vez que hayas conectado todos los cables. Prepara entonces la base del conjunto, que será una madera de aglomerado, y corta cuatro tacos de igual altura para que sirvan de medios de separación entre la placa superior de dispositivos y la placa base inferior.

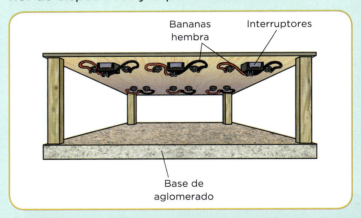

Bananas hembra   Interruptores

Base de aglomerado

Se obtendrá un conjunto sólido con los cables de conexión entre los dispositivos y las clemas por la parte inferior, tal y como puedes observar en las figuras.

Uso de la placa para probar circuitos

Una vez terminada la placa de laboratorio, sus elementos se pueden conectar entre sí mediante cables con bananas en sus extremos y posteriormente conectar una fuente de alimentación para ver cómo se iluminan las lámparas en función de la posición de los interruptores.

Comprueba cómo progresas

Unidad 5

1. Define la relación entre los electrones y la carga eléctrica.

2. Define circuito eléctrico. ¿Qué elementos componen un circuito eléctrico? ¿Cuáles de ellos deben estar obligatoriamente presentes?

3. ¿Qué diferencia existe entre las pilas, las baterías y las fuentes de alimentación?

4. Explica, con tus propias palabras, el concepto de voltaje. ¿Qué relación existe entre el voltaje, la energía y la carga eléctrica?

5. ¿Cómo se clasifican los materiales según permitan el paso o no de la corriente eléctrica? Escribe tres ejemplos de cada uno de ellos.

6. Define corriente eléctrica.

7. En tu cuaderno haz una tabla clasificando los diferentes receptores estudiados; indica las transformaciones de energía que se producen en cada uno de ellos.

8. ¿Qué diferencia existe entre un pulsador, un interruptor y un conmutador? Dibuja, además, sus símbolos.

9. Dibuja de memoria al menos seis símbolos de dispositivos eléctricos empleados en los esquemas.

10. Enuncia la ley de Ohm y escribe las tres fórmulas que se derivan de ella.

11. Copia y completa la siguiente tabla en la que aparecen las magnitudes eléctricas fundamentales, sus siglas, unidades y símbolos.

Magnitud	Sigla	Unidad	Símbolo
Voltaje			
		Amperio	
	R		

12. Copia la tabla y aplica la ley de Ohm para completarla.

Voltaje (V)	Intensidad (A)	Resistencia Ω
33	11	
150		75
	2,5	20

13. Se conecta una bombilla de 100 W a una pila de 9 V. Dibuja el circuito eléctrico utilizando los símbolos correspondientes y calcula la intensidad que circula por la bombilla.

14. Por una bombilla de 36 debe circular una intensidad de 0,5 A. Dibuja el circuito eléctrico utilizando los símbolos correspondientes y calcula el voltaje de la pila al que debe ser conectada.

15. Por un timbre conectado a una pila de 4,5 V circula una intensidad de 0,05 A. Dibuja el circuito eléctrico utilizando los símbolos correspondientes y calcula la resistencia del timbre.

16. Indica si las siguientes agrupaciones de resistencias están conectadas en serie o en paralelo y calcula su resistencia equivalente.

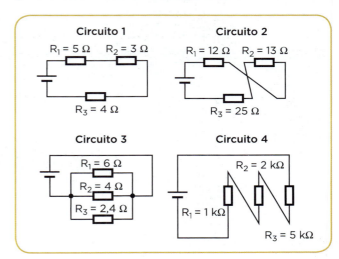

17. Escribe, uno a uno, los pasos necesarios para resolver un circuito paralelo y un circuito serie.

18. Realiza en tu cuaderno un cuadro comparativo de las características de los circuitos serie y paralelo, incluyendo su resistencia equivalente, su intensidad y su voltaje.

19. Has estudiado que para calcular la resistencia equivalente de dos resistencias en paralelo se requiere aplicar la operación inversa de la suma de los valores inversos, pero también has estudiado que se obtiene el mismo valor equivalente con el resultado de dividir el producto de ambas por su suma. Trata de demostrar esta igualdad matemáticamente.

6. Hardware

Los equipos informáticos se consideran uno de los mayores logros tecnológicos de la humanidad. Hoy en día, existen sistemas informáticos para controlar la mayoría de las actividades humanas.

La invención del microprocesador ha permitido que todo tipo de equipos eléctricos, incluidos los electrodomésticos, los coches, los televisores, etc., puedan ser controlados y configurados por el usuario. Observa a tu alrededor y podrás comprobarlo.

En esta unidad vas a estudiar...

- Historia de la informática
- Principales componentes de un ordenador
- La unidad central de proceso
- Los periféricos
- Sistemas operativos

Unidad 6

En el cometa

Lo que hemos hecho —dijo Pickett a su magnetofón, cuando al fin dispuso de tiempo para pensar en un auditorio al que jamás creyó poder volver a dirigirse— es construir un ordenador formado por seres humanos en lugar de circuitos electrónicos. Es mil veces más lento, no puede manejar muchos dígitos y se fatiga fácilmente.... pero el trabajo se está haciendo. No la totalidad de la tarea de navegar hasta la Tierra, ya que eso es demasiado complicado; pero al menos lo más simple, que es el aproximarnos a una órbita que nos sitúe al alcance de la radio. Una vez hayamos escapado de la interferencia eléctrica de nuestro alrededor, podremos radiar nuestra posición y los grandes ordenadores de la Tierra podrán indicarnos qué tendremos que hacer a renglón seguido.

Ya hemos conseguido separarnos del cometa, saliendo fuera de la ruta que nos aleja del sistema solar. Nuestra nueva órbita coincide con los cálculos, dentro de la precisión que podíamos esperar.

Todavía nos encontramos dentro de la cola del cometa; pero el núcleo se halla ya a más de un millón de kilómetros de distancia y ya no volveremos a ver esos icebergs de amoníaco. Corren hacia las estrellas en la helada noche que existe entre los soles, mientras nosotros volvemos a casa...

¡Hola, Tierra! ¡Hola, Tierra! Aquí el Challenger que llama, el Challenger llamando a la Tierra. Respondan tan pronto como reciban nuestra señal... ¡Y, por favor, comprueben nuestros cálculos aritméticos antes de que los dedos se nos gasten y se nos queden pelados hasta el hueso!

Arthur C. Clarke (1917-2008), *En el cometa* (extracto).

¿Qué sabes sobre hardware?

1. ¿Cuáles son los principales medios que utilizas para interactuar con tu ordenador?
2. ¿Has oído hablar del lenguaje que emplean las máquinas?
3. ¿Qué equipo se emplea para poder visualizar la información?
4. ¿Qué entiendes por memoria RAM?
5. ¿Sabes qué es una memoria flash?

1 La historia de la informática

Marcas en un hueso, nudos en cuerdas, conchas o pequeñas piedrecitas... Es muy difícil concretar cuándo se comenzaron a usar y qué forma tenían los primeros utensilios empleados para contar y calcular. Vamos a hacer una breve enumeración de algunos hitos en la historia de la computación.

Prehistoria y Edad Antigua

20 000 a.C. – Los humanos del Paleolítico empleaban el hueso de Ishango, un peroné de animal con muescas, para el recuento de objetos.

3 000 a.C. – La civilización egipcia da un impulso cualitativo al cálculo, determinando las constantes de tiempo diario y anual. Así, dividieron por primera vez los días en 24 horas y los años en 365 días, gracias a sus grandes dotes como observadores del Sol y su movimiento. Fue en esta época en la que se desarrollaron los primeros relojes de sol.

2 600 a.C. – En la civilización babilona, se empleó el «ábaco de polvo» como medio de cálculo.

2 500 a.C. – Pingala, matemático hindú, determinó la primera descripción del sistema de numeración binario, introduciendo el concepto de número cero.

500 a.C. – Uso del ábaco de alambre en Egipto.

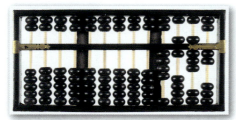

El ábaco que conocemos es descendiente directo de los antiguos ábacos chinos.

150 a.C. – En la Grecia clásica, se usó el mecanismo de Anticitera como ordenador mecánico para determinar la posición de los cuerpos celestes. Las últimas investigaciones hablan de su uso como medio para determinar la celebración de los Juegos Olímpicos cada cuatro años.

Siglo I a.C. – Los mayas, una de las más importantes civilizaciones precolombinas, utilizaban un sistema de numeración para el cálculo matemático basado en 20 símbolos, entre los que incluían el cero como un valor más. Su empleo y desarrollo fue totalmente independiente al propuesto por Pingala milenios antes.

Edad Media

993 – Al-Biruni diseña el planisferio, una tabla de cálculo para determinar la posición de las estrellas según el día y la hora, y aplica las técnicas de triangulación para medir distancias.

1015 – Azarquiel inventa el ecuatorio y lo emplea para crear el almanaque universal, que determinaba los ciclos del apogeo solar.

1206 – Al-Jazarí inventa el «reloj del castillo», un reloj astronómico que es considerado como el primer computador analógico programable.

Siglo XV - Leonardo da Vinci diseñó múltiples máquinas automáticas con engranajes de relación 1:10 para efectuar operaciones en el sistema decimal. Se desconoce si alguna se llegó a fabricar.

Siglo XVII

1617 – John Napier, el descubridor de los logaritmos, inventa el ábaco rabdológico, mediante el cual demostraba la posibilidad de realizar multiplicaciones y divisiones a base de sumas y restas, respectivamente.

1622 – William Oughtred inventó un dispositivo de cálculo que fue el precursor de las reglas de cálculo. Llamó «círculos de proporción» a las ruedas con escalas empleadas para hacer los cálculos.

1623 – Wilhelm Schickard construyó la primera calculadora mecánica digital.

1642 – Blaise Pascal desarrolló la máquina de sumar mecánica.

1666 – Gottfried W. Leibniz publica *De arte combinatoria,* donde desarrolla la teoría del sistema binario.

Siglo XVIII

1725 - Basile Bouchon y Jean-Baptiste Falcon inventan rollos de papel perforados como dispositivos para programar máquinas mecánicas.

1777 – Charles Mahon inventa la que es considerada la primera máquina lógica, un ingenio mecánico que resolvía preguntas elementales de probabilidad.

Siglo XIX

1801 – Joseph Marie Jacquard emplea las tarjetas perforadas para hacer funcionar un telar mecánico.

1833 – Charles Babbage crea la «máquina analítica», que constaba de un dispositivo mecánico automático para realizar las operaciones, una memoria capaz de almacenar los datos por medio de tarjetas perforadas y dispositivos que permitían la entrada y salida de datos.

1845 – George Boole desarrolla el álgebra binaria, conocida como álgebra de Boole, base matemática de las operaciones en los modernos computadores.

1896 – Hermann Hollerit crea una máquina electromecánica tabuladora capaz de leer tarjetas perforadas de su invención 6 años antes, que es aplicada en tareas de recuento masivo de datos.

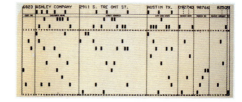

Unidad 6

Siglo xx

1920 – Se inventa la regla de cálculo, un dispositivo con pletinas móviles mediante el cual se realizaban cálculos matemáticos por comparación de escalas.

1924 – Se funda la empresa IBM - Industries Business Machines.

1932 – R. Valtat presenta la patente de una máquina de calcular basada en la utilización del sistema binario de numeración.

1939 – J. Atanasoff y C. Berry, de la Universidad de Iowa, construyeron la ABC (Atanasoff-Berry Computer), que utilizaba lógica digital e incorporaba componentes electrónicos.

1941 – Konrad Zuse desarrolla Z3, una máquina electromagnética con mecanismo de cálculo, programable y completamente automática.

1943 – Alan Turing y su equipo desarrollan, en Bletchley Park, el ordenador Colossus para descodificar mediante la máquina Enigma, los mensajes encriptados por los alemanes.

1944 – Howard Aiken, ingeniero de la empresa IBM que colaboraba con la Universidad de Harvard, presenta el ordenador Harvard Mark I, constituido por relés electromecánicos.

1945 – John P. Eckert y John W. Mauchly, de la Universidad de Pennsylvania, desarrollan el primer ordenador moderno, el ENIAC (Electronic Numerical Integrator and Calculator) destinado a fines militares, iniciando así la **primera generación de computadores**.

1947 – J. Bardeen, W. Sockley y W. Brattain, científicos de la empresa Bell Telephone, inventan el transistor de semiconductor de estado sólido, mediante el cual se inicia la **segunda generación de computadores**. Obtuvieron el Premio Nobel de Física en 1956 por inventar el transistor.

1948 – Curt Herzstark inventa el Curta, una calculadora mecánica portátil.

1951 – John P. Eckert y John W. Mauchly desarrollan UNIVAC, el primer ordenador comercial.

1957 – Karl Steinbuch inventa el término «informática» para definir la ciencia que trata la información mediante medios automáticos.

1959 – J. Kilby diseña, para la empresa Texas Instruments, el primer circuito integrado, también denominado «chip», que integra multitud de transistores en un mismo sustrato, lo que inicia la era de miniaturización de la electrónica y abre la puerta a la **tercera generación de computadores**. Es galardonado con el Premio Nobel de Física.

1965 – IBM lanza al mercado el IBM 360, primer ordenador compuesto por circuitos integrados.

1969 – Kenneth Thompson y Dennis Ritchie desarrollan el sistema operativo UNIX para Bell Labs.

El IBM 7094 utilizaba el sistema UNIX y fue concebido para cálculos científicos.

1971 – T. Hoff diseña para la empresa Intel el primer microprocesador, el 4004, un circuito integrado de alta escala de integración, con miles de transistores en unos centímetros cuadrados, reuniendo todos los elementos principales de un computador. Con el microprocesador, se inicia la **cuarta generación de computadores.**

1976 – Paul Allen y Bill Gates fundan la empresa Microsoft.

1977 – Steve Wozniack y Steve Jobs fundan la compañía Apple Computers.

1981 – IBM lanza al mercado el PC (Personal Computer), constituido por el microprocesador Intel 8086, dotado del sistema operativo independiente MS-DOS y desarrollado por Microsoft.

1981 – Aparece el monitor monocromático como sistema de visualización conectado a un ordenador, aunque ya se habían utilizado televisores, inventados en 1926.

1984 – Apple lanza al mercado el ordenador personal Macintosh, compuesto por el microprocesador 68000 de Motorola.

1985 – Microsoft lanza la primera versión del entorno gráfico Windows.

1991 – Linus Torvalds anuncia la primera versión del sistema operativo Linux.

1996 – Sun Microsystems lanza al mercado el lenguaje de programación Java.

2 Componentes de un ordenador

El ordenador es una máquina electrónica compuesta por un conjunto de dispositivos físicos capaces de realizar a gran velocidad y con gran precisión, multitud de operaciones con la información. El conjunto de estas operaciones se denomina **procesado de la información.**

De forma básica, las principales operaciones que puede realizar un ordenador son las que se muestran en la figura:

- Operaciones aritméticas
- Operaciones lógicas
- Almacenamiento y recuperación de información
- Adquisición y presentación de datos

Las dos primeras, las operaciones aritméticas y lógicas, son la base sobre la que se elaboran y ejecutan los programas, tanto para realizar cálculos matemáticos como para dirigir el funcionamiento de los componentes de un ordenador.

Las operaciones de almacenamiento y recuperación de la información permiten guardar y cargar datos en archivos del usuario.

Los dispositivos periféricos, como el monitor, la impresora, el teclado, etc., permiten al usuario de un ordenador interaccionar con él.

El ordenador realiza operaciones de adquisición y presentación de datos: adquiere datos a través de los periféricos de entrada y los presenta al usuario, de modo que le resulten útiles, a través de periféricos de salida. El dispositivo de presentación más utilizado es el monitor, pero no es el único.

2.1 Partes principales de un sistema informático

Un ordenador está formado por dos partes bien diferenciadas, pero muy estrechamente relacionadas entre sí:

El hardware, que está constituido por los elementos físicos del ordenador. En el lenguaje coloquial se suele decir que es la parte «dura», es decir, aquella que se puede ver y tocar.

El software, que se compone de programas, instrucciones y algoritmos, todos ellos definidos como los elementos lógicos necesarios para que el ordenador realice las tareas encomendadas. Se podría afirmar que el software es el elemento que dota de «inteligencia» a la máquina.

TIPOS DE MÁQUINAS LÓGICAS

Las máquinas capaces de ejecutar algoritmos se dividen en:

Máquinas de lógica cableada, en las que los algoritmos se encuentran instalados físicamente en su interior y tan solo procesan los datos que se les suministran, como las calculadoras o las máquinas registradoras de las tiendas.

Máquinas de lógica programada, que reciben el nombre específico de computadoras u ordenadores. Tienen instalados unos pocos algoritmos elementales con los que pueden formar otros más complejos en forma de programas o aplicaciones.

Unidad 6

2.2 Arquitectura de un ordenador

La arquitectura de un ordenador es la configuración y la organización de los componentes físicos del mismo.

Así, un ordenador personal puede tomar la forma de torre equipada con periféricos, de un equipo portátil, un notebook o una tableta.

Todas estas configuraciones poseen el mismo tipo de dispositivos, tanto los que se alojan en el interior de la carcasa del equipo como los que se conectan externamente.

Dispositivos internos	Dispositivos de conexión externa
Fuente de alimentación	Periféricos de entrada de datos (teclado, ratón y joystick)
Placa base o placa madre	Periféricos de salida de datos (pantalla e impresora)
Microprocesador	Periféricos bidireccionales (router)
Memoria RAM o principal	
Disco duro	

ARQUITECTURA DE UN ORDENADOR DE SOBREMESA

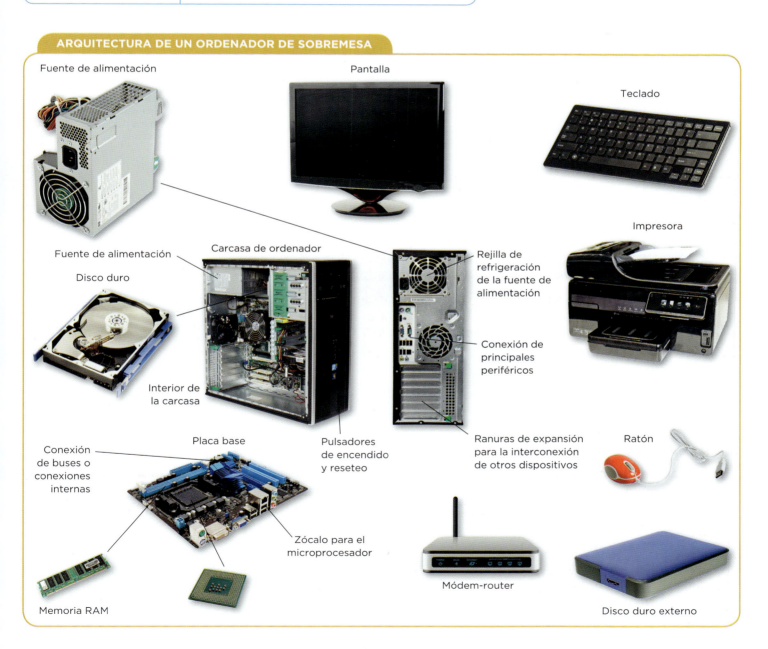

127

3 La unidad central de proceso

Las tecnologías de la información y la comunicación han tenido un gran auge durante los siglos xx y xxi. Los sistemas informáticos tuvieron un proceso de diseño en el que muchas ideas no cuajaron como dispositivos útiles en un principio, pero sirvieron como base para llegar a lo que conocemos hoy en día como mundo digital.

3.1 La arquitectura de un computador

Los sistemas informáticos se basan en un diseño del siglo xx del científico John Von Neumann, quien designó los elementos que eran necesarios para constituir un ordenador: una **unidad central de proceso** (también denominada CPU, del inglés *Central Processing Unit*), una **memoria principal** para asistir en los cálculos y una serie de **elementos de interconexión** o puertos de conexión con los dispositivos externos o **periféricos.**

En el siguiente esquema se muestra el diseño de Von Neumann aplicado a los sistemas informáticos actuales. Observa que todos los bloques que forman el sistema se encuentran interconectados por medio de buses de comunicación interna.

ENIAC

El primer ordenador que se construyó siguiendo la arquitectura de Von Neumann fue el ENIAC, una computadora que ocupaba varias habitaciones de un edificio en la ciudad de Cambridge y que contaba con tal cantidad de dispositivos electrónicos, que cada vez que se ponía en funcionamiento, el suministro eléctrico de la ciudad se resentía.

Trata de encontrar algunas referencias en la web. Seguro que encuentras alguna fotografía para poder comprobar su aspecto y dimensiones.

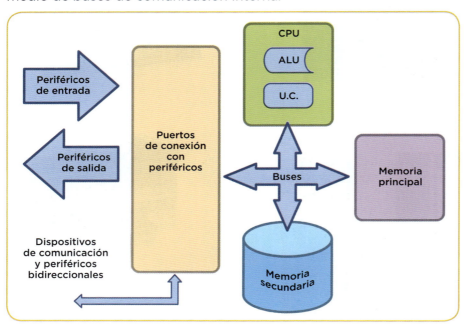

En este esquema se pueden distinguir:

- **La unidad central de proceso o CPU,** que está fabricada en el interior de un chip conocido como microprocesador. Es el elemento central de toda máquina programable. Cuenta con dos bloques internos:

  >> La ALU, *Arithmetic and Logic Unit,* en castellano **unidad aritmético-lógica.** Se encarga de realizar los cálculos matemáticos que cada programa requiera.

  >> La UC o **unidad de control,** que se encarga de coordinar la ejecución de los programas.

COMPRENDE, PIENSA, INVESTIGA...

1. Describe la función principal que desarrolla la unidad aritmético-lógica de una CPU.

- **La memoria principal o memoria RAM.** En ella se cargan la memoria secundaria, el sistema operativo y los programas en ejecución. Pierde su contenido al apagar el ordenador.
- **La memoria secundaria.** Se compone de todos aquellos dispositivos que empleamos para guardar datos e información, como discos duros, unidades de memoria flash y medios ópticos, como los CD, DVD o Blu-Ray, etc.

Se puede comparar la memoria de un ordenador con un inmenso edificio de varias plantas y con largos pasillos repletos de puertas. En cada puerta se almacena un dato distinto y para acceder a esos datos hay que dar la dirección correcta.

- **Los medios de acceso a los periféricos,** es decir, los puertos de comunicaciones para todo tipo de dispositivos que queramos conectar con la CPU.
- **Los periféricos.** Estos dispositivos, según la función que desempeñan, se dividen en:
  >> **Periféricos de entrada:** teclados, ratones, touchpads, pantallas táctiles, lectores de código de barras, escáneres, etc.
  >> **Periféricos de salida:** proyectores, monitores, impresoras, etc.
  >> **Periféricos de comunicación bidireccional,** que son todos aquellos que envían y reciben datos de la CPU, como los routers, otro ordenador que esté conectado, un servidor, etc.

Excepto las unidades de memoria secundaria, el resto de dispositivos mostrados en el esquema general de la página anterior, se encuentran situados físicamente en una placa de circuito impreso principal denominada **placa base** o **placa madre.**

3.2 Las conexiones de un ordenador

La placa base de un ordenador consiste en una placa de circuito impreso que contiene el zócalo para el microprocesador, las ranuras para la memoria principal y el conjunto del chipset o circuitos integrados controladores del hardware.

Para interconectar todos los dispositivos se emplean pistas en el circuito impreso y conectores con cables para los componentes que no están directamente soldados o insertados en la placa madre. Estos conjuntos de interconexiones se denominan **buses.**

Un bus es un grupo de cables o conductores que transmiten los datos en forma de señales eléctricas desde un dispositivo a otro.

Hay tres tipos de buses en un ordenador:

- **Bus de datos.** Transmite información, como las instrucciones de los programas y los datos que acompañan a esas instrucciones.
- **Bus de dirección.** Transporta las señales que permiten ubicar las direcciones de los datos necesarios, tanto en la memoria principal como en la memoria secundaria.
- **Bus de control.** Transmite señales que activan dispositivos concretos, dirigen el tráfico de datos y controlan este flujo de datos entre los diferentes componentes del ordenador.

LA PLACA BASE

La placa base contiene gran parte de la electrónica que necesita un ordenador para funcionar. En cualquier dispositivo computador, ya sea una tableta, un ordenador portátil, un ordenador de sobremesa e incluso en los teléfonos inteligentes y sistemas de control industriales, la placa base es el dispositivo que sirve para alojar el microprocesador, la memoria principal y la mayor parte de los circuitos de control del sistema.

BUS DE DATOS

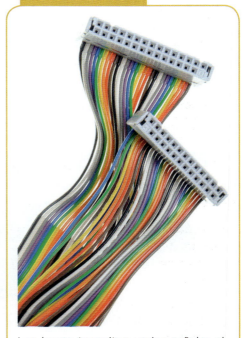

Los buses trasmiten varias señales simultáneas, por lo que se requiere el empleo de cables paralelos.

3 La unidad central

3.3 La memoria del ordenador

En un ordenador, se pueden distinguir dos tipos básicos de memoria:

- **La memoria principal,** que se emplea para ejecutar todos los programas e instrucciones en curso. Está compuesta por varios circuitos integrados de memoria RAM.
- **La memoria secundaria,** formada por discos duros, unidades de CD, etc. Es donde se almacenan los datos de forma permanente.

Con el nacimiento del Cloud Computing, una rama de la informática que emplea Internet como medio de ejecución y almacenamiento de programas y datos, se habla de un tercer tipo de memoria denominada **almacenamiento en la nube,** para referirse a todos los archivos y documentos que se guardan en un ordenador remoto.

La memoria RAM

La memoria RAM (*Random Access Memory* o memoria de acceso aleatorio) posee unas propiedades que la diferencian del resto:

- Es una memoria de **acceso directo,** es decir, cada celda de memoria es accesible de forma independiente para leer su contenido o escribir en ella. Se puede pensar en esta memoria como una enorme cuadrícula del juego de los barquitos. Cada cuadro se llama celda y solo puede almacenar un valor cada vez: 1 o 0, que representan los valores lógicos verdadero o falso.
- Es una memoria **volátil,** lo que significa que es capaz de almacenar datos mientras el equipo está funcionando, borrándose completamente cuando se apaga el ordenador.

Las dos principales características técnicas de una memoria RAM son su capacidad y su tiempo de acceso.

- **La capacidad** es la medida de la cantidad de datos que puede almacenar.
- **El tiempo de acceso** es lo que tarda la memoria en hacer las operaciones solicitadas por el microprocesador: lectura o escritura de datos.

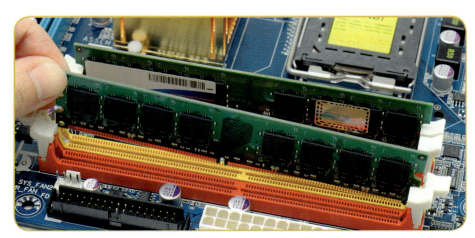

Colocación de tarjetas RAM en la placa base.

 **Trabaja con el vocabulario**

Memoria RAM: es el tipo de memoria que compone la memoria principal del ordenador. Todo programa que se ejecuta en el ordenador, sea o no consciente el usuario de su existencia, se está ejecutando sobre la memoria RAM.

Cuanta más memoria RAM tenga un ordenador, menos tendrá que recurrir el procesador a cargar información de la lenta memoria secundaria. Junto con la velocidad de reloj del procesador, es el elemento que distingue un ordenador rápido de uno lento.

BIOS: corresponde con las siglas de Basic Input Output System (sistema básico de entrada/salida). Se trata de una memoria permanente en la que se encuentran los parámetros de arranque del ordenador. Su principal cometido es encontrar el sistema operativo y cargarlo en RAM para que comience a funcionar. Una batería permite conservar los datos aunque se apague el ordenador.

COMPRENDE, PIENSA, INVESTIGA...

2 En la placa base encontramos una serie de circuitos integrados o chipset, empleados para controlar diferentes funciones. Busca información sobre el Puente Norte *(Northbridge)* y su relación de control con la memoria principal de un ordenador.

La memoria secundaria

La memoria secundaria se compone de todos aquellos medios, normalmente conectados de forma externa a la placa base, que confieren al ordenador la capacidad de almacenar información de manera permanente.

Así, para llevar a cabo esta función se emplean:

- **Discos duros,** o hard drives, compuestos básicamente por un disco metálico en el que se graban magnéticamente en su superficie los estados lógicos.

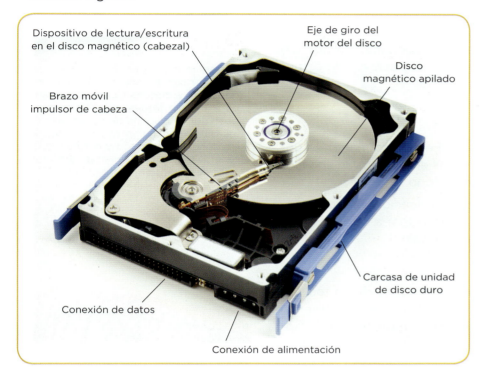

Dispositivo de lectura/escritura en el disco magnético (cabezal)
Eje de giro del motor del disco
Disco magnético apilado
Brazo móvil impulsor de cabeza
Carcasa de unidad de disco duro
Conexión de datos
Conexión de alimentación

- **Unidades de CD, DVD o Blu-Ray,** que leen o graban datos de discos mediante tecnología óptica, principalmente mediante haces láser.
- **Unidades flash,** también conocidas como pendrives, que emplean el estándar USB para conectarse al ordenador.

Memoria flash.

COMPRENDE, PIENSA, INVESTIGA...

3 Los módulos de memoria suelen estar constituidos por una placa de circuito impreso sobre la que se han conectado diversos circuitos integrados. Existen diferentes tecnologías de fabricación, pero ¿crees que cualquiera de ellas se puede conectar a cualquier ordenador, ya sea portátil o de sobremesa? Contesta tratando de justificar la respuesta y después, busca la información para corroborar o corregir la respuesta.

4 ¿Por qué crees que a las unidades flash se las suele llamar unidades USB?

5 Accede a las páginas web de fabricantes de RAM y compara la capacidad y el tiempo de acceso para diferentes tecnologías. ¿Qué familias de RAM diferentes has encontrado?

6 Cualquier catálogo de almacén o de tienda de informática contiene las últimas ofertas en equipos. Lee las ofertas y anota las características de las unidades de almacenamiento. ¿Cuál es la capacidad actual de memoria de un disco duro? ¿Qué capacidad tiene un CD, un DVD y un disco Blu-Ray? ¿Cuál almacena más información?

4 Los periféricos

Estableciendo una analogía con el cuerpo humano, si el cerebro es equivalente a la CPU, se puede considerar que los periféricos son los dispositivos que dotan de sentidos al ordenador.

Los periféricos se clasifican según el sentido del flujo de información entre el ordenador y el propio periférico:

- Los periféricos de entrada envían datos al ordenador.
- Los periféricos de salida reciben datos del ordenador.
- Los periféricos de entrada/salida envían y reciben información del ordenador. En esta categoría se incluyen los dispositivos de comunicación, como tarjetas de red, routers o módems.

4.1 Periféricos de entrada

Los dispositivos que introducen información en el ordenador se denominan periféricos de entrada. Entre los más empleados se encuentran el teclado, el ratón, el escáner y el micrófono.

La aparición de tecnologías destinadas a la fabricación de ordenadores portátiles, smartphones y tabletas, ha dado lugar a otros dispositivos, como los teclados virtuales y los touchpads.

El teclado

Cualquier equipo estándar, como el de clase, dispone de un teclado formado por una matriz de pulsadores asociados a letras, números, caracteres alfanuméricos y funciones especiales. Las dos disposiciones de teclas más frecuentes son:

- QWERTY, de mayor difusión en países de lengua inglesa y castellana. Se llaman así por la disposición de los seis caracteres iniciales de la primera fila dedicada a las letras.
- AZERTY común en países francófonos.

Además de las letras correspondientes a signos escritos, también se incorporan teclas con funciones especiales que permiten acceder rápidamente a algunas operaciones del sistema operativo, como abrir y cerrar aplicaciones, subir y bajar el volumen del sonido, etc.

Con el auge de las pantallas táctiles en tabletas y teléfonos móviles inteligentes, ha proliferado el empleo de teclados virtuales que aparecen en la pantalla o se proyectan sobre la mesa. Tienen la misma funcionalidad y disposición que los teclados físicos.

El micrófono

Un micrófono es un dispositivo que capta el sonido que se proyecta hacia él. Consta de un sensor de presión que vibra con el sonido ambiente y lo convierte en señales eléctricas. Para usarlo se necesita un programa específico que convierta la señal analógica del sonido en señales digitales que se puedan almacenar, reproducir y modificar.

La mayor parte de los equipos portátiles y muchos de sobremesa están equipados con micrófono integrado.

EQUIPOS DE SOBREMESA

Los equipos de sobremesa se caracterizan por alojar la placa base y las unidades de almacenamiento secundario en el interior de una caja. En la parte posterior se dispone de conectores en los que se enchufan todos los periféricos, como el teclado y el ratón, y de ranuras o slots que sirven para las tarjetas de expansión.

COMPRENDE, PIENSA, INVESTIGA...

1. Observa un teclado; la mayoría de las teclas corresponden a letras del alfabeto y números pero otras en cambio no. Haz un dibujo del teclado del ordenador de casa o de clase e indica en él para qué sirve cada grupo de teclas: teclas de letra, teclas de número, teclas de función, teclas de movimiento del cursor, etc.

El ratón

Es un dispositivo imprescindible a la hora de trabajar con sistemas operativos de entorno gráfico que emplean iconos para la ejecución de programas. Apple fue una de las primeras empresas en introducirlo. Aunque es un dispositivo externo, la mayoría de los portátiles actuales incluyen en la propia carcasa un elemento similar, el touchpad o alfombrilla táctil, que se emplea para dirigir y controlar el puntero en la pantalla.

Existen muchos modelos diferentes de ratones. Los actuales emplean tecnología óptica o láser para detectar el movimiento.

El número de botones y ruedecitas disponibles permitirá al usuario realizar más o menos acciones sin necesidad de retirar la mano del dispositivo. Los ratones más frecuentes entre los PC tienen dos o tres botones y una ruedecita central para desplazarse por documentos que ocupan varias páginas.

Más allá del aspecto externo y el tamaño, su resolución, expresada en puntos por pulgada, es un factor determinante de su calidad.

Tableta digitalizadora

La tableta gráfica o tableta digitalizadora permite introducir dibujos hechos directamente sobre su superficie con un lápiz especial. También puede usarse para la edición de imágenes, para introducir texto manuscrito o como sustituto del ratón.

El escáner

Un escáner es un dispositivo óptico que realiza una copia digital de un documento físico. Su tecnología se basa en el empleo de sensores de imagen CCD, uno por cada color básico (rojo, verde y azul), que captan la intensidad y el color de la luz reflejada en el papel, y los transforman en señales eléctricas que, posteriormente, se convierten al formato digital.

Características importantes a la hora de elegir un escáner son: la velocidad de escaneado, la resolución máxima y el tamaño máximo del formato admisible.

TIPOS DE RATONES

Según el mecanismo que genera el movimiento del cursor, los ratones se clasifican en:
- Mecánicos: de bola y tipo *trackball*, como el de la figura.
- Ópticos: de detección infrarroja o de detección láser, mucho más precisos que los anteriores.

El escáner digitaliza imágenes y documentos escritos.

COMPRENDE, PIENSA, INVESTIGA...

2 Infiere. Averigua cómo funciona una máquina de fax y encuentra las similitudes con el funcionamiento de un escáner. ¿Se podría utilizar un escáner como máquina de fax? ¿Qué crees que sería necesario incluir en el equipo informático para realizar esta función?

3 Si dispones de un ratón inalámbrico, lo empleas junto al teclado y la pantalla. Pero, ¿cuál es la distancia máxima para que el ordenador lo detecte? Compruébalo tú mismo alejándote poco a poco mientras lo mueves sobre alguna superficie.

4 Busca información acerca de la resolución de los ratones disponibles en el mercado. ¿Qué representa este parámetro?

5 Compara. En el mercado hay dispositivos que integran un escáner y una impresora en una sola máquina. Haz una ficha en la que detalles las características de estos dispositivos y comentes las ventajas y los inconvenientes que piensas que puede haber cuando se integran ambos dispositivos en uno frente a disponer de los dos por separado.

4 Los periféricos

4.2 Periféricos de salida

Un periférico de salida es aquel que muestra al usuario información procedente del computador. Por su popularidad destacan el monitor o pantalla, la impresora y los altavoces.

El monitor

Muestra la información gráfica sobre una pantalla. Si bien los monitores antiguos estaban compuestos por un voluminoso y pesado tubo de rayos catódicos, hoy en día casi todas las pantallas son planas, ligeras y de poco espesor.

La medida de su tamaño corresponde con la longitud de su diagonal y se mide en pulgadas. Así, un monitor de sobremesa de 17 pulgadas (17") corresponde con una diagonal de poco más de 43 centímetros. Existe una gran variedad de tamaños para ordenadores de sobremesa, pero también para los ordenadores portátiles, desde las 8 pulgadas de los Notebook, hasta las 17 o 18 de los llamados portátiles multimedia.

La mayoría de monitores emplean tecnologías LED o LCD, que se diferencian en el tipo de punto emisor de luz que compone la matriz de configuración de una pantalla. Cada uno de estos puntos se controla de forma independiente por un microprocesador especializado que está en la tarjeta gráfica, lo que descarga de trabajo al procesador principal del ordenador.

Para conectar una pantalla de vídeo, se emplean puertos específicos que controlan la señal que se emite. Para evitar errores de conexión, los distintos tipos de puertos tienen diferentes conectores. Estos son los más habituales:

- **Puerto VGA.** Ofrece salida analógica. Esto significa que este puerto permite el control de monitores antiguos de tubos de rayos catódicos, aunque muchos monitores planos aún lo incorporan. Tiene un conector de 15 terminales o pines. Tiende a quedar obsoleto por la falta de calidad que ofrece según los parámetros actuales.

- **S-Video.** Es el segundo estándar para controlar monitores de señal analógica y televisores. Emplea un conector de menor número de pines y también está en desuso.

- **Puerto DVI.** Permite el control de monitores digitales como las actuales pantallas planas. El conector dispone de hasta 29 pines.

- **HDMI.** Permite el control de monitores digitales que reproducen en alta definición *(High Definition Multimedia Interface)*. El conector es de 19 pines.

Los aspectos técnicos más importantes a tener en cuenta al elegir un monitor (escogido ya un tamaño y una tecnología) son su resolución y el tiempo de respuesta ante un cambio en la señal procedente del ordenador. Algunos incorporan también puertos USB adicionales o altavoces.

CONECTORES DE VÍDEO

La impresora

Aunque cada vez es menor el empleo de papel, la impresora es uno de los dispositivos más demandados para reproducir la información procedente de cualquiera de los programas que están instalados en un ordenador.

Las primeras impresoras eran de **impacto** y empleaban cintas impregnadas en tinta como las de las antiguas máquinas de escribir. En la década de 1990 se popularizaron dos tecnologías sin impacto: la de inyección de tinta y la de impresión láser.

El método de **inyección de tinta** o **inkjet** emplea un inyector con numerosas boquillas diminutas que despiden tinta en forma de un chorro de gotas minúsculas impregnando el papel y formando un gráfico, una imagen o un texto.

Por otro lado, la **tecnología láser** consta de un haz de luz láser, un tambor fotoconductor, un depósito de tinta en polvo llamado tóner y un fusor. El haz láser «dibuja» con cargas positivas la imagen o el texto sobre el tambor, que queda cargado eléctricamente. La tinta en polvo es atraída hacia los puntos donde hay carga eléctrica. Un sistema de transporte de papel hace que una hoja pase sobre el tambor y que el tóner se adhiera a la superficie del papel. Por último, el fusor calienta y fija la tinta en polvo fundiéndola sobre la hoja.

La **resolución**, expresada en ppi *(points per inch)* o puntos por pulgada, junto con la **velocidad de impresión** (que los fabricantes normalmente especifican para el modo borrador) son características que se deben tener en cuenta a la hora de adquirir una impresora.

Los altavoces

El altavoz es un dispositivo que lleva usándose desde que se inventaron los primeros aparatos eléctricos reproductores de sonido. Se trata de un diafragma circular flexible, ligeramente cónico, en el que se producen movimientos de vaivén que generan vibraciones en el aire del entorno, lo que se traduce en sonido. Para conseguir estos movimientos, el altavoz recibe impulsos eléctricos en un electroimán interior que está mecánicamente unido al centro del diafragma.

Aunque los archivos de sonido (audio) contienen información en formato digital, el ordenador se encarga de convertir la señal digital en impulsos eléctricos analógicos que envía a los altavoces.

IMPRESORAS

Las impresoras de inyección de tinta son más baratas que las de tecnología láser, pero el precio por hoja impresa es más elevado. Además, las impresoras láser son más rápidas y pueden imprimir mayor cantidad de páginas en el mismo tiempo.

ALTAVOZ

Diafragma

Electroimán

COMPRENDE, PIENSA, INVESTIGA...

6 Accede a las páginas web de distintos fabricantes de impresoras. En tu cuaderno, haz un esquema con las diferentes familias tecnológicas. ¿Varían mucho los precios entre ellas?

7 **Compara.** Aunque la mayoría de los equipos disponen de altavoces internos acoplados a su carcasa, es posible conectar un par de altavoces al puerto analógico de salida de sonido. ¿Crees que suenan igual unos altavoces de tamaño grande que unos de tamaño pequeño? En realidad, la investigación en fenómenos acústicos ha progresado mucho en las últimas décadas, desarrollando altavoces que, pese a tener un tamaño pequeño, emiten una potencia sonora considerable. Visita la página web de algún fabricante o distribuidor de equipos de audio y comprueba la relación entre el tamaño de los altavoces y la potencia sonora que emiten.

5 Sistemas operativos

Hasta ahora se ha presentado la parte hardware de un ordenador, pero todos esos componentes que lo forman necesitan de un software que los haga trabajar de forma coordinada y que nos permita utilizarlos cómodamente.

> El sistema operativo es el software que actúa de interfaz entre la máquina y las personas. Contiene los programas que controlan el hardware y permite lanzar las aplicaciones de usuario.

 **Trabaja con el vocabulario**

Un **driver** es una pequeña pieza de software que indica al sistema operativo y a otros programas del usuario cómo comunicarse con un dispositivo hardware, por ejemplo, una tarjeta de sonido.

Si no existieran los sistemas operativos, los ordenadores serían unas máquinas al alcance de solo unos pocos expertos capaces de entenderlas y programarlas.

Aunque existen muchos fabricantes de hardware, hay pocos desarrolladores de sistemas operativos. Esto es así porque en el pasado cada vez que una empresa lanzaba una nueva máquina al mercado, tenía que programar un sistema operativo completo para ella. Rápidamente se dieron cuenta que había que preparar unas normas (estándares) que permitieran diseñar nuevo hardware sin tener que reprogramar todo el software. Eso también significó que la programación del sistema podía quedar en manos de otras empresas.

Hoy día, tanto el hardware como el software, se comportan como las piezas de un juego de construcción, en el que puedes componer un sistema completo a tu gusto eligiendo entre una diversidad de componentes.

Funciones del sistema operativo

Las principales funciones de un sistema operativo son:

- Controlar y dirigir las acciones generales del ordenador.
- Asignar los recursos según las necesidades (tiempo de procesador, memoria RAM y comunicación con periféricos). Para ello:
  >> Reparte el uso del microprocesador entre las aplicaciones de usuario y el propio sistema operativo.
  >> Asigna memoria RAM para programas y datos.
  >> Comunica los procesos y los periféricos desde los que hay que recibir o enviar datos.
- Controlar, mediante complementos de software (drivers), los periféricos de entrada y salida.

SISTEMAS OPERATIVOS

Sistemas operativos más utilizados	
Para ordenador personal y portátil	Para teléfono inteligente y tableta
Windows	Android
Linux	iOS
OSX	Windows Phone
	Blackberry OS
	Firefox OS

5.1 Windows

La empresa Microsoft es la propietaria de los sistemas operativos más populares en el mundo PC. Las primeras versiones de Windows funcionaban como una aplicación que se ejecutaba sobre un entorno de texto llamado MS-DOS.

En Windows todavía es posible realizar algunas acciones desde una ventana de comandos, pero la mayoría de los usuarios del sistema no la han usado ni una sola vez.

La interfaz gráfica de los sistemas operativos actuales recibe el nombre de **escritorio.**

En el escritorio se pueden situar documentos y accesos directos aunque, como si de una mesa real se tratara, conviene mantenerlo despejado de todo tipo de objetos innecesarios.

Es preferible mantener los documentos dentro de carpetas, a las que daremos un nombre que nos recuerde qué hemos guardado dentro. Windows tiene algunas carpetas predefinidas: Mis documentos, Mi música, Mis imágenes, Mis vídeos, etc., pero nosotros podemos crear nuevas carpetas dentro de estas.

DE MS-DOS A WINDOWS 8

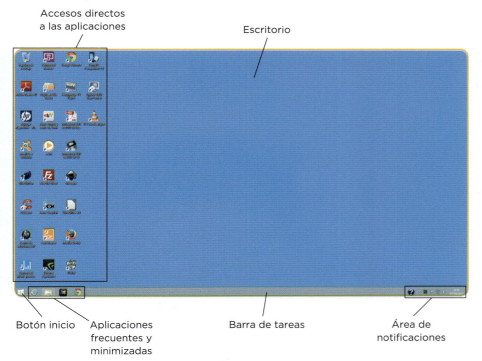

HERRAMIENTA DE BÚSQUEDA

Windows dispone de una herramienta de búsqueda cuyo icono es una lupa.

A partir de Windows 8, aparece tocando una de las esquinas del lado derecho de la pantalla.

En versiones previas aparece al hacer clic sobre el botón **Inicio** en el extremo inferior izquierdo.

COMPRENDE, PIENSA, INVESTIGA...

1 Accede a la línea de comandos. Usa la herramienta **Buscar,** teclea **cmd.** Debe aparecer cmd.exe o Símbolo del sistema. Ejecútalo. Para ver el contenido de la carpeta actual, hay que teclear el comando **dir** y pulsar la tecla **enter**. ¿Cómo veías hasta ahora el contenido de una carpeta?

2 Haz una línea de tiempo con información que encuentres en Internet sobre el año de lanzamiento de cada una de las versiones de Windows.

3 ¿Por qué crees que la interfaz de texto ha caído en desuso? Escribe al menos tres razones.

4 ¿Se pueden guardar documentos en el escritorio o es simplemente como un panel de bienvenida?

5 Sistemas operativos

Accesos directos

Los accesos directos son atajos para abrir aplicaciones o documentos que usamos con frecuencia.

Los accesos directos no son los propios documentos o programas, sino enlaces que apuntan hacia el objeto real. Se distinguen de los documentos que hayamos dejado en el escritorio porque tienen una flecha en la esquina inferior izquierda. No son imprescindibles, pues también se puede acceder a las aplicaciones desde el menú Inicio.

ACTIVIDAD GUIADA

Objetos en el escritorio y uso de la aplicación Paint

1 Emplea la herramienta de búsqueda para localizar y abrir la aplicación. En la zona superior de la ventana hay un menú y una barra de herramientas de dibujo. También tienes varios botones con colores para seleccionar el que usarás en cada momento.

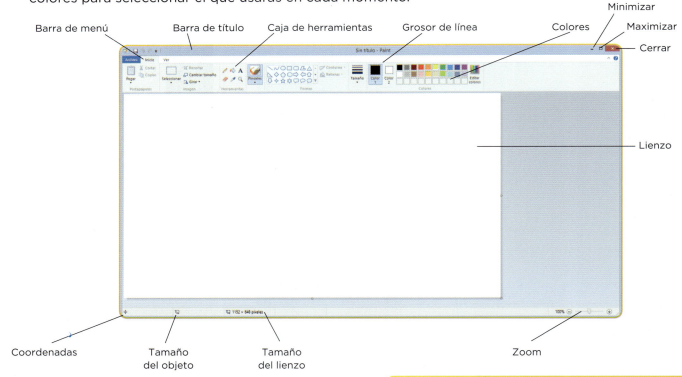

2 Elige un color y emplea **Relleno con color**. Puedes trazar líneas con la herramienta **Lápiz**, cuyo grosor y color puedes modificar.

3 Ve al menú **Archivo** y guarda la imagen terminada en el escritorio, dándole un nombre adecuado.

Fíjate que el icono de tu archivo gráfico no tiene una flecha en la esquina inferior izquierda. Eso es porque se trata del archivo original y no de un acceso directo.

Unidad 6

Trabajo con ventanas

Puedes distribuir las ventanas de aplicación a tu gusto según las vas abriendo, pero Windows permite hacer distribuciones automatizadas. Observa sus elementos principales en la imagen adjunta.

El menú Vista

Muchas de las aplicaciones que se ejecuten en Windows disponen de la opción Vista, mediante la cual se puede modificar el aspecto del documento con el que estás trabajando. Este menú ofrece cinco secciones:

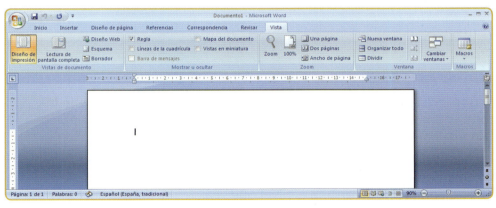

- **Vista de documento.** Selecciona una de las cinco posibilidades para trabajar con el documento en curso: «Diseño de impresión» para observar el documento tal y como se imprimirá, «Lectura en pantalla completa» para poder ampliar el documento a todo el tamaño de la pantalla, y además, otras tres opciones menos empleadas: «Diseño web», «Esquema» y «Borrador».

- **Mostrar u ocultar.** Permite mostrar u ocultar la «Regla» para situar las tabulaciones y los elementos de control, las «líneas de cuadrícula», el «mapa del documento» o activar las «vistas en miniatura».

- **Zoom.** Con las distintas opciones podrás ampliar o reducir el documento en la ventana de la aplicación. Observa que en la parte inferior derecha dispones de un deslizador con el que podrás seleccionar el nivel de zoom que quieras aplicar.

- **Ventana.** En caso de que dispongas de más de un documento abierto con la aplicación, podrás organizarlos para trabajar con ellos simultáneamente.

- **Macros.** Las aplicaciones de la suite Office de Windows disponen de la posibilidad de programación en el lenguaje Visual Basic para aportar nuevas funcionalidades a los documentos.

ACTIVIDAD GUIADA

Organizar el escritorio

1. Abre varias ventanas de aplicaciones que estén instaladas en tu PC.

2. Haz clic con el botón derecho del ratón sobre la barra de tareas de Windows. Verás que hay varias opciones para organizar de forma automática las ventanas: en cascada, apiladas y en paralelo. Pruébalas.

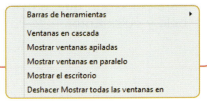

5 Sistemas operativos

El explorador de archivos

Entre las aplicaciones frecuentes de la barra de tareas de Windows hay una carpeta de color amarillo. Ábrela y podrás ver el contenido del disco duro.

Puedes entrar en las distintas carpetas haciendo clic sobre ellas en la barra izquierda, o haciendo doble clic en el icono que aparece en el área de trabajo.

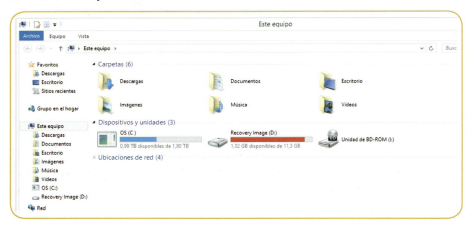

Organización arbórea

Todos los sistemas operativos utilizan, para la organización de la información, una estructura arbórea jerárquica de carpetas, también llamada estructura de directorios y subdirectorios.

En esta estructura, cada carpeta puede contener múltiples carpetas en su interior que dependerán de ella. Y esta división se puede llevar a cabo en cualquier carpeta al nivel que sea.

Hay que tener cuidado con las estructuras de este tipo porque cuando elimines una carpeta, estarás eliminando todo su contenido, es decir, todos los archivos, datos y subcarpetas que se alojan en su interior. Al mismo tiempo, si se quiere hacer una copia de parte de la estructura de carpetas, bastará seleccionar la que se encuentra en el nivel raíz y mediante la combinación de opciones Copiar y Pegar, se podrá clonar toda la estructura seleccionada.

EXPLORADOR DE WINDOWS

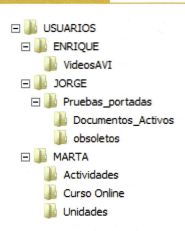

Observa que el explorador de Windows ofrece una vista de cómo se constituye la carpeta Usuarios. Dentro de ella, se alojan carpetas para Jorge, Enrique y Marta, que son los usuarios del ordenador, y cada uno de ellos dispone de un espacio en el disco duro para alojar su propia estructura.

ACTIVIDAD GUIADA

1. Accede a la carpeta **Documentos** (o a la que indique tu profesor/a) y crea una carpeta nueva, para ello debes pulsar el botón derecho del ratón sobre un espacio libre en el área de trabajo de la carpeta y abrir el menú contextual. Ve a **Nuevo** y elige **Carpeta.**

2. Para conseguir que la nueva carpeta tenga tu nombre escríbelo y pulsa **Enter.**

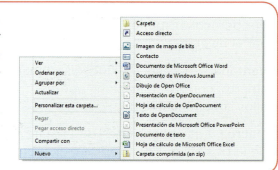

Unidad 6

Copiar y mover archivos

Windows permite copiar y mover archivos entre carpetas del mismo equipo o entre distintas unidades de almacenamiento, como pueden ser un disco duro y un pendrive USB.

Si hacemos clic sobre el icono de un archivo, mantenemos pulsado el botón derecho y arrastramos hasta otra carpeta de la misma unidad de almacenamiento, el archivo se mueve automáticamente. Si se arrastra hasta una unidad distinta, lo que hace Windows es copiar el archivo original en el nuevo destino.

> **COMBINACIONES DE TECLAS**
>
> Windows tiene algunas combinaciones de teclas programadas para acelerar la ejecución de tareas frecuentes, como copiar o mover archivos, deshacer la última acción realizada o rehacerla. Aquí tienes algunas; el signo más (+) significa que tienes que pulsar las dos teclas a la vez.
>
> **Control+C** copiar objeto
>
> **Control+X** cortar objeto
>
> **Control+V** pegar objeto en la nueva ubicación
>
> **Control+Z** deshacer la última acción
>
> **Control+Y** rehacer lo que se acaba de deshacer

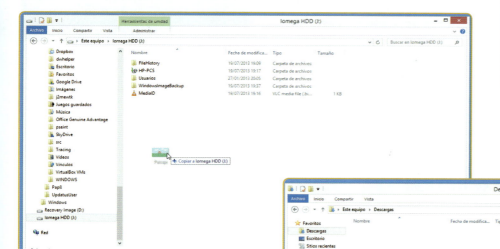

COMPRENDE, PIENSA, INVESTIGA...

5 Abre la carpeta con tu nombre que has creado en el disco duro. Mueve el archivo gráfico que pusiste en el escritorio hasta tu carpeta, arrastrándolo con el ratón.

6 Si dispones de una unidad USB extraíble, pínchala en un puerto USB del ordenador y cuando se abra la carpeta para mostrar su contenido, copia en ella tu archivo gráfico.

7 Selecciona un archivo en el explorador de Windows y pulsa sobre él la tecla derecha del ratón para abrir el menú contextual. En la última posición de dicho menú, encontrarás la opción «Propiedades», selecciónala. Verás que aparece una ficha del archivo. ¿Qué información te ofrece la ficha? ¿Cuántas pestañas tiene? ¿Hay alguna opción que se pueda modificar? ¿Qué ocurrirá si marcas la opción «Solo lectura» en la zona de Atributos de la pestaña «General»?

8 Las ventanas del explorador de Windows disponen de un menú textual donde puedes cambiar algunos parámetros del aspecto. Despliega la opción «Ver» y describe las diferentes posibilidades que tienes disponibles para observar los archivos dentro de una determinada carpeta.

5 Sistemas operativos

5.2 GNU/Linux

El sistema operativo Linux empezó su andadura oficial en el año 1991. Por entonces no tenía interfaz gráfica de usuario, solo línea de comandos, muy parecida a la de MS-DOS.

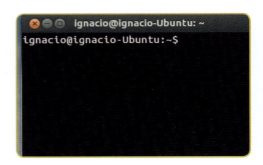

A diferencia de Windows, gestionado por la empresa Microsoft, Linux fue creado por grupos de entusiastas de la informática y las nuevas tecnologías. Esto conduce a que haya varias aplicaciones escritas para resolver el mismo problema. Eso ocurre también con los entornos de escritorio en Linux: hay varios diferentes.

El proyecto GNU nació para crear un sistema operativo libre y un conjunto de aplicaciones que lo dotaran de utilidad para los usuarios. Así que GNU, que ya tenía varias aplicaciones creadas, pero no el propio sistema operativo, se asoció con Linux para complementarse.

A partir de aquí, cualquier persona o empresa es libre de crear una distribución GNU/Linux, que es un conjunto seleccionado de aplicaciones añadidas al sistema Linux que sirve de base.

Una de las distribuciones más populares de los últimos años es Ubuntu. Esta distribución sirve a su vez como base para otras derivadas, y a nosotros nos sirve para practicar con un sistema operativo diferente que funciona sobre el mismo PC que Windows. También MAX, la distribución de Linux que, posiblemente, utilizas en tu aula de informática, está basada en Ubuntu.

COMPRENDE, PIENSA, INVESTIGA…

9 Comprueba los parecidos entre Windows y Linux.

Fíjate en la barra lateral de Ubuntu. Tiene las funciones más usadas en la zona superior. Como puedes comprobar, el primer botón corresponde a la herramienta **Buscar,** el segundo al **Administrador de archivos** y el tercero al **navegador** de Internet por defecto. Esta barra se puede personalizar para que aparezcan otras aplicaciones.

Haz clic sobre el botón del Gestor de ficheros y comprueba el parecido entre las ventanas de Windows y las de Ubuntu. ¿Qué diferencias observas?

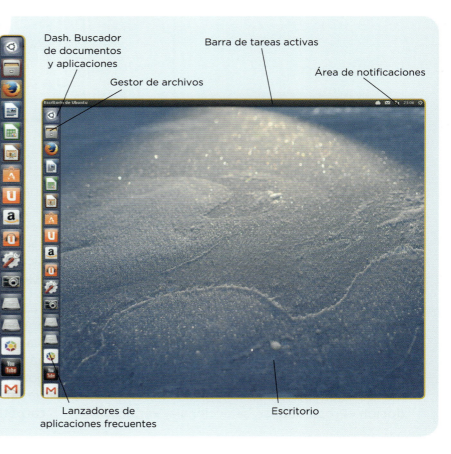

GRÁFICOS EN LINUX

Existen numerosos programas gráficos en Linux. Ubuntu tiene varios instalados y se puede recurrir a la herramienta de búsqueda **Dash** para localizar otros. En las imágenes adjuntas puedes ver algunos ejemplos como Gpaint, Tuxpaint e Inkscape.

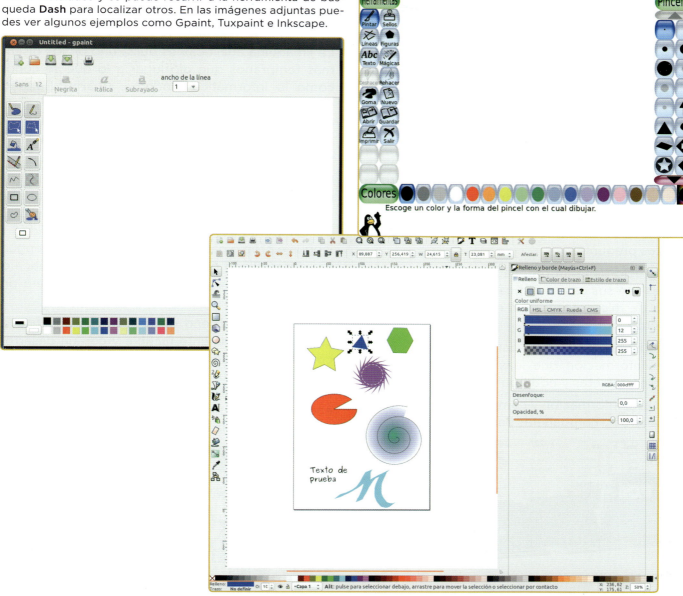

ACTIVIDAD GUIADA

1 Crea un archivo gráfico con alguno de los programas que tienes disponibles en Ubuntu. Guárdalo como mapa de bits (bmp-bitmap) en la carpeta **Documentos** de tu usuario.

2 Cierra el programa de gráficos y abre una ventana del **Gestor de archivos.**

3 Localiza el archivo que acabas de guardar y comprueba cómo puedes moverlo al escritorio o copiarlo en una unidad extraíble USB.

4 Accede de nuevo al archivo donde lo hayas guardado y vuelve a abrirlo con el editor gráfico que utilizaste para crearlo. Ahora trata de guardar el archivo en alguno de estos formatos: jpg, tiff, png.

5 Compara el tamaño del archivo bmp y el del archivo que acabas de crear. ¿Cuánto difieren? ¿Qué formato es preferible, por ejemplo, para publicar imágenes en Internet? Justifica tu respuesta.

Aplica lo aprendido

⌵ Observa tu entorno

A lo largo de la unidad has estudiado sobre microprocesadores, memorias RAM y otros dispositivos que contienen los ordenadores. Quizá hayas entendido el funcionamiento de todos estos componentes y dispositivos pero, ¿sabrías decir cuáles son sus principales características técnicas?

El mejor fondo documental de información para poder conocer estos datos son las revistas de informática y las ofertas de los mayoristas de informática. Trata de conseguir un catálogo o descarga ofertas de ordenadores en la web para poder contestar a las siguientes preguntas:

- ¿Qué precio tiene un ordenador de gama media? ¿Cuáles son sus características técnicas en cuanto al tipo de microprocesador, memoria RAM, disco duro, etc.?
- Compara los precios y las características técnicas con la información que leas sobre ordenadores portátiles, tabletas y notebooks.
- Anota esta información y compárala con la que tus compañeros y compañeras han obtenido.

⌵ Investiga

La «máquina analítica» es quizá uno de los diseños más tempranos que dio lugar a lo que se conoce como la informática moderna. Charles Babbage, científico y matemático del siglo XVIII, fue su diseñador y aunque nunca llegó a hacerla funcionar en la práctica, abrió nuevos horizontes en el campo de la computación.

La máquina analítica era capaz de almacenar números mediante primitivas memorias y funcionaba con el sistema decimal. Fue uno de los primeros diseños de computadora programable y Babbage ideó un lenguaje propio para realizar los cálculos. El lenguaje fue desarrollado por Ada Lovelace, matemática del tiempo de Babbage y considerada la primera programadora de la historia.

¿Por qué si el diseño de la máquina analítica era correcto, técnicamente factible y con un desarrollo completo, no pudieron ambos llegar a construirla? Busca información acerca de las biografías de estos dos grandes matemáticos y de las dificultades que encontraron en su vida para llegar a construir una máquina que quizá se adelantó a su tiempo.

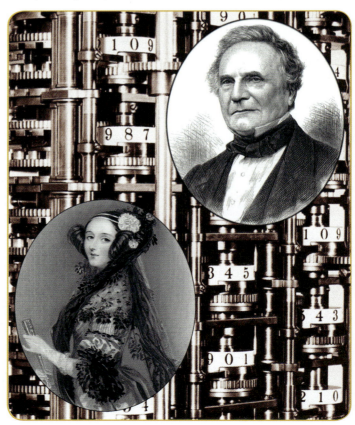

Unidad 6

⌄ Piensa como ingeniero

La función clásica de un teléfono es poder establecer comunicación oral entre las personas. Pero hoy en día, los modernos teléfonos móviles y smartphones tienen capacidades añadidas que hacen que su configuración sea similar a la de un ordenador.

¿Qué funciones crees que tienen en común un ordenador y un teléfono móvil inteligente?

⌄ Hac uso de las TIC

Estudiamos un caso:

Un alumno pide a sus padres que le compren un ordenador para ayudarle en el estudio. Sus padres acceden a su petición y se van a una tienda de informática para elegir un modelo. El dependiente de la tienda les propone tres ofertas:

a) Ordenador de gama media con procesador AMD A4-3420 2,8 GHz, con memoria de 4GB DDR3 y disco duro de 1 TB con pantalla LCD de 17" por 525 euros.

b) Ordenador Apple iMac CORE con procesador I5 de 2,9 GHz con 8 GB DDR3 de RAM, disco duro de 1000 GB, unidad gráfica GeForce GT 650M de 512MB y monitor LED de 21" por 1579 euros.

c) Ordenador de alta gama con procesador Pentium G645 a 2,9 GHz, memoria RAM de DDR3 de 4 GB y unidad gráfica GeForce 610M con monitor LED de 21" por 799 euros.

Investiga qué significa cada uno de los términos y las cifras propuestos.

Imagínate por un momento que fueras tú la persona que debe aconsejar a la familia cuál es la mejor opción de compra. Evalúa las características de cada uno y compara el equipamiento, la calidad y el precio de cada ordenador y da tu opinión justificada.

Investiga en Internet o en un catálogo actual el precio que tendría ahora mismo un ordenador equivalente al que has considerado como óptimo.

⌄ Innovación técnica

Uno de los horizontes en avance tecnológico en el campo de las computadoras, el ordenador cuántico, está a punto de ser alcanzado, en su desarrollo teórico, antes de 2020 y de forma práctica antes de 2030.

En 2012, un grupo de científicos de la firma IBM presentaron los avances hechos en sus investigaciones dando a entender que la informática cuántica ofrecerá equipos de capacidades inigualables por ninguna máquina actual. Si bien la informática convencional emplea matemática binaria o bits para crear códigos e instrucciones, la informática cuántica emplea q-bits, del inglés *quantum bits* o bits cuánticos.

La diferencia entre la informática actual y la informática cuántica, es que mientras que la primera emplea equipos con poca potencia de cálculo simultáneo, centrándose en tareas consecutivas principalmente secuenciales, en la informática cuántica los ordenadores serán capaces de trabajar en millones de cálculos simultáneos.

Es muy posible que los primeros desarrollos estén dirigidos hacia la encriptación de datos, la búsqueda de información compleja en bases de datos y la resolución de problemas matemáticos que actualmente no es posible resolver.

Interior del ordenador D-Wave, basado en la física cuántica.

Proyecto de aula

Elige la disposición de ordenadores en tu aula de informática

A continuación se han representado varios aspectos de distribución de ordenadores para el aula de informática. Observa la disposición de los equipos y valora de 0 a 10 cada disposición en función de las preguntas propuestas.

Disposición periférica, en la que los ordenadores se encuentran sobre una encimera a lo largo de las paredes del aula.	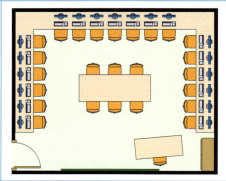	
Disposición frontal, donde todos los puestos están colocados para que los alumnos miren hacia el frente, situándose la mesa y el equipo del profesor frente a ellos.	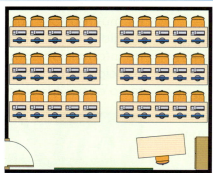	
Disposición mixta, en la que se sitúan los ordenadores de forma periférica, combinados con una isleta de ordenadores.	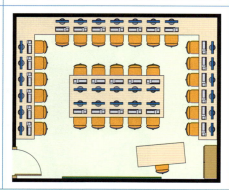	

Lee las siguientes preguntas y valora de 0 a 10 cada disposición:

a) ¿Cuál de las disposiciones resulta más cómoda cuando dos o tres alumnos tengan que compartir el equipo?

b) ¿Cuál es el grado de comodidad para que un estudiante combine el uso del ordenador y atienda al profesor en sus explicaciones?

c) ¿En cuál de las disposiciones crees que sería más fácil conectar entre sí todos los ordenadores?

d) ¿Cuál de las disposiciones permite utilizar más cómodamente el teclado y el ratón?

e) ¿Cuál crees que es la mejor disposición para que el profesor dirija la clase?

Suma las valoraciones y determina, bajo tu criterio, cuál de las aulas propuestas es la idónea.

Comprueba cómo progresas

Unidad 6

1. ¿Cuándo fue la primera vez que se empleó el término «informática» para definir el tratamiento de la información mediante medios automáticos?

2. ¿Cuál crees que es el componente que lanzó al ordenador de forma definitiva a su empleo masivo?, ¿el transistor?, ¿el circuito integrado?, ¿el microprocesador? Justifica tu respuesta.

3. ¿Cuáles son los componentes principales de una CPU? ¿Se encuentra la memoria principal contenida en una CPU?

4. ¿Cuál crees que es la diferencia entre una placa base y una CPU?

5. ¿Es la BIOS un tipo de memoria RAM? Justifica tu respuesta.

6. ¿Cuáles son las principales características de una memoria RAM?

7. ¿Qué función tiene la muesca en el conector de una tarjeta de memoria RAM?

8. ¿Cómo se llama el múltiplo correspondiente a 1024 terabytes? ¿Has oído hablar de algún ordenador o sistema de ordenadores que tengan tal capacidad de memoria?

9. Haz un esquema con los principales bloques de un sistema computador.

10. Analiza esta frase y trata de encontrar el error que contiene.

    Una memoria RAM es un tipo de memoria permanente con acceso directo a las direcciones de memoria.

11. ¿Forma parte un disco duro de la memoria principal? Justifica tu respuesta.

12. Indica qué tecnologías emplean las siguientes unidades de memoria para guardar los datos: a) Dispositivo USB; b) Disco DVD; c) Disco duro.

13. Un escáner, ¿es un periférico de entrada o de salida? ¿Y un monitor?

14. ¿Cuál de los siguientes puertos gráficos es más moderno: VGA o HDMI?

15. Describe la diferencia de aspecto y funcionalidad entre los periféricos de un ordenador de sobremesa y los de un ordenador portátil.

16. Observa la parte posterior de un ordenador de sobremesa y realiza un dibujo esquemático del tipo de conectores disponibles. Pide ayuda a tu profesor o profesora y trata de identificar cuál es la función de cada uno de ellos, asociándola con el tipo de periférico que se conectaría.

17. Si una pulgada son 25,4 milímetros y la relación de ancho y alto de una pantalla es 16:9, ¿cuánto miden los lados de una pantalla de 20 pulgadas?

18. Observa un monitor en su parte posterior, ¿cuántos cables emplea para funcionar?, ¿dónde va enchufado cada uno de ellos?

19. Crea una línea de tiempo con los principales eventos sucedidos en la historia de los sistemas operativos. Puedes hacerla a mano o utilizar cualquier programa de proceso de texto, pero si quieres utilizar fotografías y conseguir interactividad, visita la web de Dipity: http://www.dipity.com/

20. Haz un esquema con las principales tecnologías de impresión empleadas por las impresoras y describe en cada caso, sus características.

21. ¿Qué significa el término «resolución» cuando se aplica a la calidad de impresión de una impresora? ¿Crees que tiene el mismo significado cuando se trata de determinar la resolución de una pantalla?

22. Describe las principales funciones de un sistema operativo.

23. ¿Cuáles son las combinaciones de teclas que más se utilizan con la tecla **Control** del teclado? Indica la función de cada combinación.

24. Investiga desde qué versión de Windows existe el botón de «Inicio» en la pantalla.

7. Software de aplicación

A lo largo de la historia hemos creado herramientas que nos han servido para llegar a construir máquinas. Aprovechando los conocimientos adquiridos a lo largo del tiempo, hemos sido capaces de crear máquinas automáticas y programables. A su vez, la evolución de la programación ha dado lugar a distintos lenguajes artificiales que nos permiten dar instrucciones a las máquinas: los lenguajes de programación.

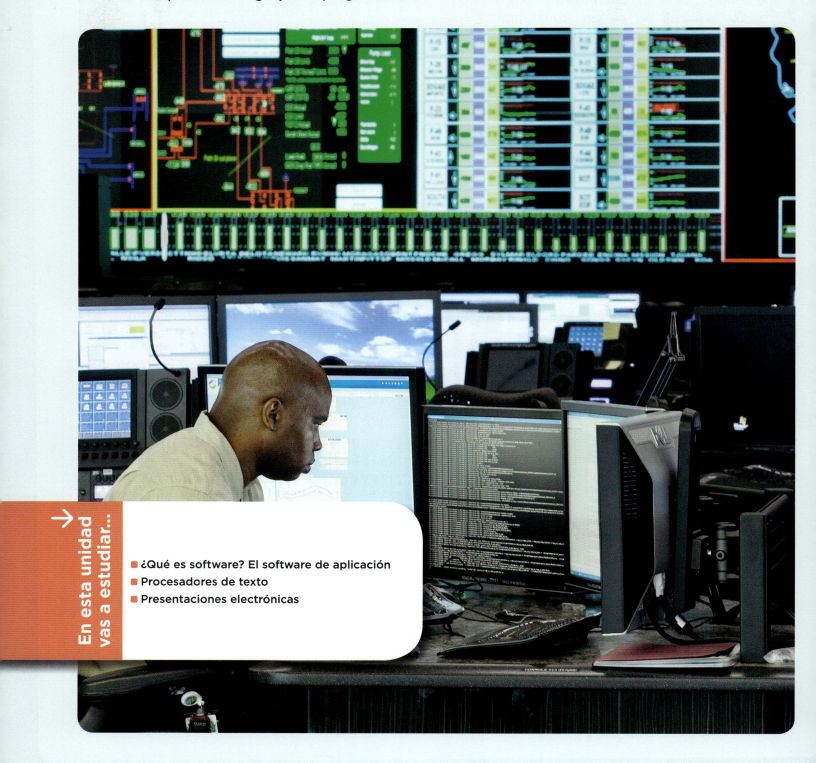

En esta unidad vas a estudiar...

- ¿Qué es software? El software de aplicación
- Procesadores de texto
- Presentaciones electrónicas

Unidad 7

El huevo del cuco

Los grandes ordenadores tienen dos tipos de software: los programas del usuario y el software de los sistemas. Los programas que uno escribe o introduce son los programas del usuario, como por ejemplo mis rutinas astronómicas, que analizan la atmósfera de un planeta.

Por sí solos, los programas del usuario no pueden hacer gran cosa. No se comunican directamente con el ordenador, sino que lo hacen mediante el sistema operativo.

Cuando mi programa de astronomía quiere escribir algo, la palabra no aparece directamente en la pantalla, sino que la pasa al sistema operativo, que es el que da las instrucciones necesarias al ordenador para que la escriba.

El sistema operativo, junto con los editores, los archivos y los intérpretes de lenguajes [de ordenador], constituyen el software de los sistemas. Uno no escribe dichos programas, sino que ya vienen incorporados en el ordenador y, una vez calibrados, nadie tiene por qué intervenir en los mismos.

El programa de contabilidad pertenece al software de los sistemas. Para modificarlo o eludirlo, uno debe ser director de sistema o haber adquirido una posición privilegiada en el sistema de operaciones.

Pero, ¿cómo se adquiere dicha posición privilegiada? La forma más evidente consiste en introducirse en nuestro ordenador con la palabra clave del director del sistema. No cambiamos la palabra clave en varios meses, pero nadie la habría divulgado. Y ningún desconocido adivinaría una palabra secreta como «wyvern». ¿A quién se le ocurriría pensar en un dragón alado mitológico, intentando adivinar nuestra clave?

Extracto del libro *El huevo del cuco* por Clifford Stoll (1917-2008)

¿Qué sabes sobre software?

1 ¿Qué es software? ¿Qué tipos de software conoces? ¿Cuáles has empleado?

2 ¿Es software un documento escrito en un ordenador?

3 ¿Sabes qué controla un sistema operativo?

4 ¿Sabes qué es un programa?

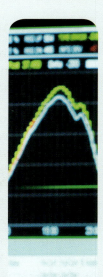
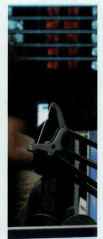

1. ¿Qué es el software? El software de aplicación

1.1 Definición de software

La principal característica de un ordenador es su condición de máquina programable. Eso quiere decir que, cambiando el programa, es posible que realice una enorme cantidad de tareas diferentes.

> Al conjunto de programas ejecutables en un ordenador se le denomina **software**. El término viene a complementar el empleado para la parte física, el hardware, que procede de la palabra inglesa destinada a las herramientas y los útiles.

En oposición a la partícula *hard* (duro), se introdujo el término *soft* (blando o ligero), para contrastar el sentido de ambos.

Según el esquema de la figura de abajo, se puede considerar que un ordenador está formado por diversas capas. Cuanto más exterior es la capa, más cerca está del usuario. Esto significa que el sistema operativo, junto con el hardware, forman el núcleo más interno. A continuación se encuentra el software de aplicación, que el usuario instala para darle servicio. La «cara visible» que ofrece cada uno de los programas a las personas, se denomina interfaz de usuario.

PROGRAMA

Un programa es un conjunto de instrucciones que indican a una máquina programable las operaciones que debe ejecutar para completar una determinada tarea.

Esquema concéntrico de los diferentes tipos de software en un sistema informático.

1.2 El software de aplicación

Existen muchos tipos diferentes de software de aplicación y, en general, cualquier persona con unos mínimos conocimientos de programación puede desarrollar una aplicación sencilla. Hoy en día, la programación de las aplicaciones se extiende a todo tipo de dispositivos, desde ordenadores hasta teléfonos inteligentes y tabletas.

Entre los grupos de aplicaciones más utilizadas se encuentran:

- **Aplicaciones de oficina,** conocidas como herramientas ofimáticas. Incluyen procesadores de texto, hojas de cálculo, utilidades para la presentación de documentación, calendarios y software de agenda, blocs de notas, bases de datos, etc.

MIDDLEWARE

A menudo, las empresas necesitan usar equipos dotados de diferentes sistemas operativos y aplicaciones, lo que puede ocasionar problemas de integración e intercambio de datos entre ellos. Para ello, existe una capa de programas intermedios que facilitan este cometido conocida como **Middleware**.

- **Utilidades.** Son pequeños programas para el mantenimiento de una computadora: antivirus, desfragmentadores de discos duros o recuperadores de archivos borrados.
- **Software de comunicación.** Reúne todas las aplicaciones que permiten el acceso a Internet y el empleo de los servicios web, como los navegadores, los gestores de correo electrónico, el almacenamiento de archivos en la nube, etc.
- **Aplicaciones de juegos y entretenimiento.**

Los programas de aplicación deberían ser independientes del sistema operativo, sin embargo, esto no es siempre así. Si tomamos como ejemplo un videojuego, podemos encontrar versiones del mismo para distintas plataformas hardware: videoconsolas, ordenadores, teléfonos móviles, etc. Además, estos equipos cuentan con diversos sistemas operativos, a pesar de lo cual el usuario espera que el videojuego se comporte aproximadamente de la misma manera y le permita realizar las mismas acciones en cualquiera de ellos.

Existen aplicaciones para cubrir todo tipo de necesidades profesionales y de ocio.

1.3 Licencias de software

> Las licencias son los acuerdos legales de uso que se establecen entre los autores del software y los usuarios. Indican al usuario lo que puede o no hacer con ese software.

Se pueden agrupar en dos grandes categorías:

Licencias libres. Brindan a los usuarios la posibilidad de disfrutar del software sin la obligación de pagar por él, aunque animan a hacer donaciones para colaborar en el mantenimiento y la mejora del software.

Licencias propietarias. Son muy restrictivas respecto a los derechos de los usuarios. En general obligan a pagar por el uso del software y no permiten la modificación del mismo.

COMPRENDE, PIENSA, INVESTIGA...

1 Todo el software disponible en un ordenador ha sido programado mediante un lenguaje de programación. Investiga sobre el tipo de lenguajes de programación con los que se desarrollan actualmente los sistemas operativos.

2 Elige dos de tus aplicaciones favoritas y anota para qué dispositivos y sistemas operativos están disponibles. Organiza la información en una tabla como la del ejemplo.

Aplicación	Disponible para	Sistemas operativos
Angry Birds	PC, MAC, teléfonos Android, iPhone, aplicación Facebook, Nintendo 3DS, Wii U, juegos de mesa	Windows, iOS, MAC OSX, Android, Wii U OS

3 Existen diversos tipos de licencias de software; busca información al respecto de los derechos y obligaciones que ofrecen al usuario, y anótala en tu cuaderno.

A continuación se te sugiere una forma de organizar esta información:

Licencia	Derechos del usuario respecto al software			Gratuito
	Usar	Modificar	Distribuir	
GPL	Sí	Sí	Sí	Sí
BSD				
MIT				
MPL				
CLUF o EULA				

2 Procesadores de texto

Los procesadores de texto son una pieza clave de la variedad de software conocida como herramientas ofimáticas. Las aplicaciones ofimáticas más empleadas son, además de los procesadores de texto, los programas de presentaciones, las hojas de cálculo y las bases de datos.

2.1 El procesador de texto

Los procesadores de texto están pensados para crear, guardar, editar y dar formato a documentos escritos.

Además de introducir texto, podemos modificar los atributos de los caracteres, los párrafos y las páginas. También se pueden incluir tablas, imágenes y otros elementos gráficos.

Atributos

Hay que tener en cuenta que un texto no es solo una sucesión de letras, palabras y números sino que puede contener atributos de formato que mejoren el aspecto visual. Los principales son:

- **Atributos de fuente,** que se aplican a un carácter o grupo de caracteres, como el tamaño o el tipo de fuente, los formateados en negrita, en cursiva, el subrayado, etc.

- **Atributos de párrafo,** como el espacio entre líneas, el espacio con los párrafos anterior y posterior, el justificado del párrafo respecto al límite de la hoja, las alineaciones y las tabulaciones.

- **Atributos de página,** aplicables a toda una página, sección o documento completo, como la orientación de la página, los márgenes laterales y los márgenes superior e inferior.

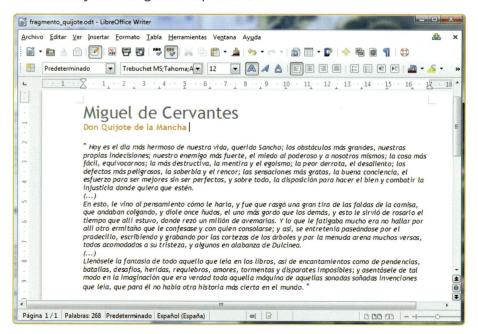

> **Trabaja con el vocabulario**
>
> **Ofimática:** acrónimo formado por las palabras oficina e informática. Hace referencia al uso de aplicaciones destinadas a automatizar el trabajo propio de una oficina tradicional.
>
> **Tipografía:** técnica que estudia el diseño y las propiedades de los caracteres que forman un texto impreso (letras, números y símbolos).

COMPRENDE, PIENSA, INVESTIGA…

1. Observa el texto de la izquierda y trata de localizar cada uno de los atributos (fuente, párrafo y página) que se utilizan.

Unidad 7

Menú formato

Los procesadores de texto disponen de un menú de **Formato** donde se encuentran las propiedades o atributos aplicables a los componentes de un documento. También disponen de barras de herramientas para dar formato a los caracteres, a la página o al documento en general.

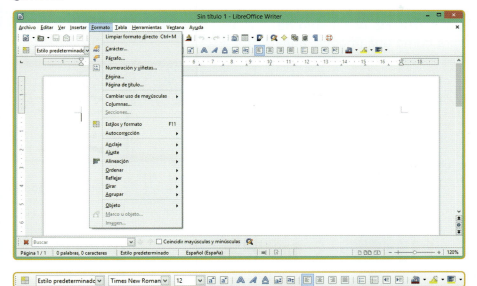

ACTIVIDAD GUIADA

1. Observa los menús y los botones correspondientes a Microsoft Word y LibreOffice Writer. Localiza las opciones y los botones que pueden modificar el formato de la tipografía, el párrafo y la página.

2. Ahora que ya los conoces, copia un párrafo del libro de texto en tu procesador y aplica los distintos atributos tipográficos a las palabras del párrafo.

3. Prueba también a aplicar varios atributos a una misma palabra, por ejemplo, negrita + subrayado + color de fuente.

4. Guarda el archivo con el nombre «Formatos1».

ACTIVIDAD GUIADA

1. Copia el siguiente párrafo cuatro veces:

   Hubo una pincelada de fuego en el cielo nocturno y un instante después el cohete auxiliar descendió más allá del campamento. Spender observó cómo se abría la portezuela y cómo Hathaway, el médico-geólogo (todos los tripulantes tenían dos especialidades, para ganar espacio en el cohete), salía y se acercaba lentamente al capitán.

   Bradbury, Ray. *Aunque siga brillando la luna.*

   http://www.libroteca.net/

2. Alinea cada uno de los párrafos de una forma distinta: a la izquierda, a la derecha, centrado y justificado.

3. Aplica a cada párrafo una fuente distinta. Haz pruebas con distintos tamaños y aplica diferentes atributos. Por ejemplo, pon en negrita los nombres de las personas que aparecen en el texto y subraya las palabras que tienen tilde.

4. Guarda el archivo con el nombre «Formatos2».

COPIAR Y PEGAR

Puedes ahorrar mucho trabajo cuando copies palabras y párrafos completos.

Con ayuda del ratón marca el texto que quieres copiar y emplea las teclas CTRL+C para copiarlo. Sitúa el cursor donde vayas a pegarlo y presiona CTRL+V.

153

2 Procesadores de texto

2.2 Textos artísticos

Microsoft Word

Microsoft Word permite la inserción de texto artístico por medio de **WordArt.** Una vez creado, el texto se tratará como una imagen, aunque podemos volver a editarlo para modificarlo.

WordArt tiene varios estilos predefinidos.

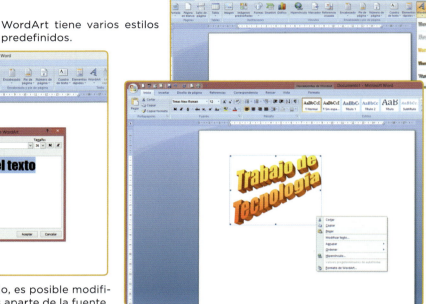

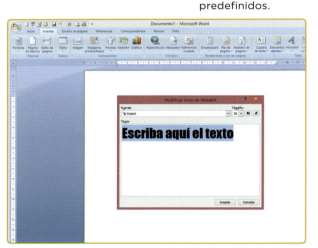

También podemos modificar el texto introducido y los colores que nos da WordArt por defecto para cada estilo predefinido.

Además de escribir el texto deseado, es posible modificar la tipografía y algunos atributos aparte de la fuente.

LibreOffice Writer

LibreOffice Writer emplea para la inserción de texto artístico la herramienta **Fontwork.** Una vez creado, el texto se tratará como una imagen, aunque podemos volver a editarlo para modificarlo.

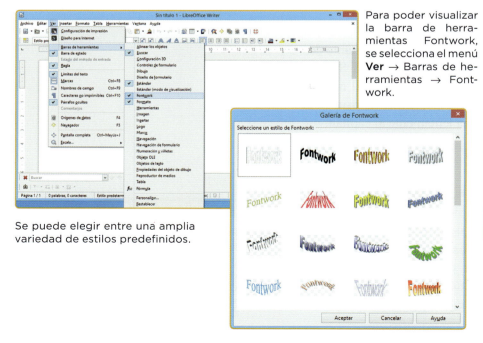

Para poder visualizar la barra de herramientas Fontwork, se selecciona el menú **Ver** → Barras de herramientas → Fontwork.

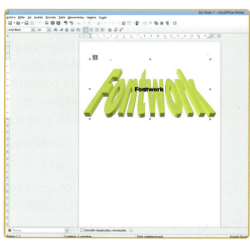

Se puede elegir entre una amplia variedad de estilos predefinidos.

Haciendo doble clic sobre la imagen aparece centrado en negro la palabra FONTWORK, la borramos y escribimos el texto que queramos.

Los tiradores azules permiten redimensionar la imagen, y otro de color amarillo, girarla.

2.3 Las áreas de un documento

Según puedes observar en la figura, la zona sombreada es el espacio reservado para escribir. Por encima y por debajo están las zonas para encabezado y pie de página. Además, alrededor del área de escritura hay unos márgenes en los que no se escribe nada. Estos márgenes están por motivos estéticos, para que la página no esté sobrecargada de texto, pero también porque las máquinas impresoras no pueden llegar a imprimir justo hasta el borde.

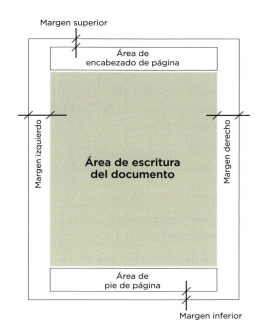

Encabezados y pies de página

Para mejorar la presentación de un documento se utilizan los encabezados y los pies de página. Ambos se sitúan en los espacios por encima y por debajo del área de escritura. El uso de encabezados permite personalizar el documento con elementos como el título del escrito, el nombre del autor, el número de página o datos como la fecha en la que se creó el documento.

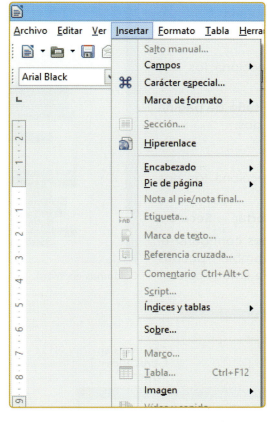

Tanto en Microsoft Word como en LibreOffice Writer, los encabezados y pies de página se encuentran en el menú **Insertar**.

EL MENÚ CONTEXTUAL

Recuerda que al hacer clic en el botón derecho del ratón, mientras el puntero está situado sobre algún elemento de un documento o algún fragmento seleccionado, se abrirá el menú contextual. Este menú te dará acceso a las características de fuente, tamaño y estilo, y a las propiedades del párrafo en que se encuentra.

COMPRENDE, PIENSA, INVESTIGA...

2 Abre el documento **Formatos2** y crea un encabezado que contenga, alineado a la izquierda, el título de la obra: *Aunque siga brillando la luna*. Crea también el pie de página y sitúa centrado el número de la página, utilizando el número de página automático.

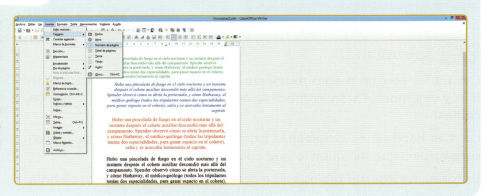

2 Procesadores de texto

2.4 Columnas

Los procesadores de texto permiten organizar el texto en varias columnas, de forma parecida a como se hace en los periódicos.

Siguiendo los pasos de las ilustraciones podrás lograr que parte de un texto quede con dos columnas.

Columnas en Word

- Abre el documento Formatos2 y selecciona los dos párrafos del centro.
- Tras seleccionar el texto, ve al menú **Diseño de página** y configura el número de columnas en dos.

Columnas en Writer

- Abre el documento Formatos2 y selecciona los dos párrafos del centro.
- Tras seleccionar el texto, ve al menú **Insertar → Sección**.
- Se despliega un cuadro en el que debes configurar el número de columnas en dos; en él también puedes modificar el espaciado entre el texto de ambas columnas y trazar una línea de separación.

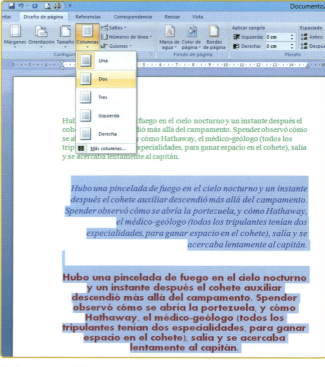

Columnas en Word.

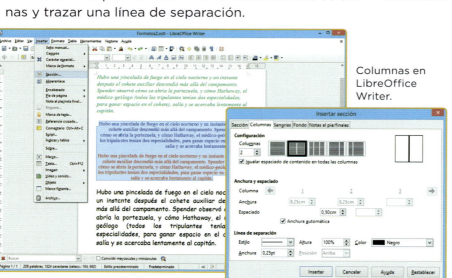

Columnas en LibreOffice Writer.

Documento Formatos2 tras aplicarle el diseño de dos columnas a dos de sus párrafos.

2.5 Tablas

Las tablas son un medio excelente de organizar la información en filas y columnas. Están formadas por una matriz de casillas llamadas **celdas.**

Lo más habitual es emplear la primera fila (o la primera columna) para rótulos que indiquen lo que contendrán las celdas.

La forma de insertar tablas en un documento es ligeramente distinta en Microsoft Word y en LibreOffice Writer.

Unidad 7

Insertar tabla en Word.

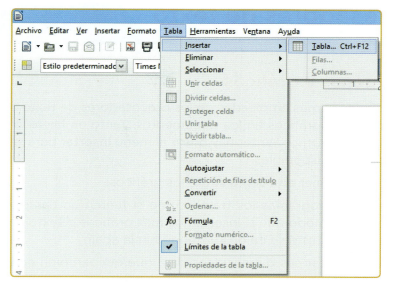

Insertar tabla en LibreOffice Writer.

Dar formato y combinar las celdas de una tabla

El texto escrito en una tabla se puede resaltar con distintas opciones de formato y colores, también es posible alinearlo en horizontal y vertical dentro de cada celda individual, así como combinar varias celdas contiguas.

La mayoría de opciones aparecen al pulsar el botón derecho del ratón sobre las celdas seleccionadas, otras tendrás que buscarlas en el menú **Tabla** de LibreOffice Writer o en el menú **Diseño** de Microsoft Word.

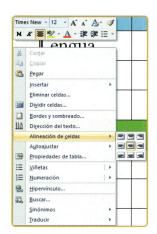

COMPRENDE, PIENSA, INVESTIGA...

3 Elabora un horario similar al del ejemplo.

Si al rellenar la tabla descubres que te falta espacio para una fila o columna, solo tienes que hacer clic con el botón derecho del ratón sobre una celda de tu elección y se abrirá un menú contextual que te permite añadir filas o columnas a tu conveniencia.

El aspecto inicial de tu horario debería ser parecido al que se muestra en la primera figura de la derecha.

4 Aplica formatos a las celdas para conseguir un horario similar al de la segunda figura.

5 Elige un color de fondo distinto para cada asignatura y acaba de colorear el horario a tu gusto.

6 Guarda tu archivo con el nombre «Horario2».

	Lunes	Martes	Miércoles	Jueves	Viernes
8:30 a 9:20	Lengua	Naturales	E. Física	Francés	Lengua
9:25 a 10:15	Inglés	Plástica	Tecnología	Lengua	Matemáticas
10:20 a 11:10	Francés	Lengua	Inglés	Matemáticas	E. Física
11:10 a 11:40			Recreo		
11:40 a 12:30	Plástica	Matemáticas	Naturales	Religión/MAE	Inglés
12:35 a 13:25	Matemáticas	Sociales	Sociales	Naturales	Sociales
13:30 a 14:20	Tecnología	Tutoría	Lectura	Plástica	Tecnología
14:20 a 14:35			Recreo		
14:35 a 15:25		Inglés		Inglés	

	Lunes	Martes	Miércoles	Jueves	Viernes
08:30 a 09:20	Lengua	Naturales	E. Física	Francés	Lengua
09:25 a 10:15	Inglés	Plástica	Tecnología	Lengua	Matemáticas
10:20 a 11:10	Francés	Lengua	Inglés	Matemáticas	E. Física
11:10 a 11:40	Recreo				
11:40 a 12:30	Plástica	Matemáticas	Naturales	Religión/MAE	Inglés
12:35 a 13:25	Matemáticas	Sociales	Sociales	Naturales	Sociales
13:30 a 14:20	Tecnología	Tutoría	Lectura	Plástica	Tecnología
14:20 a 14:35	Recreo				
14:35 a 15:25		Inglés		Inglés	

2 Procesadores de texto

2.6 Imágenes y gráficos

Una de las opciones más empleadas de los procesadores de texto es insertar imágenes y gráficos en los documentos. Tanto en Microsoft Word como en LibreOffice Writer hay que ir al menú **Insertar** para ver todas las opciones disponibles.

Puntos que debes tener en cuenta sobre los gráficos:

- Por defecto, los programas los tratan como si fueran un carácter más del texto, de modo que si insertamos más gráficos o texto antes de una imagen, esta se irá desplazando hacia abajo.
- Se pueden modificar sus dimensiones para que quepan bien en la página.
- Se pueden modificar sus propiedades para que queden flotando por encima o por debajo del texto. En este caso, no se desplazarán si se inserta más texto antes de ellas.
- Se pueden insertar dentro de objetos, como las tablas. Dependiendo del objeto en que se inserten, se podrán modificar algunas propiedades y otras no.

> **CLIP ART**
>
> Llamamos clip art a las imágenes elaboradas o predefinidas que se usan para ilustrar webs, presentaciones o documentos de cualquier tipo.
>
> Puedes encontrar imágenes clip art gratis para usar en tus trabajos en muchas webs distintas, una de ellas es http://openclipart.org/

ACTIVIDAD GUIADA

1. Abre el archivo Horario2.
2. Busca en Internet imágenes que estén relacionadas con las distintas asignaturas, por ejemplo, para Tecnología puedes buscar un robot, unos engranajes o un teléfono móvil.
3. Inserta la imagen antes del texto y ajústala para que quepa bien dentro de la celda. Si quieres, puedes eliminar el texto y dejar solo la imagen.
4. Para ahorrar trabajo, cuando tengas la celda bien formateada, selecciónala, la copias y la pegas sobre las demás celdas que corresponden con esa asignatura.
5. Guarda el archivo como «Horario3».

   A la derecha tienes un ejemplo de cómo podría quedar.

USO DEL TECLADO

- **Teclado alfanumérico.** Es similar al teclado de una máquina de escribir tradicional y contiene todas las letras y los números.
- **Teclado numérico.** Agrupa los números en un bloque, al igual que las calculadoras, para que resulte más cómodo trabajar con ellos.
- **Teclas de navegación.** Se emplean para desplazarse por documentos o páginas web. Incluyen teclas de dirección, Inicio, Fin, Av Pág, etc.
- **Teclas de función.** Aparecen etiquetadas como F1, F2, etc. Su funcionalidad varía según el programa que se esté utilizando.
- **Teclas de control.** Se utilizan por sí solas o en combinación con otras teclas para realizar determinadas acciones.

ACTIVIDAD GUIADA

1. Abre un documento nuevo en el procesador de texto.
2. Escribe el texto de la derecha sin formato ni atributos.
3. Aplica la justificación de párrafo a ambos lados, utilizando el icono correspondiente o mediante el menú **Formato → Párrafo.**
4. Selecciona las palabras entrecomilladas en el texto y aplícales cursiva.
5. Selecciona el título y aplícale negrita y tamaño de fuente 14.
6. Selecciona el resto del texto y pulsa una vez el tabulador. Verás como todo el texto se mueve a la derecha. Aplica al texto seleccionado fuente Arial y tamaño 12.
7. Selecciona las palabras que te resulten poco familiares y subráyalas.
8. Guarda el archivo con el nombre «Apolo».

¿Qué extensión ha aplicado al archivo tu procesador? ¿Cuántos kilobytes ocupa en la memoria?

La evolución de los supercomputadores en el mundo

En verano de 1969, el 20 de julio, el Apolo 11, concretamente el módulo lunar Eagle, aterrizó en la superficie de la Luna. Junto con la nave Columbia, que se mantuvo en órbita con Collins a los mandos, formaba una frágil estructura que hizo historia. Para guiar la nave entre la Tierra y la Luna se empleó el AGC, siglas en inglés de *Apollo Guidance Computer* o computador de guiado del Apolo. El AGC era un ordenador diseñado en el MIT, siendo el primer ordenador que empleó circuitos integrados.

Realmente el ordenador era un proyecto puramente artesanal en el que las conexiones se hicieron mediante la técnica de «wrapping», es decir, enrollando cables alrededor de los terminales de contacto, protegidos a su vez con resina epoxi. Todavía no se había extendido la fabricación de placas de circuito impreso. Incluso para un experto en electrónica, es sorprendente cómo se pudo guiar una nave espacial hasta la Luna con circuitos diseñados con tecnología de diodos y transistores. En comparación con los diseños actuales, tanto el hardware como el software desarrollado en ensamblador eran verdaderos dinosaurios del Jurásico.

Más de cuatro décadas después, es cosa de románticos revisar este tipo de información. Una simple consola de videojuegos de menos de 200 euros sería capaz, con la actual tecnología, de dirigir toda una flota de naves espaciales, como el Eagle, de forma coordinada.

3 Presentaciones electrónicas

Las presentaciones son un método muy visual y atractivo para la exposición de ideas. Permiten transmitir ideas claras y precisas a sus destinatarios siempre que se elaboren de forma adecuada.

3.1 Consejos para la creación de presentaciones electrónicas

A la hora de confeccionar una presentación no se trata simplemente de disponer información en forma de diapositivas que van a ser proyectadas con posterioridad. Es importante tener en cuenta una serie de aspectos que te ayudarán a que tu presentación tenga un mayor impacto.

En primer lugar, es necesario definir a quién va dirigida la presentación para adecuar los contenidos a ese público.

Para planificar la elaboración de una presentación, debes tener en cuenta los siguientes consejos:

1. Selecciona un tipo de letra con caracteres bien definidos y tamaño adecuado. El público puede estar a gran distancia, por lo que es conveniente utilizar un espacio entre renglones que permita distinguir con claridad las líneas. Hay que mantener el mismo formato a lo largo de toda la presentación.

2. Evita las diapositivas que incluyan demasiados detalles o que sean demasiado complejas.

3. En cuanto a la dimensión, se considera adecuada una extensión entre 6 y 8 líneas por diapositiva. El texto de una diapositiva sirve de guion para la persona que está exponiendo, no como texto de lectura.

4. Evita en lo posible introducir textos en vertical.

5. Utiliza colores de alto contraste en el texto y el fondo de la presentación. A veces, los colores de los fondos de las diapositivas no permiten una lectura clara del texto.

6. No abuses de los efectos de transición entre diapositivas, de los efectos sonoros y de las animaciones. Un exceso puede provocar distracción en lugar de aumentar el interés.

7. Si se incorporan imágenes, hay que seleccionarlas adecuadamente. Utiliza imágenes de buena calidad que resulten claras en el momento de ser proyectadas.

8. Intenta ser creativo con las presentaciones, pero observando siempre los puntos anteriores. Recuerda que no se debe sacrificar la legibilidad por el estilo.

9. Hay que asegurarse de que la presentación será compatible con los medios que se van a utilizar para presentarla: el formato de los ficheros, la disponibilidad de audio, etc.

COMPRENDE, PIENSA, INVESTIGA...

1. Observa la figura y contesta a las siguientes preguntas:

   a) ¿Cuáles son las principales diferencias entre las portadas?

   b) ¿Qué propiedades consideras negativas en cada una de ellas y cuáles crees que son positivas?

   c) ¿Cuál elegirías a la hora de iniciar una presentación?

Unidad 7

3.2 Asistentes de presentaciones

Un asistente de presentaciones electrónicas es una aplicación informática creada para desarrollar una serie de diapositivas o slides que en su conjunto forman una presentación. LibreOffice Impress y Microsoft PowerPoint son los dos asistentes más utilizados.

La forma de abrir estos programas es la siguiente:

- **En Windows,** desplegar el botón Inicio y seleccionar Todos los programas. A continuación elegir MicrosoftOffice y Microsoft PowerPoint o bien LibreOffice y LibreOffice Impress.
- **En Ubuntu,** hacer clic en el botón Aplicaciones y seleccionar Oficina y LibreOffice Presentaciones.

Al iniciar Impress puedes ver que su ventana principal está dividida en tres partes diferenciadas: el **panel de diapositivas,** el **área de trabajo** y el **panel de tareas.** Junto a estos elementos encontrarás también diferentes barras de herramientas, así como el menú de opciones.

Los entornos de trabajo de Impress y PowerPoint son muy similares, siendo en los menús donde mayores diferencias existen entre las dos aplicaciones.

> **FUNCIONES BÁSICAS**
>
> Como en muchos otros programas de entorno gráfico, puedes acceder a las funciones básicas de **Abrir, Guardar** e **Imprimir** archivo a través del **menú Archivo.**
>
> Las funciones básicas de edición, **copiar, cortar** y **pegar,** se encuentran en el **menú Edición.**
>
> Como puedes comprobar, muchas de estas funciones están también disponibles a través de botones en la barra de herramientas.

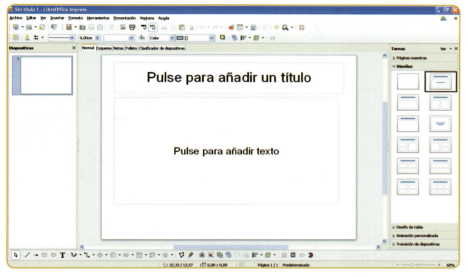

Ventana principal de Impress con el área de trabajo en la zona central.

Ventana principal de PowerPoint.

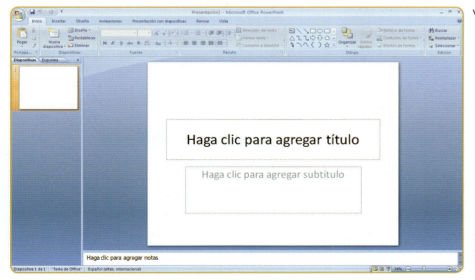

> **INICIO DE LA PRESENTACIÓN**
>
> Tanto en PowerPoint como en Impress se puede iniciar la presentación a partir del menú **Presentación** o bien pulsando la tecla F5.
>
>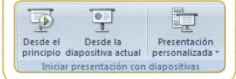

3 Presentaciones electrónicas

3.3 Primer contacto con el asistente de presentaciones

Para producir documentos en informática, lo mejor es ponerse manos a la obra y practicar experimentando y «cacharreando» con las diferentes opciones que los programas ofrecen.

Comienza por elegir un tema para los contenidos de la presentación. Tienes disponible la primera diapositiva. Sitúa diversos elementos textuales como un título y tu nombre, e inserta igualmente algún gráfico alusivo. Elige un estilo para el documento y comienza a incluir más diapositivas con los contenidos que consideres oportunos.

Quizá, te haya salido un tanto caótica. No te preocupes porque a lo largo del tema verás las herramientas de la aplicación. Vuelve a intentarlo reiniciando una presentación y a continuación, sigue los pasos que te indica la siguiente actividad:

ACTIVIDAD GUIADA

1. Abre la aplicación **LibreOffice Impress.**

2. Añade un título a tu diapositiva. Escribe en el marco superior «HERRAMIENTAS INFORMÁTICAS».

   Aplica formato en negrita al título con la acción **Formato → Carácter** y en la pestaña **Fuente** selecciona **Estilo → Negrita**, o a través del botón **Negrita** de la barra de herramientas formato del texto .

   En el marco inferior escribe tu nombre, apellidos y grupo. Alinéalo a la izquierda posicionando el cursor sobre la línea escrita y haciendo clic sobre el botón **Ajustar a la izquierda**, o bien pulsando la combinación de teclas CTRL + L. Desplaza ahora el cuadro de texto hacia abajo y modifica su tamaño. Modifica el tamaño de la letra utilizando los botones **Aumentar letra** o **Reducir letra**.

3. En el panel de tareas, situado en el lado derecho de tu pantalla, selecciona **Páginas maestras** y de entre los fondos disponibles opta por el denominado «verde frondoso».

4. Haz más vistosa esta primera diapositiva insertando una imagen. Para ello, selecciona en el menú **Insertar → Imagen → A partir de archivo...** y elige la imagen de herramientas de LibreOffice ubicada en la carpeta de recursos correspondiente a esta unidad.

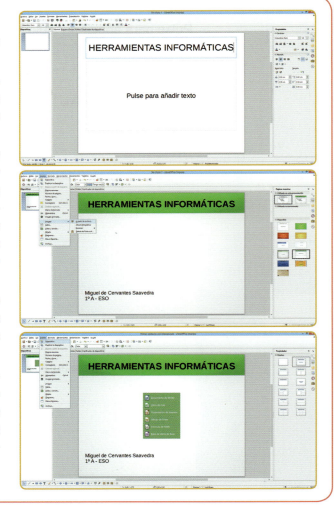

Unidad 7

ACTIVIDAD GUIADA

5. Añade una nueva diapostiva a tu presentación. En el panel de tareas selecciona ahora la pestaña **Diseños** y en ella **Título, contenido y contenido 2**.

6. Como título de esta nueva diapositiva, escribe «LibreOffice Impress». Aplica formato en negrita y ajusta el tamaño de la fuente, utilizando los botones adecuados para que el título ocupe solo una línea.

7. En el cuadro de la izquierda, inserta una imagen a partir de archivo. Para ello, sigue los pasos del punto 6 y selecciona en el CD la imagen del logotipo de Impress.

8. Introduce el texto «Impress es un programa de presentaciones» en el cuadro de la derecha. Puedes utilizar la tecla **Retroceso** para activar o desactivar las viñetas, o bien, el botón de la barra de herramientas **Formato Activar/desactivar viñetas**.

10. En el cuadro inferior, introduce el texto que aparece en la imagen de ejemplo.

11. Modifica las características del cuadro haciendo clic con el botón derecho del ratón sobre él.

12. En el menú contextual selecciona **Línea** para crear un borde y **Área** para darle un color de fondo.

13. Incluye un efecto de transición; para ello, selecciona **Transición de diapositivas** en el panel de tareas a la derecha de la pantalla y elige la transición **Barrido hacia abajo**.

14. Presiona sobre el botón **Aplicar a todas las diapositivas**.

15. Pulsa ahora **F5** para iniciar la presentación. ¡Acabas de crear tu primera presentación en Impress!

    Repite la actividad utilizando Microsoft PowerPoint. ¿Has encontrado alguna diferencia significativa?

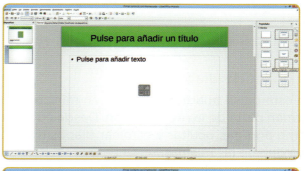
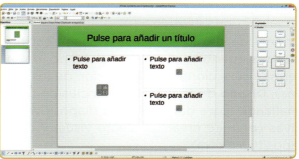
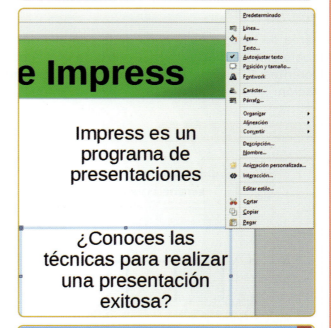
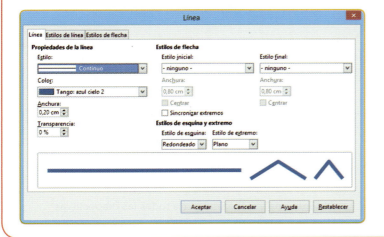
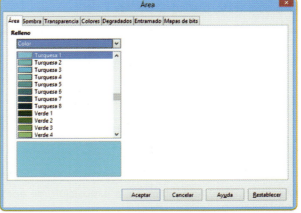

3 Presentaciones electrónicas

3.4 Elementos del entorno de trabajo

El panel de diapositivas

En este panel aparece una vista en miniatura de las diapositivas que forman parte de la presentación. Desde aquí puedes realizar acciones como agregar, ocultar y eliminar diapositivas o cambiar el nombre y el orden de las mismas.

Panel de tareas

El panel de tareas consta de cinco secciones diferentes: **Páginas maestras** (permite modificar el fondo de la diapositiva), **Diseños** (permite seleccionar la distribución de los elementos en las diapositivas), **Diseño de tabla** (para la inclusión de tablas), **Animación personalizada** (para dar vida a tus diapositivas) y **Transición de diapositivas** (permite crear un efecto visual y de sonido al pasar de una diapositiva a otra).

Área de trabajo

El área de trabajo es la zona de la pantalla donde se lleva a cabo el trabajo con las diapositivas. Dentro de esta área, existen cinco vistas diferentes. El uso de las más habituales es el que se indica a continuación:

USOS DE LAS VISTAS

Vista Normal
- Diseño de diapositivas
- Agregar texto, gráficos y efectos

Vista Esquema
- Organización de los contenidos en las diapositivas

Vista Notas
- Agregar notas, no visibles en la exposición, de apoyo a la presentación

Vista Clasificador
- Obtener una visión general de todas las diapositivas
- Modificar su orden

Las diferentes vistas de la presentación son muy parecidas en PowerPoint. A través del menú **Vista** tienes acceso a las diferentes configuraciones posibles.

Barras de herramientas

Las barras de herramientas son un conjunto de botones que permiten realizar acciones de forma directa con solo pulsarlos. Los diferentes botones se encuentran agrupados de acuerdo con su funcionalidad en las diferentes barras de herramientas. Algunos ejemplos de barras de herramientas muy utilizadas son la barra Estándar, Formato, Dibujo e Imagen.

> **MENÚ VER**
>
> En ocasiones, al cerrar un panel o una barra de herramientas, estos no vuelven a aparecer al iniciar de nuevo el programa. Para hacerlos visibles en Impress, accede, a través del menú **Ver,** a los diferentes paneles y barras, y selecciona los que desees ver.

Como puedes observar, muchas de las barras de herramientas y sus botones son iguales a los que ya has utilizado en otras aplicaciones de LibreOffice.

Las barras de herramientas en PowerPoint se encuentran incorporadas en los menús. Al seleccionar un menú se despliegan las diferentes opciones en forma de barra de herramientas.

3.5 Crear una diapositiva

Para hacer una presentación deberás ir creando las diapositivas una a una, eligiendo sus características y añadiendo contenidos.

Para añadir diapositivas a tu presentación selecciona el menú **Insertar → Nueva diapositiva,** o haz clic con el botón derecho del ratón sobre el panel de diapositivas y selecciona **Nueva diapositiva.** También resulta muy útil la opción **Duplicar diapositiva,** con ella, podemos crear varias copias idénticas de una misma diapositiva y posteriormente, hacer las modificaciones necesarias para añadir nueva información, pero manteniendo un mismo aspecto.

A través del **Panel de tareas,** situado en la parte derecha de la pantalla, puedes seleccionar el estilo o definir la distribución, también llamada layout, de los contenidos dentro de la diapositiva.

En la pestaña **Páginas maestras** puedes elegir el estilo para todas las diapositivas de tu presentación, seleccionando uno de los estilos disponibles. Para aplicarlo únicamente a un conjunto de diapositivas, selecciona las diapositivas en el panel de diapositivas y haz clic con el botón derecho sobre el estilo elegido escogiendo **Aplicar a las diapositivas seleccionadas.**

La pestaña **Diseños** facilita la incorporación de contenidos en forma de cuadros de texto, imágenes, vídeos, tablas y gráficos. Todos estos elementos se pueden incorporar también sin seguir la estructura determinada por los diseños.

3 Presentaciones electrónicas

3.6 Añadir objetos

Los elementos más habituales en una presentación son:

Cuadros de texto

Para poder añadir texto en los bloques por defecto del diseño elegido, solo tienes que hacer clic en su interior. Para añadir nuevos cuadros de texto, debes seleccionar la herramienta **Texto** T de la barra de herramientas **Dibujo** y después, hacer clic.

No olvides activar al final del proceso la herramienta **Selección**, situada en la misma barra de herramientas.

En PowerPoint resulta más sencillo: elige el menú **Insertar → Cuadro de texto** y selecciona un lugar en tu diapositiva para insertarlo.

Dentro del cuadro de texto puedes utilizar las herramientas de la barra **Formato,** análogas a las que has utilizado en Writer, para cambiar la fuente, el tamaño, modificar la alineación del texto e incluso añadir numeración y viñetas. A través del menú contextual de un cuadro de texto tendrás acceso a todas sus características: posición y tamaño, formato de la forma e incluso los atributos del texto en él contenido.

Imágenes

Existen diversas formas de insertar imágenes en una diapositiva. Tanto en PowerPoint como en Impress puedes hacerlo a través del menú **Insertar → Imagen** o seleccionado la opción de **Insertar imagen** dentro de los cuadros predefinidos en el layout. También copiando y pegando una imagen que puedas tener en una carpeta o que encuentres en una página de Internet.

Puedes aplicar cambios a la imagen a través de las herramientas de formato que aparecen en PowerPoint al hacer doble clic sobre la imagen o al seleccionarla en caso de utilizar Impress.

Archivos de vídeo y sonido

Al igual que con las imágenes, puedes incluir archivos de vídeo y sonido a través del menú **Insertar → Vídeo y Sonido** en Impress o arrastrando a la diapositiva los ficheros que deseas incluir.

En PowerPoint, utiliza **Insertar → Vídeo** o **Sonido.**

Tienen la particularidad de que solo se reproducirán mientras se esté presentando la diapositiva en la que están insertados, deteniéndose su reproducción al pasar a la siguiente diapositiva.

Otros elementos visuales

También es posible incorporar diferentes formas, SmART en Impress, y Word Art en Power Point, conocido como Fontwork en Impress. Búscalas en tu asistente y empieza a utilizarlas en tus diapositivas. Los Word Art y Fontwork se utilizan en los asistentes de presentaciones de la misma forma que los has empleado en los procesadores de texto.

> **ASEGURA LA COMPATIBILIDAD**
>
> En el momento de guardar tu documento, puedes elegir la opción de **Guardar como.** Esta opción te permitirá seleccionar un formato compatible con otras aplicaciones. De esta forma, podrás utilizar tu documento en otros equipos que no dispongan de LibreOffice o utilizar versiones de PowerPoint más antiguas.

> **IMÁGENES COMO FONDO DE DIAPOSITIVA**
>
> Una forma especial de insertar imágenes en una diapositiva es convirtiéndolas en el fondo de la misma.
>
> Para conseguirlo, haz clic con el botón derecho sobre una zona en blanco de tu diapositiva de Impress y selecciona **Diapositiva → Definir imagen de fondo,** y finalmente elige la imagen que deseas utilizar como fondo.
>
> ¿Sabrías encontrar el procedimiento para hacerlo en PowerPoint?

3.7 Dando vida a la presentación

Una vez añadidos todos los contenidos a la presentación, llega el momento de incluir efectos que la hagan, si cabe, más atractiva a los sentidos de sus destinatarios. Cuentas con dos grandes efectos: las transiciones y las animaciones.

Transiciones

La transición es el paso que se produce de una diapositiva a otra. Para incluir o modificar este efecto en Impress selecciona la pestaña **Transición** del panel de tareas y escoge las diapositivas a las que deseas aplicárselo.

Puedes elegir entre diversos tipos de transiciones. Lo normal será no utilizar la misma en todas las diapositivas, pero si hay excesivos cambios de tipo de transición y de velocidad de la misma, puede despistar a las personas que la están viendo.

Puedes modificar su velocidad e incluso asociar sonidos a las diapositivas, eligiendo entre los disponibles o añadiendo algunos creados por ti. Además puedes configurar que el paso de una diapositiva a otra se produzca automáticamente transcurridos unos segundos o que se consiga con un clic de ratón.

En PowerPoint es posible configurar la transición a través de la pestaña **Transición,** donde puedes establecer parámetros análogos a los de Impress.

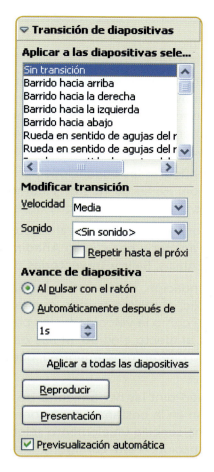

COMPRENDE, PIENSA, INVESTIGA...

2 Crea una nueva presentación de Impress y otra de PowerPoint que incluyan varias diapositivas con distintos estilos y diseños. Añade diferentes textos e imágenes.

3 Crea una diapositiva que incluya un diseño maestro. Añade diferentes cuadros de texto con bordes, rellenos y sombreados como los de la figura.

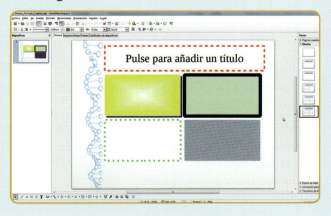

4 Selecciona el tipo de formato de Fontwork que más te guste y haz clic en aceptar. Seguidamente haz clic en el Fontwork de la diapositiva para modificar el texto y sitúalo donde más atractivo resulte. Una vez creado, puedes modificar su tamaño y cambiar su estilo y otras propiedades, utilizando el resto de botones de la barra de herramientas.

5 Existen diversos efectos para aplicar a las imágenes. Trata de descubrir cuáles son y describe alguno de ellos, aplicándolos a alguna imagen que insertes.

6 Incorpora sonido en alguna diapositiva. Para ello, descarga de Internet algún sonido y agrégalo a una presentación.

3 Presentaciones electrónicas

Animaciones

Las animaciones permiten dinamizar y dar vida a nuestras diapositivas más allá de los efectos que se pueden lograr a través de las transiciones. Con las animaciones podrás hacer aparecer y desaparecer elementos, permitir que se muevan por la pantalla, en definitiva, conseguir presentaciones mucho más atractivas.

Para configurar las animaciones en Impress elige la pestaña **Animaciones** del Panel de tareas, y como ya hiciste con las transiciones, elige las diapositivas a las que deseas aplicárselo.

Selecciona en primer lugar el objeto o elemento de la aplicación que deseas animar y haz clic en **Añadir.** Elige el tipo de efecto entre Entrada, Énfasis, Salir y Trayectorias de desplazamiento.

A continuación, determina la forma en que comenzará el efecto: al hacer clic, al mismo tiempo que la animación anterior o al finalizar esta, así como la velocidad y los parámetros particulares correspondientes al efecto elegido. Si has definido más de un efecto (para el mismo o diferentes elementos), puedes cambiar el orden de los mismos.

En PowerPoint las herramientas de animación se encuentran en la pestaña Animaciones. Puedes animar de forma sencilla un elemento seleccionando el tipo de animación. Para configurar más características de la animación, selecciona **Personalizar animación** y escoge las opciones que más te gusten en el panel que se abrirá.

> En general, la recomendación es no abusar de las transiciones y las animaciones, pues distraen a los espectadores.

Hipervínculos

Estamos acostumbrados a que una presentación se vea de forma lineal desde el principio hasta el fin, pero es posible alterar en cierta medida el orden en que se ven las diapositivas. Empleando hipervínculos, podemos crear atajos que nos permitan saltar de una a otra diapositiva en un orden diferente.

COMPRENDE, PIENSA, INVESTIGA...

7 Emplea alguna de las presentaciones desarrolladas anteriormente y aplica diversas transiciones a cada cambio de diapositiva. Haz que algunas se basen en la acción de clic del ratón y otras se produzcan automáticamente tras un período de tiempo determinado.

8 Investiga las diferentes características y velocidades aplicables a una animación en una diapositiva añadida a la presentación del anterior ejercicio. ¿Cuál de las características crees que enriquece más la presentación?

9 Anima la presentación anterior. Para ello, aplica una animación diferente en cada diapositiva, seleccionando diferentes tipos, modos de comienzo y velocidades.

Aplica lo aprendido

Observa tu entorno

Actualmente existen diferentes aplicaciones en la web que te permiten realizar infinidad de actividades. Son las conocidas como **Herramientas web 2.0.** Entre ellas, podrás encontrar un tipo específico de herramientas para realizar presentaciones online, como Prezi, Vcasmo, Slideboom o Spicynodes. Prueba a elaborar una pequeña presentación sobre alguno de tus temas preferidos en cada una de ellas.

¿Cuál te ha parecido más cómoda de utilizar para diseñar presentaciones?

¿Has observado alguna falta de funcionalidad respecto a la herramienta de LibreOffice o con PowerPoint? ¿Qué ventajas observas en este tipo de herramientas frente a las dos que has estudiado en esta unidad?

La web 2.0 cada vez propicia más que las aplicaciones y los datos del usuario se ejecuten y almacenen en ordenadores remotos. Hoy día solo es necesario disponer de terminales con reducida capacidad de proceso, un navegador y aplicaciones muy simples que permitan la manipulación de los datos.

Realiza una tabla y en ella, clasifica y relaciona entre sí los distintos tipos de herramientas que la web 2.0 ha potenciado o nos ha proporcionado, por ejemplo, las redes sociales, el trabajo colaborativo por medio de wikis, creación de documentos compartidos, e-learning, información RSS, etc.

Innovación técnica

Internet es una gran red que almacena una cantidad ingente de datos. Muchos de ellos se encuentran recogidos y ordenados en Wikipedia, FreeBase y otras webs que acumulan conocimientos y eventos, como las de los periódicos y revistas digitales.

Esto ha sido estudiado por científicos de Microsoft y del Instituto Tecnológico Technion de Israel, quienes han considerado que sería posible predecir eventos futuros basándose en los eventos pasados registrados en la web, mediante un software específico de minería de datos. La minería de datos ha sido desarrollada en las últimas décadas como un procedimiento de acopio y análisis de información masiva.

Así, por ejemplo, teniendo en cuenta los brotes de malaria, cólera y otras enfermedades infecciosas de los últimos años, se podría establecer un patrón para predecir cuándo van a ocurrir futuras epidemias. Según los científicos, el nivel de acierto del software desarrollado puede llegar al 90 %, lo que permite generar alertas a los organismos sanitarios mundiales.

Hac uso de las TIC

La web Wordle.net es una página con la que puedes realizar nubes de etiquetas. Una etiqueta contiene una palabra y si en un texto aparece varias veces esa palabra, el programa entenderá que se trata de un concepto importante. De esta forma, el programa leerá todas las palabras de un texto y contará cada una de ellas, mostrando una nube de palabras o etiquetas con dife-  rentes tamaños y colores. Aquellos conceptos más repetidos son las palabras con mayor tamaño en la nube.

Entra en la web, selecciona un documento o escribe un texto y observa el resultado. En la figura puedes ver el resultado al subir a la web un extracto de la historia de los procesadores de texto.

Proyecto de aula

Instalación de Ubuntu

¿En qué consiste?

Una de las distribuciones del sistema operativo Linux con más seguidores es Ubuntu. Es muy fácil de utilizar, ya que al contrario de otros sistemas operativos, puede ser instalado como una aplicación más, sin modificar el sistema operativo que tengas en tu equipo.

Ubuntu incluye con el sistema operativo Linux una amplia variedad de aplicaciones. Tanto el software del sistema como la mayoría de sus aplicaciones pueden distribuirse bajo licencia libre o de código abierto. Al ser un proyecto mundial, en el que trabajan cientos de personas, tiene una cadencia de actualización constante y cada semestre aparece una nueva versión completa.

Si tan solo quieres probarlo, puedes acceder a dos versiones:

a) Para instalar Ubuntu sobre Windows como una aplicación más: http://www.ubuntu.com/download/desktop/install-ubuntu-with-windows.

b) Para crear un DVD o pendrive: http://www.ubuntu.com/download/desktop/try-ubuntu-before-you-install Con este DVD o pendrive puedes arrancar el ordenador sin alterar el sistema operativo que ya tenías instalado. Si te gusta Ubuntu, puedes instalarlo después en el disco duro de tu ordenador.

IMPORTANTE: Esta segunda opción necesita que modifiques los parámetros de arranque de tu ordenador.

Una vez que estés ejecutando Ubuntu, contesta las siguientes preguntas:

¿Qué similitudes encuentras con tu sistema operativo?

¿Qué funciones y aplicaciones son nuevas para ti?

Abre el navegador que esté disponible y accede a una página web. ¿Cambia en algo la navegación?

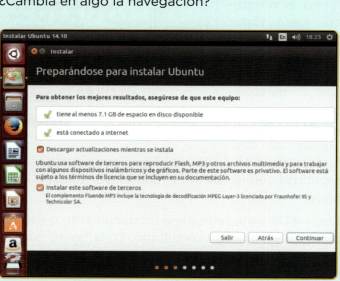

Comprueba cómo progresas

1 ¿Cuáles de las siguientes afirmaciones crees que son ciertas?

   a) Al conjunto de programas ejecutables en un ordenador se le denomina software.

   b) Una aplicación informática no se considera software.

   c) El sistema operativo contiene el software suficiente para que un ordenador funcione.

2 ¿Cuántas aplicaciones conoces y qué hacen? ¿Tienen la misma apariencia si se ejecutan en un ordenador personal que en un teléfono inteligente?

3 Para modificar el tamaño de fuente, ¿qué tipo de atributo has de variar?

4 Escribe en tu procesador de texto dos párrafos de un par de líneas cada uno. Varía el interlineado a 2,5 puntos en el primero y deja el segundo a interlineado sencillo. ¿Cuál ocupa más espacio en la página?

5 Inserta una imagen en medio de un texto. Modifica sus parámetros de situación para que la imagen quede situada a la izquierda y rodeada del texto.

6 Escribe en tu cuaderno al menos tres de los consejos indicados para planificar y diseñar una presentación electrónica.

7 Abre tu software de presentaciones con una diapositiva y modifica el color de fondo. Incluye el título del último libro que has leído, empleando un tamaño grande de letra. Incluye otro texto con el nombre del autor pero con un tamaño de letra menor. Inserta una imagen alusiva al libro y sitúala en medio de la diapositiva. Crea una segunda diapositiva y escribe el resumen del libro de forma que te quepa en la diapositiva.

8 Crea una presentación simple empleando hipervínculos desde el índice hasta las distintas diapositivas y desde ellas hasta el índice, y también hacia las diapositivas anterior y posterior. Piensa en una historia cuyo desarrollo pueda tener varios posibles finales. Usa hipervínculos para que el lector pueda decidir qué camino tomar según le parezca mejor.

9 Crea una portada para los trabajos que tienes que entregar. Condiciones:

   – La portada solo ocupará una página.

   – Deben aparecer los siguientes datos en la esquina inferior derecha:

   • Nombre

   • Asignatura, curso y grupo

   • Nombre profesor/a

   • Fecha

   – Crea el título del trabajo usando la herramienta WordArt si trabajas con Microsoft Word (menú Insertar – WordArt), o Fontwork si trabajas con LibreOffice Writer (menú Ver – Barras de herramientas – Fontwork).

10 Busca información sobre aplicaciones de presentaciones online. Crea una presentación en LibreOffice Impress o Microsoft PowerPoint que proporcione información acerca de ellas. Debe cumplir las siguientes condiciones:

   a) Una diapositiva para la portada con título del trabajo, nombre y apellidos del alumno o alumna, curso y letra.

   b) Una diapositiva que tenga un título apropiado en el área superior y que contenga una tabla de, al menos, 5 filas y 3 columnas. Cada fila contendrá información sobre una aplicación diferente. En las columnas insertarás el logotipo de la aplicación, el nombre de la aplicación y un enlace a la web en la que se puede dar de alta el usuario. Puedes añadir otra información relevante en otras columnas.

   c) Una diapositiva de despedida o fin.

11 Indica si las siguientes frases son verdaderas o falsas.

   a) El conjunto de aplicaciones componen el núcleo del software en un computador.

   b) El sistema operativo es una aplicación que se controla directamente desde el hardware.

   c) Un programa antivirus es una aplicación de tipo utilidades.

   d) El término ofimática hace referencia al uso de aplicaciones destinadas a automatizar el trabajo propio de una oficina tradicional.

8. Programación

A lo largo de la historia, las personas hemos creado herramientas que nos han servido para llegar a construir máquinas. Aprovechando los conocimientos adquiridos a lo largo del tiempo, hemos sido capaces de crear máquinas automáticas y programables. A su vez, la evolución de la programación ha dado lugar a distintos lenguajes artificiales que nos permiten dar instrucciones a las máquinas: los lenguajes de programación.

En esta unidad vas a estudiar…

- El lenguaje de los computadores
- Programando en Scratch
- App Inventor

Unidad 8

¿Sueñan los androides con ovejas eléctricas?

Él conocía el tiempo exacto de reaccionar, en fracciones de segundo. Sabía que no debía haber demora—. Gracias, señorita Rosen. Eso era todo —recogió de nuevo su equipo.

—¿Se marcha? —preguntó Rachael.

—Sí. He terminado. Cautelosamente, Rachael preguntó:

—¿... y los otros nueve?

—El test ha funcionado adecuadamente en su caso —explicó Rick—. Puedo deducir de esto que evidentemente es aún efectivo —se dirigió a Eldon Rosen, que estaba inerte, junto a la puerta.

—¿Ella lo sabe? —a veces no era así: en muchas ocasiones se los dotaba de una falsa memoria, con la errónea esperanza de que alterara las reacciones ante el test.

—No —contestó Eldon Rosen—. La hemos programado completamente. Pero creo que hacia el final ha empezado a sospechar —a la muchacha le dijo— ¿No fue así, cuando él te pidió una nueva prueba?

Rachael, muy pálida, asintió.

—No temas —le dijo Eldon Rosen—. No eres un androide escapado ilegalmente. Eres propiedad de la Rosen Association, que te emplea como muestra para las ventas a futuros emigrantes —se acercó a la chica y apoyó la mano en su hombro. Rachael se apartó del contacto.

—Es verdad —observó Rick—. No la retiraré, señorita Rosen. Buenos días —empezó a avanzar hacia la puerta, y se detuvo—. ¿El búho es real?

Rachael dirigió una rápida mirada a su tío.

—Se marchará de todos modos —contestó Rosen—. Da lo mismo. El búho es artificial. No quedan búhos.

—Hmmm —murmuró Rick, mientras salía al pasillo. Nadie dijo nada más. No había nada que decir. Así operan los grandes fabricantes de androides, se dijo Rick.

«...¿Sueñan los androides con ovejas eléctricas?», escrito por Philip K. Dick en 1968. Editorial Pocket Edhasa.

¿Qué sabes sobre programación?

1 ¿Consideras beneficiosa o perjudicial la sustitución de personas por mecanismos? ¿Por qué?

173

1 El lenguaje de los computadores

1.1 El lenguaje binario

Los **ordenadores** o **computadores** son máquinas que utilizan las señales eléctricas para funcionar. Lo especial de un computador es que el tipo de señales eléctricas solo puede tomar dos valores de voltaje, un valor alto y un valor bajo. Esto es lo que se denomina **lenguaje binario** y mediante estos dos valores se pueden componer números en los que el valor alto se indica como un «1» y el valor bajo como un «0».

Un ejemplo de lenguaje binario:

Si solo pudieras responder a preguntas con un «Sí» o un «No» y lo tuvieras que hacer utilizando la siguiente equivalencia 1= Sí y 0=No, podrías mantener una conversación con cierta coherencia con alguien. Esa persona podría conocer datos tuyos simplemente contestando con estas dos posibles respuestas. En este caso, para tus respuestas estarías utilizando un **bit**.

Si utilizaras dos bits para componer posibles respuestas podrías dar más riqueza a la conversación. Así podrías asignar los siguientes valores de 2 bits a significados diferentes, por ejemplo:

Palabra binaria	Significado
00	No
01	Tal vez
10	Seguramente
11	Sí

> **QUÉ ES UN BIT**
>
> Un BIT es una palabra fusionada de la expresión Binary Digit que significa dígito binario. Un bit será, por tanto, la unidad más pequeña de información.

Con los dos bits observa que puedes dar significado hasta a 4 combinaciones diferentes. Fíjate en la siguiente tabla e intenta comprender el número de combinaciones que se puede obtener de un número determinado de bits.

Nº de bits	1	2	3	4	5	6	7	8	9	10	11	12
Combinaciones posibles	2	4	8	16	32	64	128	256	512	1024	2048	4096

Observa en la tabla anterior que se ha remarcado la columna de la palabra de 8 bits. Esta cifra es significativamente importante, porque se considera una unidad estándar de información, el **byte**. Así un byte, se compondrá de 8 bits y dará la posibilidad de componer hasta 256 diferentes significados a cada combinación de unos y ceros.

El código ASCII

El byte, como unidad estándar de información, fue aprovechado por los diseñadores de equipos informáticos para establecer un código en el que cada una de las combinaciones de esos 8 bits se pudiera interpretar como un número, una letra del alfabeto inglés o un carácter especial. Se denominó **código ASCII** y, junto con otros sistemas de codificación similares, como el EBCDIC, han supuesto la base del lenguaje que los computadores pueden interpretar.

1.2 Los programas informáticos

Un programa es un conjunto de instrucciones desarrolladas en un determinado lenguaje inteligible para un computador. Como consecuencia de la ejecución del programa, el computador realizará una serie de acciones, como la resolución de problemas matemáticos, el tratamiento de imágenes, el procesamiento de textos, la búsqueda en bases de datos, etc.

Por tanto, para poder desarrollar programas, es necesario conocer el lenguaje que entiende el ordenador. Dada la diversidad de lenguajes, estos se pueden clasificar según sean las instrucciones. Si un juego de instrucciones que conforman un lenguaje se basa en el lenguaje natural del ser humano, el **lenguaje** se denomina de **alto nivel**. Si por el contrario, el lenguaje empleado utiliza códigos binarios, el lenguaje se denomina de **bajo nivel,** o **lenguaje máquina.**

El microprocesador de un ordenador recibe y transmite señales eléctricas en forma de códigos binarios, por lo que si un programa se escribe con lenguaje de alto nivel será necesario un programa intérprete de dicho lenguaje que, a su vez, es traductor a lenguaje de bajo nivel, lo que se conoce como **programa compilador.**

1.3 Lenguajes de programación

El desarrollo de las máquinas programables ha dado lugar a la aparición de una ingente cantidad de lenguajes de programación.

Cuando los procesadores se programaban directamente en código binario, el lenguaje más extendido fue el Ensamblador. Posteriormente, con la incorporación de programas intérpretes y compiladores, aparecieron lenguajes como el FORTRAN y el COBOL para el desarrollo de programas en las empresas mientras que otros, más sencillos, como el PASCAL o el BASIC, se emplearon en ordenadores domésticos.

Los lenguajes de programación han evolucionado con la aparición de nuevos lenguajes más adecuados a los sistemas operativos, como el lenguaje UNIX o el lenguaje C. De hecho, desde finales de los años 1960 y a lo largo de la década de 1970, el lenguaje C se convirtió en un referente en la programación de sistemas. Precisamente uno de los grandes sistemas operativos de hoy en día, Linux, fue programado en C bajo entorno UNIX. Por otro lado, el lenguaje C ha sido la base para el desarrollo de las actuales plataformas de programación, entre las que destacan lenguajes como JAVA, Javascript, C++ u Objective C.

Actualmente, una de las áreas más extendidas en programación tiene relación con los servicios de la Web y el desarrollo de páginas web, donde el lenguaje más utilizado es el HTML. Entre los lugares empleados en los servidores web, el lenguaje PHP, influenciado en su creación por el lenguaje Perl, a su vez basado en C, es uno de los más utilizados.

Se han desarrollado incluso lenguajes de programación pensando en personas jóvenes como tú mismo, de forma que los estudiantes podáis dar vuestros primeros pasos en el mundo de la programación. Son lenguajes que cuentan con un atractivo entorno de trabajo y que permiten realizar con simplicidad llamativas aplicaciones. Entre ellos destacan Scratch y Alice.

EL PRIMER LENGUAJE INFORMÁTICO

¿Sabías que el primer lenguaje informático lo creó una mujer? Fue Ada Lovelace (1815-1852) y trabajaba con Charles Babbage en la construcción de su máquina analítica. Ella fue quien sentó las bases de la codificación binaria como el lenguaje de las máquinas.

PLATAFORMAS DE PROGRAMACIÓN

El primer lenguaje de programación que se desarrolló conteniendo un traductor fue el lenguaje FORTRAN, nombre derivado del inglés **FOR**mula **TRAN**slating System. El proyecto corrió a cargo de la empresa IBM a principios de los años 1950.

Hoy en día, todos los sistemas de desarrollo de programas contienen una plataforma de alto nivel, sobre la que el usuario programará las instrucciones, y una serie de módulos inaccesibles para el programador, donde se alojan los programas intérpretes y traductores.

1 El lenguaje de los computadores

PRIMERAS INCURSIONES EN LAS PLATAFORMAS DE PROGRAMACIÓN

Dos de los lenguajes de programación que más se están empleando hoy en día en el ámbito educativo son Scratch y Alice. Empieza tu carrera como programador visitando las webs de ambas plataformas para hacerte una idea del tipo de programas que puedes realizar.

Para entrar en la web de Scratch accede a la dirección https://scratch.mit.edu/ donde encontrarás cómo empezar a usarlo.

Después accede a la dirección http://www.alice.org/index.php para entrar en la web de la comunidad de Alice.

Una vez que hayas pasado un tiempo descubriendo en qué consiste cada lenguaje de programación, visita también algún foro, escribe cuáles son las particularidades de cada uno y comenta por qué crees que son tan populares. ¿Te ha resultado sencillo entender cómo empezar a trabajar con cada uno de estos lenguajes?

1.4 Algoritmos: el primer paso para programar

Un **programa informático** es, al igual que cualquier otro proyecto técnico, el resultado de toda una serie de etapas de diseño, desarrollo y pruebas.. Estas se inician con la creación de un algoritmo. Básicamente, un **algoritmo** es el esquema ordenado de las operaciones que dan lugar a un programa.

Cuando estás programando, una vez que haya definido el algoritmo, tendrás una idea clara de los elementos que compondrán el programa. En el programa, tendrás que prestar especial atención a un tipo de elemento, las variables, que te ayudarán a constituir muchos de los valores que vas a manejar.

LAS RECETAS DE COCINA

Una receta de cocina es también un algoritmo donde el procesador que ejecuta las acciones es la persona que cocina. En la receta se listan los ingredientes que serán las variables que habrá que disponer en el programa. Un plato siempre se tiene que realizar de la misma forma, igual que un programa siempre se ejecuta siguiendo los mismos pasos programados.

EJEMPLO RESUELTO

El algoritmo de la tortilla francesa

Un algoritmo es, básicamente, la lista de pasos necesarios para conseguir un resultado desde un inicio. En el caso de una tortilla francesa, será necesario disponer de ciertas materias primas, que más adelante serán definidas como variables de entrada. Para que un programa se pueda ejecutar, habría que inicializar las variables, es decir, preparar primero la materia prima (el huevo, el aceite y la sal) para que esté disponible. El programa sería:

a) Reservar el huevo, la sal y el aceite sobre la encimera.
b) Situar una sartén sobre la cocina.
c) Encender el fuego.
d) Verter un chorrito de aceite y extenderlo sobre la superficie de la sartén.
e) Romper el huevo en un bol.
f) Retirar la cáscara.
g) Añadir una pizca de sal en el huevo.
h) Batir el huevo hasta obtener una mezcla homogénea.
i) Verter la mezcla en la sartén.
j) Con la ayuda de un tenedor o una espátula remover capas de tortilla hasta dar la forma alargada.
k) Cuando se haya dorado, servir la tortilla en un plato.

COMPRENDE, PIENSA, INVESTIGA...

1 ¿Serías capaz de desarrollar un algoritmo que describiera el funcionamiento de un robot aspirador autónomo? ¿Cómo plantearías la programación? ¿Crees que deberías enfocar la programación hacia sucesos que le pueden ocurrir al robot como por ejemplo, chocar contra una pared o contra un obstáculo?

2 Las máquinas expendedoras de café funcionan gracias a un programa. Escribe, a modo de algoritmo, la secuencia de acciones que se producen desde que se introducen las monedas y se pulsa el botón de «Café con leche» hasta que se enciende la indicación de «Bebida lista».

1 El lenguaje de los computadores

1.5 Variables

Los elementos esenciales en un programa son las variables. Una **variable** no es más que un espacio en la memoria del ordenador en el que se almacena un valor. Para referirse a ese valor almacenado es necesario asignar un nombre a dicha variable. En cualquier punto del programa, se puede modificar el valor contenido por una variable. Por ejemplo, asignar el valor 4 a una variable denominada RADIO; para hacer esta operación, la mayor parte de los lenguajes utilizan la expresión (`RADIO=4;`).

Una vez que una variable tiene un valor asignado, puede ser empleada para realizar cálculos matemáticos. Así ocurre en el caso de emplear la variable RADIO para calcular, por ejemplo, el área de un círculo.

1.6 Estructura de programas

Muchas de las estructuras de los programas son de uso habitual y por tanto, tienen un diseño común. El tipo de estructuras de programa más habituales son:

- **Acciones,** en las que el programa efectúa una actividad directa; por ejemplo, mostrar en una pantalla un resultado o solicitar un dato.

  Una acción suele ser invocada mediante una instrucción directa. Un ejemplo podría ser la acción de guardar un valor numérico o un texto en una variable.

- **Procedimientos o procesos,** que se entienden como un conjunto de acciones que siempre parten del mismo inicio y siguen el mismo curso hasta llegar al final.

  Un ejemplo de procedimiento puede ser la búsqueda de un determinado dato en un documento o en una base de datos.

- **Función,** que se aplica cuando se programa una fórmula matemática, como es el caso del cálculo del perímetro de una circunferencia. La función devolverá el resultado para ser utilizado posteriormente por el programa.

- **Decisión,** donde el programa toma un camino u otro en función del valor de una variable.

  Cuando son dos las opciones posibles se denomina **decisión dicotómica,** mientras que cuando son más las opciones disponibles se habla de **decisión múltiple o de árbol de decisiones.**

La estructura If/Else (Si/Sino) es una de las estructuras de programación más utilizadas en todos los lenguajes. Su sintexis es, habitualmente, similar a la siguiente:

```
Si [se cumple una condición]
Entonces
    [realiza una acción / función / procedimiento]
Sino
    [realiza otra acción / función / procedimiento]
FindelSi
```

EL SEMAFORO: UN PROGRAMA CÍCLICO

Seguro que has observado el funcionamiento de un semáforo. El semáforo dispone de tres lámparas que se iluminan consecutivamente según la cadencia rojo, verde y amarillo, que a su vez es repetitiva. El programa dispone de tres variables que corresponden con los tiempos que cada color ha de mantenerse.

- **Bucle no condicionado.** El programa realiza una acción de forma consecutiva. Se trata de realizar una acción de forma repetitiva un número ilimitado de veces. Por ejemplo, hay carteles publicitarios programados para mostrar secuencialmente una serie de imágenes publicitarias formadas por dos o más anuncios que van sucediéndose siempre en el mismo orden
- **Bucle condicionado.** El programa realiza una acción siempre que se dé una determinada condición. Esto ocurre, por ejemplo, cuando una barrera de un parking se mantiene abierta hasta que salga un coche. También existe el bucle que se repite hasta que se cumple una condición.

1.7 Diagramas de flujo para representar algoritmos

Las representaciones gráficas son uno de los medios más eficaces para describir algoritmos y en algunos casos, es posible llegar a un nivel de concrección suficiente para definir un programa. Un algoritmo gráfico recibe el nombre de **diagrama de flujo** o **flujograma.**

Un programa es una sucesión de instrucciones con una determinada estructura y mostrarlas mediante un gráfico resulta mucho más intuitivo que una lista de acciones escritas. Para realizar un algoritmo gráfico existen una serie de símbolos con un significado dado.

Un programa dispone de dos variables, A y B, en las que se guardan los valores numéricos. El programa ha de sumar los dos números y adivinar si el resultado es superior a 50. Ambos posibles resultados, mayor de 50 y menor o igual a 50, han de ser indicados mediante un mensaje en la pantalla. Observa el ejemplo del diagrama de flujo propuesto en el gráfico.

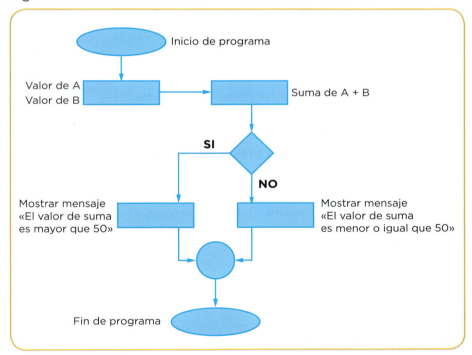

Símbolos utilizados en los diagramas de flujos	
Una elipse indica el inicio o final de un programa	
Una línea acabada en flecha indica la transición de una instrucción a otra, lo que se conoce como una línea de flujo	
Un rectángulo contendrá una o varias acciones consecutivas	
Un romboide indica la entrada o salida de datos en el programa	
Un rombo determina una pregunta o punto de decisión	
Un circulo actúa como elemento conector de dos o varias líneas de flujo	

COMPRENDE, PIENSA, INVESTIGA...

3 Dibuja un algoritmo gráfico que corresponda con el programa que se encargue de encender las farolas de tu calle, en función del valor de iluminación de un detector de luminosidad.

4 Investiga de qué forma se podrían convertir los valores de temperatura en la escala Fahrenheit en valores de escala de Celsius. Diseña un algoritmo que realice esta función.

2 Programando en Scratch

2.1 Introducción a la programación con Scratch

Scratch es un lenguaje de programación con una característica esencial: la forma de programar se basa en **bloques** y se realiza de forma **gráfica** y **visual**. Esto significa que el código está escrito y está disponible para componer las instrucciones.

Para empezar a programar, Scratch está disponible en dos versiones, la versión de trabajo conectada a Internet, o versión online, y la versión descargable en tu equipo local. En cualquiera de las dos versiones tendrás el mismo entorno de trabajo.

Puedes acceder a la versión online a través de la página web https://scratch.mit.edu/ y entrar con la opción **Crear** que verás junto al personaje del gato. Es importante tener actualizado el software de Adobe flash para que se cargue el entorno de programación, tras hacer clic en el gato.

Para proceder a descargar la versión Scratch 2.0 offline e instalarla en tu equipo local tendrás que ir a la URL:

https://scratch.mit.edu/scratch2download/

Aunque está en inglés, entenderás perfectamente cómo hacerlo.

Primero selecciona el paso 1, **Adobe Air,** eligiendo el sistema operativo (Mac, Windows o Linux) de tu equipo. Esto te mandará a la pantalla de Adobe Air, que será la plataforma de descarga donde tendrás que pulsar el botón en la parte inferior derecha, **Descargar ahora.**

Al pulsar el botón se iniciará la descarga y se abrirá una ventana emergente pidiendo permiso para descargar Adobe Air. Una vez instalado, podrás proceder a descargar la versión de Scratch para tu ordenador.

2.2 El entorno de Scratch

Scratch tiene un entorno de trabajo o interfaz de usuario bien definido por las siguientes áreas:

- **Barra de menú.** En la parte superior de la interfaz de usuario dispones de un menú textual muy similar al del resto de aplicaciones informáticas. Mediante la opción **Archivo** podrás descargar programas guardados, o subir los programas que quieras guardar a tu equipo o a tu zona de usuario, en el espacio compartido de la comunidad de Scratch.

- **El área de escenario.** En esta área situada en la parte superior derecha, se observarán gráficamente los efectos producidos cuando se ejecuta un programa. Allí convivirán los personajes que se programen y los escenarios, que podrán ir cambiándose.

- **Zona de objetos.** En la parte inferior derecha se dispone de una zona en la que se acumularán los objetos sobre los que se programe. Podrás acumular cuantos personajes y escenarios quieras utilizar. Al pulsar con la tecla izquierda del ratón sobre uno de ellos, se seleccionará el personaje y el escenario, y cualquier módulo de programación se asignará al objeto seleccionado. El área tiene un menú superior para personajes y un menú a la derecha para los escenarios.

- **Zona de comandos e instrucciones.** En la columna central de la pantalla se dispone de tres pestañas: **Programas**, **Disfraces** y **Sonidos**. Al abrir Scratch, por defecto la pestaña de **Programas** está seleccionada y podrás observar cómo a lo largo de la columna se sitúan todas las instrucciones que podrán emplearse para componer un programa. En la parte superior, se distinguen clases de instrucciones diferenciadas por colores. En la pestaña de **Disfraces** podrás ver los diferentes aspectos para el personaje activo y en la pestaña de **Sonidos** podrás cargar o incluso crear sonidos para incluir en tus programas.

- **Área de programación.** Queda situada a la derecha de la pantalla y en ella se irán componiendo los programas. Scratch permite incorporar las instrucciones pinchándolas en la zona de comandos, arrastrándolas hacia la zona de programación y soltándolas aquí en el lugar conveniente.

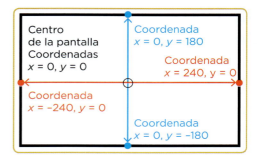

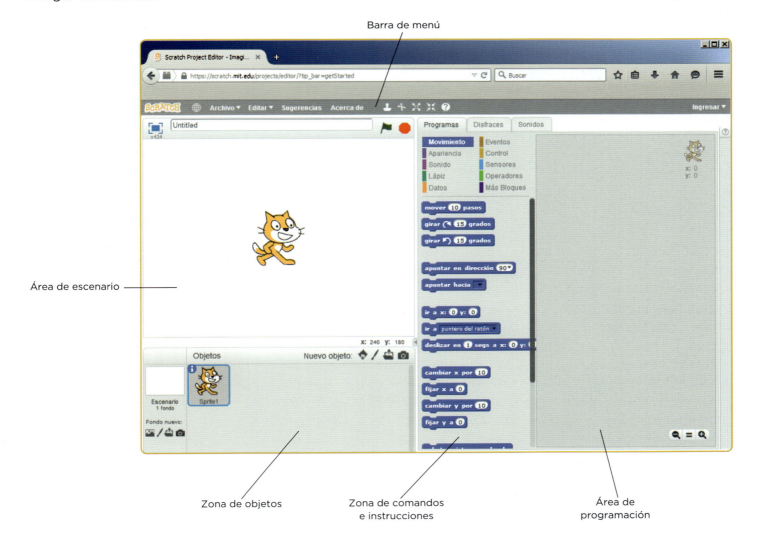

2 Programando en Scratch

2.3 Crea tu primer código de programación

Abre Scratch y añade un nuevo personaje a partir de su biblioteca de objetos. Selecciona el murciélago Bat 1. Añade, también, un nuevo escenario, castle4, escogiéndolo de entre los fondos de la biblioteca de Scratch.

Observa, mediante la pestaña de **Disfraces,** que el personaje del murciélago tiene dos disfraces, uno con las alas para arriba y otro con las alas para abajo, con lo que si pudiéramos secuenciar la aparición de cada disfraz en tiempos complementarios, se vería al murciélago con el efecto de batir de alas.

Selecciona los siguientes módulos de programación:

1) Del conjunto de **Eventos** escoge → al presionar tecla espacio

2) Del conjunto de **Apariencia**, escoge siguiente disfraz y ensambla este código con el anterior.

3) Observa que el programa es muy sencillo y tiene el siguiente aspecto:

A continuación, cada vez que tocas la tecla de espacio en el teclado del ordenador, el murciélago cambia su disfraz, de modo que si lo haces a un ritmo adecuado parece que está batiendo las alas sin moverse de la posición.

Ahora vamos a hacer que el murciélago avance mientras bate las alas, pero lo va a hacer de forma automática. Ensambla en la zona de programación las siguientes instrucciones:

1) El primer módulo, el marrón, sigue haciendo que el programa funcione cuando se pulse la tecla de espacio. Observa que puedes escoger cualquier otra tecla con el desplegable situado en la palabra «espacio».

2) Tras este módulo se encuentra lo que se denomina un bucle, es decir, una instrucción que contiene dentro de sí otros módulos que hará que se repitan un número determinado de veces. Observa que en este programa hemos indicado que el bucle se repita 5 veces. Los diferentes tipos de bucles los podrás seleccionar en el bloque de **Control.** Dentro del módulo hemos insertado lo siguiente:

   2.1) Una instrucción del bloque de **Apariencia** que indica que cambie de disfraz.

   2.2) La instrucción azul «mover 10 pasos» del bloque de **Movimiento,** por el cual el personaje avanzará en el eje horizontal. Observa que puedes cambiar el número 10 por otro número para fijar el avance.

2.3) La instrucción «esperar 0,25 segundos», consigue un efecto más natural en el movimiento del batir de las alas. Elimina esta instrucción y compara el resultado.

COMPRENDE, PIENSA, INVESTIGA...

1 Gestiona tus personajes.

a) Utilizando el editor de programas de Scratch, verás que aparece el gato como personaje por defecto. Haz clic en el menú de la zona inferior del escenario y selecciona un nuevo personaje mediante el icono , por ejemplo, un murciélago o un estudiante.

b) Para dejar solo el nuevo personaje habrá que eliminar el gato. Para ello, pulsa con la tecla derecha del ratón sobre el objeto gato en la zona de objetos y selecciona **Borrar** en el menú desplegable.

c) Ahora selecciona un escenario sobre el que actuará el murciélago. Pulsa, esta vez con la tecla izquierda del ratón, sobre el pequeño icono de una montaña , a la izquierda del todo. Elige por ejemplo el escenario de un castillo. El aspecto del área del escenario será similar al que ves en la ilustración superior derecha.

2 Basándote en el movimiento del murciélago, trata de encontrar nuevos módulos en los bloques para componer el siguiente programa. Cuando lo tengas listo, pulsa la bandera verde que indica que comience a ejecutarse el programa. Lleva el puntero del ratón al área de escenario y muévelo. Observa cómo el murciélago se mueve en la dirección del puntero del ratón.

3 Utiliza el anterior programa con el murciélago y el escenario del castillo. Graba un sonido para incluirlo en el programa. Para ello, pulsa en la pestaña de **Sonidos,** graba con el micrófono del ordenador una palmada, que utilizaremos para representar un batir de alas, y llámalo «palmada». Intenta explicar, antes de escribir el código, qué hará el murciélago. Escríbelo a continuación en el editor de Scratch y comprueba si tu predicción era correcta.

4 Respecto al programa que acabas de escribir, ¿para qué ha servido utilizar un bucle «repetir 2» dentro de otro bucle «por siempre»?

5 Selecciona un sonido pregrabado en la biblioteca de sonidos y cambia el sonido «palmada» por otro que elijas para crear un efecto gracioso con el movimiento del murciélago.

2 Programando en Scratch

2.4 El juego de instrucciones

Ahora que has realizado tus primeros programas con Scratch, interaccionando escenarios, personajes y sonidos, tendrás una idea más clara de su funcionamiento. Has podido utilizar códigos de los bloques **Movimiento, Eventos, Apariencia** y **Control,** y te habrás dado cuenta de las innumerables posibilidades que tiene al poder utilizar tantos módulos diferentes. Sin embargo, hay otros bloques con módulos muy interesantes y en algunos casos esenciales para un programa informático. Vamos a repasar ahora el resto de bloques del juego de instrucciones.

El bloque de Sensores

Este bloque dispone de muchas posibilidades para que los personajes interaccionen entre sí y con el escenario. Para ello, se propone la solución del contacto entre colores.

Puedes hacer un ejercicio muy sencillo para poder mover un personaje a lo largo de un laberinto o de un camino con obstáculos:

1) Primero haz un dibujo con un editor gráfico como Paint o Inkscape que tenga un camino y unos cuantos obstáculos.

2) Plantea el dibujo con colores claros para el camino que se diferencien bien del resto del escenario.

3) Puedes utilizar los iconos ✣ y ✣ para hacer el personaje más pequeño o más grande.

4) A modo de ejemplo, puedes utilizar algo parecido a este camino y elegir un descapotable como personaje del juego.

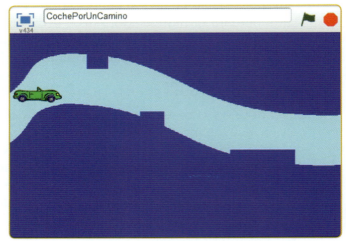

5) Ahora trataremos de programar el movimiento del coche utilizando las teclas arriba, abajo, izquierda y derecha del teclado.

Cada uno de los movimientos tiene su propio evento, tal y como puedes ver en el programa asignado al personaje del coche.

No obstante, este programa solo permite que el coche se mueva por el lienzo del escenario sin que ocurra nada más que avance en los cuatro sentidos.

6) Ahora vamos a crear la variable **Errores,** que irá contando las veces que el coche se sale del camino. Esto lo haremos detectando que alguna parte del coche toca el color azul oscuro del terreno fuera del camino.

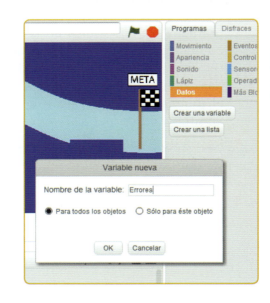

Para crear la variable tendrás que seleccionar el bloque **Datos** y pulsar en **Crear una variable.**

Te aparecerá la siguiente ventana, donde tendrás que darle un nombre a la variable y decidir si se utilizará en este personaje o estará disponible para todo el programa.

Este tipo de variables para todos los elementos del programa se suelen llamar **variables globales,** mientras que si utilizamos una variable solo para un objeto, se suelen denominar **variables locales.**

Ahora, solo tenemos que seleccionar un par de efectos de sonido. Uno hará que suene un ruido cada vez que nos salgamos del camino y otro será una campana que sonará cuando crucemos la meta.

En este programa, hay una parte común a cualquier movimiento y consiste en dos acciones. Por un lado, hay que detectar si el coche sale del camino, para lo que hay que sumar un error y por otro, si ha cruzado la meta. Estas dos acciones vamos a programarlas en un bloque que vamos a crear y que denominaremos «Moverse». En este bloque se incluirán las instrucciones mencionadas y tendrá que ser llamado cada vez que presionemos cualquiera de las cuatro teclas de dirección.

Pero, ¿cómo podemos detectar que el coche se ha salido del carril? Lo primero es tener claro que esto ocurre cuando se da una condición, por ejemplo, que toque el color azul. Ahora aplicaremos la estructura de decisión clásica en todos los lenguajes de programación: la estructura **Si** ... **Entonces** ... **Sino**.

Observa finalmente como queda el código:

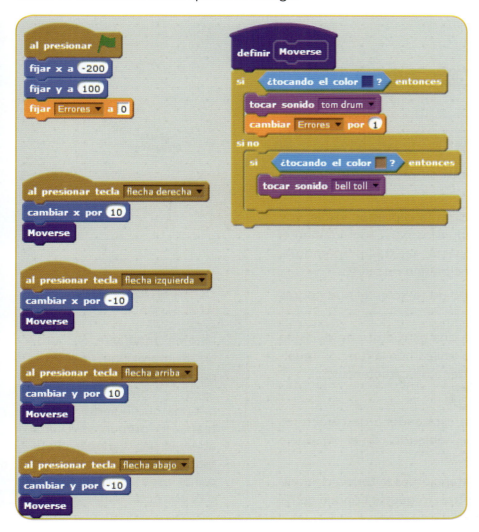

2 Programando en Scratch

2.5 La interacción con el usuario

Scratch dispone de muchas formas de interacción con el usuario pero las más habituales son los **diálogos.** Para ello, se disponen de dos tipos de instrucciones: las **expresivas,** que corresponden con mensajes que surgen desde los personajes, o las **inquisitivas,** que se formulan como preguntas que requieren una respuesta.

La respuesta se puede utilizar posteriormente para ser tenida en cuenta en un árbol de decisiones o en otros procedimientos del programa.

Observa este ejemplo:

Observa como todo se inicia con el evento de presionar la bandera verde.

Lo primero que hace el personaje es mostrar la expresión «Hola, voy a hacerte una pregunta!!» y esperar 5 segundos para, seguidamente, realizar una pregunta que requiere respuesta: «¿Estás preparado?». Ahora el personaje esperará hasta que reciba una respuesta.

Aparece entonces en la pantalla un cuadro de texto en el que podrás escribir a través del teclado.

Observa que a partir de aquí, se emplea una estructura de decisión que dependerá de la respuesta. Para ello utilizamos la función **Igualdad** entre la variable «respuesta» y la cadena de caracteres «Si»

Date cuenta que en el arbol de decisión esta cadena de caracteres «Si» es la unica válida para optar a seguir hablando con el personaje y cualquier otra terminará con la despedida.

Otra cosa que tienes que observar con atención es la forma de «anidar» estructuras de decisión dentro de otras, lo que se conoce como **árbol de decisiones.**

COMPRENDE, PIENSA, INVESTIGA...

1 Plantea, mediante el metodo de interacción, un test de conocimientos a tus compañeros y compañeras. Elige el tema que quieras y plantéales 10 preguntas. Utiliza además una variable «Puntuación» para sumarles un punto cada vez que respondan correctamente.

3 App Inventor

La programación de aplicaciones para los dispositivos móviles más utilizados (aquellos que incorporan los sistemas operativos Android e iOS) se realiza en un lenguaje de programación llamado Java. Para los no iniciados en programación este lenguaje no es sencillo, y precisa, además, un entorno de trabajo algo complejo.

Para facilitar el acceso a la programación de este tipo de dispositivos a todos aquellos que desconocen Java, existen varias herramientas que, a través de entornos gráficos de bloques como el que has utilizado en Scratch, permiten la creación de aplicaciones sencillas. Si tienes un dispositivo Android, puedes utilizar el MIT App Inventor, mientras que la aplicación Kino App Inventor te permitirá desarrollar aplicaciones para tu dispositivo Apple.

> **SENSOR DE PROXIMIDAD**
>
>
>
> App Inventor fue inicialmente desarrollado por el profesor Hal Abelson y un equipo de Google Education. Actualmente, App Inventor es un servicio web administrado por MIT CSAIL y el equipo del MIT Media Lab.

3.1 Cómo comenzar con App Inventor

Para empezar a trabajar con App Inventor, accede a su página web a través de la dirección http://appinventor.mit.edu/explore/. Allí encontrarás muchos recursos, entre ellos cómo comenzar a trabajar con la aplicación, cómo trabajar en el aula o en casa y el acceso a tutoriales para reforzar lo que vas estudiando.

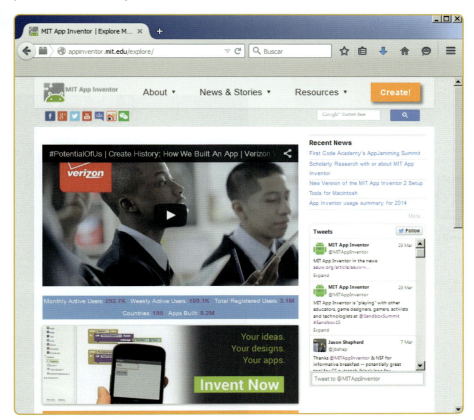

En este capítulo vamos a estudiar cómo desarrollar aplicaciones en la interfaz de usuario online. Para ello accede a la web indicada en el párrafo anterior y pulsa en el botón **Create!** Necesitas una cuenta de usuario de Google.

> **UNA DUDA TÍPICA**
>
> ¿Qué ocurre si no dispongo de un dispositivo Android? ¿No podré visualizar mis desarrollos?
>
> En caso de no disponer de un dispositivo Android, puedes trabajar emulando la ejecución de tu aplicación mediante el Emulador. Para instalarlo en tu ordenador accede a la web http://appinventor.mit.edu/explore/ai2/setup-emulator

3 App Inventor

El objetivo del trabajo es doble. Por un lado, vas a desarrollar una aplicación que guardarás en tu cuenta a través del interfaz de usuario de App Inventor online, y por otro, tienes que ejecutar la aplicación y probarla en un dispositivo con el sistema operativo Android.

En primer lugar, necesitarás configurar tu ordenador y tu dispositivo móvil para poder ver en este último las aplicaciones creadas. No tendrás que esperar a terminar la aplicación para ver cómo funciona, porque podrás ir probándola en tu dispositivo Android mediante conexión por cable o a través de la red WiFi a la que estés conectado. Esta aplicación para el dispositivo móvil se llama AI Companion. Si no dispones de dispositivo móvil, tendrás que utilizar el Emulador, que emulará en tu ordenador la aplicación que has desarrollado.

3.2 Preparar el móvil para comprobar las apps

Será más sencillo interactuar con tu dispositivo móvil si dispones de un lector de código QR. Accede a Google Play y descarga algún lector gratuito como NeoReader o ZXing. Una vez que lo instales, prueba captando el código que te proporcionamos en el margen de esta página. Deberías poder acceder a la dirección http://appinventor.mit.edu/explore/ai2/setup-device-wifi.html, desde donde podrás instalar la aplicación AI Companion en tu dispositivo móvil. Otra opción es abrir esta web en el navegador de tu ordenador. Observa que te aparecerá esta página:

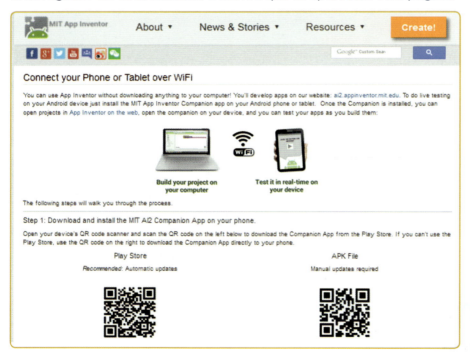

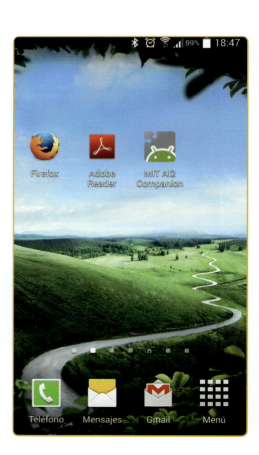

Captura de nuevo el código QR que te muestran en la web y accede a Play Store para instalar AI2 Companion en tu dispositivo Android.

Finalmente, una vez instalado te aparecerá el icono de la aplicación en tu pantalla del móvil. Más adelante, veremos cómo conectar tu móvil a tu ordenador y probar las aplicaciones.

Unidad 8

3.3 Utilizar el Emulador para comprobar las apps en el ordenador

En el caso de que no tengas un teléfono Android, también podrás comprobar tus aplicaciones mediante el Emulador. Para instalar el Emulador accede a la URL:

http://appinventor.mit.edu/explore/ai2/setup-emulator.

Lo primero que tienes que hacer es seleccionar la versión para el sistema operativo Mac OS X, Windows o GNU/Linux.

En la nueva página, busca el link «Download the installer» en el texto de ayuda de instalación, haz clic en él y te aparecerá una ventana emergente para guardar el archivo ejecutable de instalación:

MIT_Appinventor_Tools_2.3.0

Es posible que el archivo que descargues sea una versión superior. Accede a tus descargas y ejecuta este archivo, dándole los permisos que te solicita. Sigue las instrucciones durante el proceso de instalación como si de cualquier aplicación se tratara.

Cuando haya finalizado la instalación, ejecuta el programa aiStarter y aparecerá una ventana de símbolo del sistema como la de la figura adyacente, en la que te indica que tiene un servidor montado en el puerto 8004. No cierres este terminal mientras estés utilizando el Emulador. Cada vez que quieras emular un proyecto que hayas desarrollado, este servidor permitirá la conexión entre tu interfaz de App Inventor y el móvil emulado que aparecerá en pantalla.

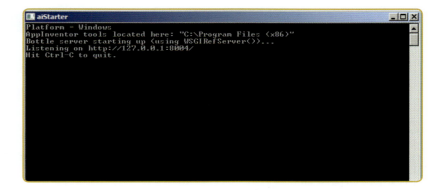

Con estas dos actividades ya tienes preparado tu ordenador y tu dispositivo Android real o emulado para comprobar tus proyectos. Para comprobar el correcto funcionamiento de tu aplicación, haz clic en **Conectar** en el **menú de títulos** y elige la carga en AI2 Companion o mediante el Emulador.

189

3 App Inventor

3.4 La interfaz de usuario de App Inventor

Una vez iniciada la sesión con tu usuario de Google, podrás acceder a un listado con los proyectos que vayas guardando. Recuerda que también puedes decidir en qué idioma quieres acceder a tu entorno de desarrollo:

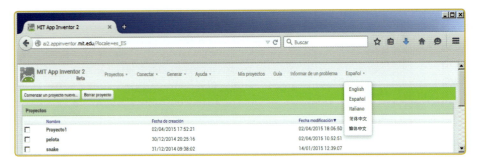

Para empezar un nuevo proyecto pulsa el botón de la izquierda **Comenzar un proyecto nuevo**.

La interfaz de diseñador

El entorno de diseño es el que se carga por defecto al iniciar o abrir un proyecto. En el entorno de desarrollo puedes distinguir las siguientes zonas:

Menú de títulos. Podrás acceder a proyectos o descargar el programa actual en tu móvil.

Paleta donde podrás encontrar los componentes que necesites en tu aplicación y soltarlos en el visor para añadirlos a tu aplicación.

Visor. Donde vas a soltar los componentes, configurando la disposición y la posición de estos en la pantalla.

Lista de componentes. Donde podrás observar no solamente los componentes que has soltado en el visor, sino también la relación de dependencia jerárquica entre ellos.

Botones de **diseñador** y de **bloques de programación.** La vista que observas es del entorno de diseño. Si haces clic en Bloques, accedes a la zona de programación de los objetos que vayas situando.

Propiedades. Selecciona un componente de la lista de componentes y podrás cambiar sus propiedades, como el color, el tamaño, el comportamiento, etc.

Unidad 8

La interfaz de programación

Desde la interfaz de diseñador, debes pulsar el botón de **Bloques** en la parte superior derecha de la pantalla para acceder a una ventana como la de la figura. En esta ventana se ha incluido un bloque de programación para que observes que el aspecto del código es muy similar al de Scratch.

Herramientas de programación integradas. Desde aquí seleccionas el bloque y arrastras el código que quieres utilizar.

Componentes específicos empleados en la aplicación. También podrás incluir código desde los bloques cuando selecciones uno de ellos.

Bloques de programación. Observa que el tipo de código es muy parecido al que has empleado para desarrollar programas con Scratch.

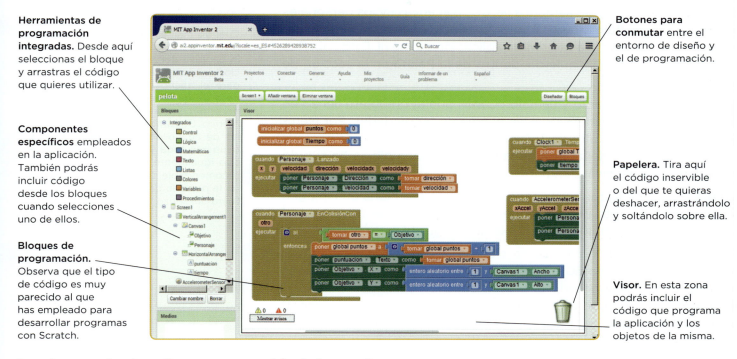

Botones para conmutar entre el entorno de diseño y el de programación.

Papelera. Tira aquí el código inservible o del que te quieras deshacer, arrastrándolo y soltándolo sobre ella.

Visor. En esta zona podrás incluir el código que programa la aplicación y los objetos de la misma.

Las herramientas de programación integradas

Dentro de la interfaz de programación observa que se distinguen los bloques de programación. Cada conjunto de herramientas de programación están incluidas en un bloque integrado diferente, que al seleccionarlo se extenderá hacia la derecha cubriendo parte del visor. Entre los bloques encontrarás:

- **Control:** que contiene las estructuras de decisión «Si..entonces», las estructuras de bucle «Mientras...» o las operaciones con la pantalla.
- **Lógica:** con las sentencias de comparación (=, ≠), las órdenes lógicas (No, Y, O) o los valores lógicos (Cierto, Falso).
- **Matemáticas:** donde encontrarás los bloques de operativa aritmética, las funciones matemáticas y en general, las sentencias relacionadas con las operaciones con números.
- **Texto:** con órdenes para manejar y configurar textos como cadenas de caracteres.
- **Listas:** para operar con listas o conjuntos de valores de variables.
- **Colores:** desde el cual puedes incluir colores que podrás utilizar en detección cromática.
- **Variables:** para crear variables, inicializar sus valores locales o globales y modificar su valor en un punto determinado de un programa.
- **Procedimientos:** desde el cual podrás crear procedimientos y asignarles un nombre y un contenido, que será un programa que podrás repetir cuando quieras con tan solo nombrarlo.

191

3 App Inventor

3.5 Desarrolla tu primera aplicación

Hay dos componentes que suelen ser habituales en toda aplicación. Los escenarios de fondo llamados lienzos o «canvas» y los personajes («sprites» o «spriteimages»). Ahora vas a incluir canvas y sprites para empezar a darle forma a tu primera aplicación de móvil. Estos objetos están disponibles a la izquierda, dentro de la **Paleta** en la sección de **Dibujos y animación.**

Inicia un nuevo proyecto y llámalo «Cara». Suelta un objeto lienzo en el visor. Ajusta sus dimensiones en el área de propiedades. Por ejemplo, dale un valor de alto de 350 píxeles, ajusta el ancho a la pantalla y sube desde tu ordenador alguna foto. En el ejemplo se ha subido una fotografía del cielo con nubes.

Ahora inserta en la zona del lienzo un sprite y selecciona una imagen cualquiera para este personaje de las fotografías que tengas en el ordenador, por ejemplo, alguna en la que salgas tú.

En el ejemplo de la figura, se ha elegido la cara de Mickey Mouse. Cámbiale el tamaño a 50 píxeles por 50 píxeles en las propiedades correspondientes y accede a la propiedad de velocidad para darle movimiento. Escribe un 2 para la velocidad y 30 en la propiedad «dirección» para indicarle el ángulo con el que se moverá.

Ya tienes hecha tu primera aplicación. Ahora tan solo has de conectar con tu móvil para comprobar su funcionamiento.

> **UN CONSEJO PARA EL DISEÑO**
>
> Cuando sueltes un lienzo y le des dimensiones, si quieres que ocupe toda la pantalla del móvil selecciona la opción «Ajustar al contenedor», tanto para el ancho como para el alto. En caso de que quieras un lienzo de menores dimensiones, escribe un dato numérico. Utilizando valores de 320 píxeles de ancho por 420 píxeles de alto, ocuparás toda la pantalla del dispositivo igualmente. No obstante, es muy recomendable reservar algún espacio de la pantalla para situar algún control fuera del lienzo.

3.6 Comprueba tu aplicación en el dispositivo Android o en el Emulador

Para poder ver cómo funciona el programa que acabas de realizar, ten a mano tu teléfono móvil o ejecuta el Emulador.

Comprobación del resultado en el teléfono móvil Android

Comprueba que tienes descargada la aplicación AI2Companion en el móvil. En el menú de títulos despliega **Conectar** y elige **AI Companion.** Te aparecerá un código QR y al lado un código de 6 digitos.

Abre la aplicación AI Companion en el dispositivo móvil y elige una de las dos opciones:

a) Utiliza el lector que tengas en el móvil para leer el código QR del programa.

b) Inserta a mano los 6 digitos.

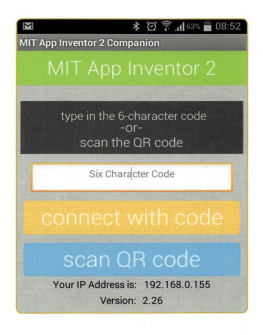

Comprobación del resultado en el Emulador

Recuerda que tienes que tener instalado en tu ordenador el Emulador. Ejecuta entonces la aplicación aiStarter en tu ordenador y espera un rato a que se abra el puerto que comunicará con App Inventor. Sé paciente, sobre todo la primera vez, porque puede que tarde un poco.

Un buen consejo es dejar abierto el Emulador y por tanto la pantalla de símbolo del sistema, todo el tiempo que vayas a estar programando. Si abres y cierras el Emulador cada vez que vayas a probar una aplicación o cualquier modificación, es posible que la RAM te dé problemas y tengas que reiniciar el ordenador.

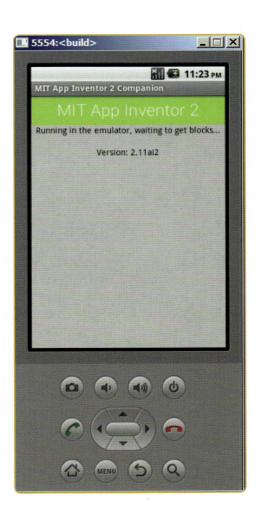

COMPRENDE, PIENSA, INVESTIGA...

1 Descarga la aplicación «Cara» utilizando tu móvil o mediante el Emulador y comprueba cómo la cara asciende como si fuera un globo en dirección oblicua.

2 Abre el proyecto «Cara» y haz clic sobre el sprite. Modifica las propiedades de X a 7 y de Y a 300. Cambia la velocidad a 10 y la dirección a 45. Comprueba el resultado de los cambios en tu móvil o en el Emulador.

3 Cambia el nombre del sprite y escribe «CaraFlotante» y el nombre del lienzo por el de «Nubes». Para llevar a cabo estos cambios has de pulsar el botón «Cambiar nombre» en el área de componentes a la derecha del visor.

4 En las dos actividades anteriores: ¿Qué ha ocurrido cuando la cara flotante ha llegado al límite de la pantalla?

5 Observa la propiedad intervalo en el sprite. Modifica su valor por defecto y describe qué ocurre cuando se ejecuta la aplicación.

3 App Inventor

3.7 Los bloques de programación

En el proyecto «Cara», una vez que el sprite se eleva en la pantalla y llega al límite, se queda parado. Vamos a crear un código de programación para que la cara rebote siempre que llegue al límite.

Haz clic en el botón **Bloques** para proceder a incluir el código que realice estas acciones. En la izquierda, de forma vertical, dispones de un listado de bloques de programación. Pulsa sobre **Cara flotante** y verás cómo aparecen un montón de bloques en el visor de programación. Copia el siguiente código. Guíate por los colores para localizar cada uno de los bloques.

Analizando el código que has escrito, lo primero es observar la condición **«cuando CaraFlotante. TocarBorde»,** que indicará la acción correspondiente cuando se toque el borde de la pantalla. Se llevará a cabo un cambio en la dirección de **CaraFlotante**, que modificará su valor en 25 grados, sumados a la dirección del sprite en el momento del choque.

3.8 Interacción con el usuario

Ahora la cara está permanentemente flotando y chocando en la pantalla de forma errática. Vamos a incluir la posibilidad de que se pueda interaccionar con el personaje. Además incluiremos un contador que cuente las veces que el sprite choca. El código que vamos a poner será muy útil para cualquier aplicación a la que quieras añadir un control de puntuación.

Vamos a utilizar el mismo lienzo y el mismo personaje, pero vamos a partir de un proyecto nuevo que llamaremos «Rebote». El proceso es:

a) Haz clic en **Disposición** en la zona de la Paleta y selecciona la **DisposiciónVertical.** Suéltala en la esquina superior izquierda del visor. Aplica a sus propiedades de ancho y alto sendos valores de **Ajustar al contenedor.**

b) Ahora incluye en el interior de la disposición vertical una **DisposiciónHorizontal.**

COMPRENDE, PIENSA, INVESTIGA...

6 Comprueba la ejecución de la aplicación en el móvil o en el Emulador y corrobora que el sprite rebota en las paredes de la pantalla. ¿Qué otro efecto sucede?

7 Modifica el valor 25 en el código de la nueva dirección por otro valor cualquiera, tanto positivo como negativo, y comprueba la nueva ejecución en tu móvil o en el Emulador.

8 ¿Cómo corregirías el efecto que has encontrado en la actividad 1? Trata de escribir algún código adicional que lo corrija.

c) Incluye dos etiquetas que utilizaremos respectivamente para contar los rebotes y el tiempo de juego en activo. Llama a la etiqueta que te ha quedado a la izquierda «Rebotes», y a la de la derecha «Tiempo».

d) Desde la sección **Dibujo y Animación** selecciona un lienzo y suéltalo por encima de la disposición horizontal que contiene las etiquetas, pero dentro de la disposición vertical. En este ejemplo seleccionaremos el cielo nuboso. Modifica sus propiedades de ancho y alto en **Ajustar al contenedor.**

e) Modifica la propiedad **OrientaciónDeLaPantalla** de la pantalla Screen1 al valor **Vertical.**

f) Incluye el sprite que utilizaste en el programa anterior. Ponle las mismas propiedades que tenía.

g) Vamos a incluir el programa de movimiento del personaje. Consistirá en que, cada vez que toques y hagas un movimiento de lanzado con el dedo sobre el personaje de la pantalla, este salga despedido en la dirección y velocidad que apliques a tu dedo.

h) Crea una variable que muestre las veces que rebota en la pared. Para ello, suelta el bloque **Variables** en el código para inicializarlo como ves en el ejemplo; y del bloque **Matemáticas,** añádele el valor 0 para que comience a partir de este valor.

i) Ahora programa el bloque que detecte cuándo el personaje toca el borde, utilizando el evento «**cuando CaraFlotante. TocarBorde**» incluyendo los bloques que pondrán una nueva dirección tras el rebote, mediante la suma de 30 grados a la que tenía y la reducción de la velocidad en 5 unidades para darle el efecto de frenado. Cuando esto ocurra, tendremos que sumar una unidad a la variable global Rebote. Añadimos además un bloque para concatenar **Rebotes** y el valor de la variable global **Rebotes** para que la muestre en la etiqueta.

COMPRENDE, PIENSA, INVESTIGA...

9 Añade un nuevo personaje y busca la forma de contar las veces que chocan entre ellos. Modifica el programa y el código para desarrollar esta aplicación.

10 Programa el reloj. Ten en cuenta que para ello, la propiedad IntervaloDelTemporizador del objeto Reloj debe estar a 1000, que significa que estará generando un evento cada 1000 milisegundos, es decir, cada segundo. Aprovecha esto y trata de programar el bloque del Reloj con el evento «Cuando Reloj1. Temporizador ejecutar». Crea una variable que llames Tiempo e inicialízala en el valor de 0. Súmale una unidad cada vez que se ejecute el evento del temporizador. El resto del código es similar al de la etiqueta **Rebotes.**

11 Utilizando el mismo personaje y el mismo lienzo, incluye el sensor del acelerómetro del dispositivo móvil para mover al personaje según inclinas el móvil en cualquiera de las direcciones. Escribe un bloque de código que lleve a cabo estas acciones.

3 App Inventor

3.9 Realiza una aplicación multipantalla

En esta sección vamos a comprobar cómo una app puede contener varias pantallas y verás cómo navegar entre ellas por medio de nuevos controles. Sigue los pasos que te indicamos a continuación, donde vamos a crear tres pantallas, cada una con una foto diferente.

Inicia un nuevo proyecto al que puedes llamar «Multipantalla». Observa que en el interfaz de usuario de App Inventor, en la banda horizontal verde, dispones de dos botones. El primero aparece por defecto al iniciar un nuevo proyecto con el nombre «Screen1». Vamos a cambiarle el nombre de la propiedad «Título» por el de «Portada» en el área de componentes. Añade con el botón **Añadir ventana,** que se encuentra al lado del primero, dos ventanas de forma consecutiva, que llamaremos «Página1» y «Página2». Ahora verás que al pulsar el primer botón, donde pone **Screen1,** aparece una lista con tres páginas.

A continuación suelta en cada pantalla dos botones. Por ejemplo, en la pantalla Screen1 uno de los botones servirá para saltar a la Página1 y el otro servirá para saltar a la Página2. Observa el resultado de equipar de botones la pantalla Screen1 y haz lo mismo en las otras dos pantallas. Utiliza una estructura de disposiciones iguales en todas las pantallas. Por ejemplo, una disposición vertical general ajustada a la pantalla y dentro de ella una disposición horizontal superior para situar una etiqueta con el nombre de la pantalla, y una segunda disposición bajo esta que contenga los botones de navegación. Debajo de estas dos disposiciones suelta un lienzo con una fotografía diferente en cada pantalla.

Fíjate en cómo está hecho este ejemplo en la vista de diseñador, juntando las tres pantallas en la misma figura:

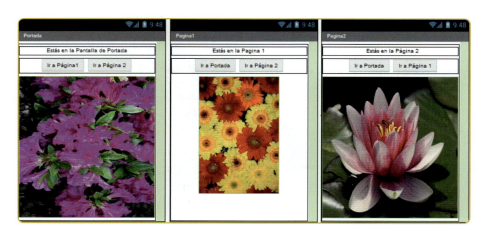

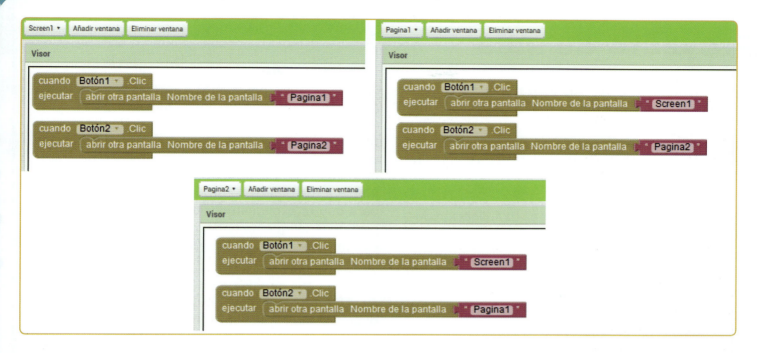

El siguiente objetivo es desarrollar el programa de navegación entre las pantallas. Eso significa que tendrás que asignarle una acción a cada uno de los botones cuando se produzca el evento de pulsar el botón del ratón. En ese caso, haremos que se abra la pantalla correspondiente.

En la figura superior mostramos el código que utilizarás en cada una de las pantallas. Observa que la sintaxis es la misma y lo único que varía en cada caso es la pantalla que se invoca con cada botón.

COMPRENDE, PIENSA, INVESTIGA…

12 Utilizando las disposiciones, los componentes y el código del anterior proyecto «Multipantalla», haz una copia de la aplicación mediante la opción «Guardar como..» y dale un nuevo nombre. En la nueva aplicación vas a modificar algún objeto. Elimina los lienzos y en su lugar sitúa un visor web (que aparece como **VisorWeb** en la lista de componentes de la **Paleta**). Modifica sus propiedades para que se ajuste a su contenedor y en la propiedad **UrlInicial,** escribe una dirección web. Por ejemplo, puedes poner en la portada la dirección de tu blog y en las otras dos páginas la dirección de los blogs de tus compañeros y compañeras. Dale a esta aplicación una utilidad práctica para el acceso rápido a páginas que utilices habitualmente.

13 Cread una aplicación que funcione como una calculadora. Para ello, incluid una pantalla con catorce botones, como si fuera el teclado numérico de un teléfono o de una calculadora, en la que los botones corresponden con los 10 números del 0 al 9 y los cuatro operadores aritméticos: + (suma), - (resta), x (multiplicación) y / (división).

Desarrollad una aplicación que, utilizando una etiqueta a modo de pantalla de calculadora, permita operar con dos números enteros cualquiera.

Recuerda que tendrás que utilizar dos variables para los operandos, y una tercera variable para mostrar el resultado de la operación.

Proyecto de aula

Seguramente alguna vez has pensado que si pudieras hacer una aplicación para móvil, te gustaría poder distribuirla entre tus compañeros y compañeras. Ahora verás que, aunque hay que seguir varios pasos, distribuir tu aplicación no resulta nada complejo.

▼ Distribución directa

Lo primero que tienes que tener es tu aplicación desarrollada y bien comprobada. Piensa que si quieres que tenga un mínimo de éxito, tu aplicación tiene que funcionar perfectamente.

Abre la interfaz de App Inventor y carga tu aplicación. Verás que en el menú tienes la opción **Generar.** Al desplegarlo aparecen dos opciones:

- App (generar código QR para el archivo .apk)
- App (guardar archivo .apk en mi ordenador)

En el primer caso, App Inventor va a generar un código QR con la dirección del archivo APK ejecutable de tu aplicación. Captura gráficamente ese código, imprímelo y pásaselo a tus amigos. Cuando lean el código con su lector de códigos QR, se les instalará tu aplicación en su dispositivo Android.

En el segundo caso, App Inventor va a generar el propio archivo APK y lo guardará en tu ordenador. En el proceso de generación del archivo, se mostrará en la pantalla una barra de progreso y según vaya llenándose, aparecerá un mensaje sobre el proceso de compilación que se está llevando a cabo. Finalmente, App Inventor mostrará un mensaje informándote de que si guardas el archivo APK, lo hará en la carpeta Descargas.

▼ Distribución a través de Google Play

Puedes tratar de ampliar la distribución de tu aplicación subiéndola a Google Play. Para hacer eso tienes que hacerte con una cuenta de desarrollador. No es gratuita y quizá tengas que sopesar la idea de si te merece la pena o no gastar dinero. Pero piensa también que una vez que tienes cuenta de desarrollador de aplicaciones en Google, podrás subir todas las aplicaciones que quieras, e incluso fijar un precio para alguna de ellas. Es una manera de ganar dinero con tu trabajo. No obstante, antes de dar ningún paso, convendría que leyeras con atención todos los documentos relacionados con la actividad de editor de contenidos de Google *(Google Play developer).* Pídele a tus padres o tutores que lo hagan contigo para que te expliquen cualquier tipo de duda o expresión legal que no entiendas. Dispones de toda la documentación en https://play.google.com/publish/apps-games/index.html

Informa a tus padres de esto y si te decides, accede a la URL https://play.google.com/publish/. En la página, haz clic en la expresión «Google Play Developer Console» y accederás a la consola para subir tu aplicación previo pago de 25 dólares por inscribirte como desarrollador de contenidos.

A partir de este punto, subir las aplicaciones es prácticamente como rellenar un formulario. Haz clic en el botón **Añadir aplicación** y rellena una ficha con el nombre de tu aplicación y el idioma en el que se va a distribuir.

Después te pedirá que subas el archivo APK de la aplicación y que especifiques algunos datos como: una breve descripción de la aplicación, algunas imágenes que los usuarios que quieran descargarla verán cuando accedan a ella en Google Play, si vas a cobrar por ella o si es gratuita, si va a ser un juego, una aplicación de información o educativa, etcétera.

Finalmente tendrás que pasar un período de revisión, y una vez superado, habrás de decidir en qué países quieres que se distribuya.

Comprueba cómo progresas

Unidad 8

1. ¿Qué relación hay entre la electricidad y los valores binarios?

2. ¿Cuántas combinaciones de código binario son posibles utilizando 5 bits? ¿Y 10 bits?

3. Describe qué es un Byte. Pon un ejemplo.

4. ¿Cuántos tipos de programas traductores se incorporan por lo general en el software de un ordenador?

5. Describe las diferencias que existen entre un lenguaje de bajo nivel y un lenguaje de alto nivel. ¿En cuál de ellos se podría clasificar el lenguaje Java?

6. En el desarrollo de un programa, en un punto dado hay que repetir tres veces una determinada acción. ¿Qué tipo de estructura corresponde con el ejemplo propuesto? Justifica tu elección.
   a) Un procedimiento
   b) Una función
   c) Una decisión
   d) Un bucle no condicionado
   e) Un bucle condicionado

7. ¿En qué se diferencia un algoritmo de un programa? ¿Qué tienen en común?

8. ¿Se puede considerar una acción la asignación de un valor numérico a una variable en un programa informático? ¿O se trata de un procedimiento?

9. ¿Cómo se denomina genéricamente una estructura de programación por la cual se aplica una fórmula matemática y se guarda el resultado en una variable numérica?

10. ¿Qué diferencias existen entre una decisión dicotómica y un árbol de decisiones? Pon un ejemplo de cada uno de ellos.

11. Utiliza la estructura siguiente para escribir el algoritmo del programa que sumaría un número positivo a una variable *A* si una variable *B* fuera mayor de 150; y que sumaría un número negativo a la variable *A* en cualquier otro caso.

    [Se cumple una condición] **Entonces**[Realiza una acción/función/procedimiento] **Sino**[Realiza otra acción/función/procedimiento]**FindelSi**

12. Realiza, mediante un algoritmo gráfico, un programa que controle el paso de vehículos por una barrera de un aparcamiento. Define tú mismo qué tipo de sensores son necesarios y asígnales variables. Asímismo, asigna el estado de los sensores a valores de las variables.

13. ¿Cuáles serían las coordenadas de la pantalla de un programa de Scratch correspondientes a la esquina superior derecha?

14. Observa el personaje y su posición inicial. Intenta comprender en qué consiste el código de la derecha que define los movimientos del personaje. ¿Crees que aparecerá en algún momento el mensaje de que el personaje ha llegado al castillo o piensas que se irá por alguno de los límites del escenario? Explica en qué te basas para dar esta respuesta.

15. Indica la forma más rápida de duplicar un bloque de códigos y asignarlos a otro personaje en Scratch.

16. ¿Qué diferencia hay en Scratch entre una variable global y una variable local?

17. ¿Para qué se emplean los bloques de código en Scratch? Pon un ejemplo de definición de bloque y de uso del mismo.

18. En App Inventor, ¿qué es el Emulador y para qué se utiliza?

19. ¿Se puede hacer una aplicación móvil sin utilizar las disposiciones verticales y horizontales? En caso afirmativo, ¿cuáles son las restricciones de diseño que se te ocurren?

20. Indica cómo creas una variable en App Inventor y qué bloques de programa utilizarás en la aplicación para inicializar la variable al valor 10.

9. Internet

Hoy en día la mayoría de los hogares españoles tiene conexión a Internet, el cual se ha convertido en un medio de trabajo y de estudio imprescindible. Es muy importante conocer su funcionamiento, sus aplicaciones y sus posibilidades.

Internet es una gran red que, actualmente, se ha convertido en la mayor fuente de conocimiento. Buscadores, enciclopedias digitales, revistas, periódicos electrónicos y un sinfín de fuentes de información son de uso diario para cientos de millones de personas.

En esta unidad podrás estudiar los aspectos más importantes de Internet y aquellas cosas que serán más útiles para tu navegación por la Red. Algunas de ellas te resultarán conocidas pero otras, posiblemente no.

En esta unidad vas a estudiar...

- ¿Qué es Internet?
- Ventajas y riesgos de Internet
- Cómo se comunican las máquinas a través de Internet
- La web y el protocolo http
- Multimedia en la web
- La red de las personas
- Internet de las cosas
- La computación en la nube

Unidad 9

En las montañas de la locura

«Desembarcamos los equipos de perforación, los perros, los trineos, las tiendas, los bidones de gasolina, el equipo experimental de fusión de hielo, las máquinas de fotografía, tanto normales como aéreas, las piezas de los aeroplanos y demás accesorios, entre ellos tres aparatos portátiles de radio –además de los que irían en los aeroplanos– capaces de comunicar con el equipo más potente del Arkham desde cualquier lugar del continente antártico al que pudiéramos llegar. El equipo del barco, en comunicación con el mundo exterior, transmitiría nuestros informes de prensa a la potente estación del Arkham Advertiser, situada en Kingsport Head, Massachusetts. Esperábamos dar fin a nuestra tarea en un solo verano antártico. [...]

[...] Emprendieron marcha el 22 de enero a las cuatro de la madrugada y el primer mensaje radiado nos llegó solo dos horas después; en él Lake nos comunicaba que había aterrizado e iniciado una labor de perforación y de fusión del hielo a pequeña escala en un punto situado a trescientas millas de donde nos encontrábamos. Seis horas más tarde un segundo mensaje, muy emocionado, nos hablaba del trabajo frenético, como de castor, con que habían taladrado una perforación, ensanchada luego con dinamita, y que había culminado en el descubrimiento de fragmentos de pizarra con varias marcas aproximadamente iguales a las que habían despertado nuestro asombro en un principio. [...] Tres horas después, un breve boletín nos comunicaba la reanudación del vuelo luchando contra un crudo y penetrante temporal, y cuando yo envié un nuevo mensaje de protesta oponiéndome al enfrentamiento con nuevos peligros, Lake contestó secamente que las nuevas muestras justificaban afrontar cualquier riesgo».

Fragmento de *En las montañas de la locura* de H.P. Lovecraft (1931), Editorial Alianza, 2011.

¿Qué sabes de Internet?

1. ¿Conoces el origen de Internet? ¿Qué uso le das en tu vida cotidiana?
2. ¿Sabrías describir qué es un navegador? ¿Cuántos de ellos conoces y cuál utilizas habitualmente?
3. ¿Sabes a qué se refiere el término «en la nube» cuando se habla de informática?
4. ¿Conoces la diferencia entre un gestor de correo electrónico y el webmail o correo web?

1 ¿Qué es Internet?

Internet es un conjunto de redes de comunicación conectadas entre sí, que permite a un ordenador acceder a la información que esté en ellas. Comenzó a desarrollarse a finales de los años 60 en Estados Unidos y tenía un uso militar. Con ello se pretendía tener acceso a la información militar desde cualquier punto. Esta red se llamó ARPANET.

Con el paso del tiempo, la red pasó a ser de uso civil y público, y se desligó del uso militar, que pasó a tener una red aparte. Y fue a partir de 1985 cuando Internet ya tuvo, principalmente, un uso académico y de investigación.

Uno de los principales hitos en el desarrollo y la extensión de Internet fue la creación de la **www** o **World Wide Web** desde la institución europea CERN. El creador, Tim Berners-Lee y su equipo científico, logró dar una nueva dimensión al mundo de las comunicaciones.

A partir de los años 2000 y más en concreto en los años 2010, el empleo de dispositivos de acceso a Internet se multiplica en número y variedad. Se genera una cantidad enorme de servicios, como la computación en la nube, que permiten al usuario utilizar Internet a modo de espacio operativo y de almacenamiento.

¿Qué nos espera en el futuro? La velocidad de transmisión es una de las características técnicas sobre las que más se está investigando. Piensa que uno de los planes más inquietantes es la próxima colonización de Marte, para lo que se está pensando en el Internet interplanetario de alta velocidad. Además, a pesar de todo el avance técnico, todavía hay mucho que trabajar en cuanto a la accesibilidad, donde todos los sentidos cuentan.

COMPRENDE, PIENSA, INVESTIGA...

1 Busca en Internet las fechas de las invenciones de los objetos y sistemas de las fotografías, y realiza un resumen en tu cuaderno sobre la evolución de las comunicaciones.

2 Haz un listado de las cosas que puedes hacer gracias a Internet. Piensa ahora en la forma en la que se realizaban estas tareas antes de la aparición de Internet. Apunta tus conclusiones en el cuaderno y debátelas con tus compañeros y compañeras.

LA EVOLUCIÓN DE LAS COMUNICACIONES

Telégrafo

Teléfono

Radio

Televisión

Satélite

Internet

2 Ventajas y riesgos de Internet

El uso de Internet ofrece un importante número de ventajas, si bien, como ocurre con cualquier otro producto tecnológico, debemos ser conscientes de los riesgos e inconvenientes que conlleva.

2.1 Ventajas de Internet

- Pone a nuestra disposición una inmensa cantidad de **información** y recursos.
- Permite la utilización de elementos de **comunicación** como el correo electrónico o las llamadas telefónicas sobre Internet, que resultan más rápidos y económicos que el servicio al que complementan o sustituyen.
- Facilita el acceso a la información sobre otros países e incluso ofrece la posibilidad de utilizar traductores en nuestros navegadores.
- Nos permite estar en contacto, a través de las redes sociales, con grupos de personas con las que tenemos intereses comunes.
- Desde el punto de vista del ocio, la oferta es enorme: juegos online, vídeos, películas y series que se pueden alquilar o visualizar de forma gratuita.
- Permite el acceso a software y aplicaciones de libre distribución, y compartir conocimientos útiles con los demás.

2.2 Inconvenientes y riesgos

- El exceso de información dificulta en ocasiones seleccionar la información más fiable y rigurosa.
- Existe el riego de adicciones y de sufrir enfermedades psicológicas asociadas a la dependencia de los dispositivos electrónicos e Internet.
- Nuestros equipos pueden ser infectados por **malware** (**virus**, **troyanos**, **gusanos**, **spyware**...).
- Mediante el **scam**, se producen engaños y estafas, y mediante técnicas de **ingeniería social**, **hackers** y estafadores intentarán conseguir nuestros datos.
- Exposición de nuestra identidad, gustos, fotos y opiniones ante desconocidos, que podrían hacer un uso inadecuado de la información, por ejemplo, para suplantar nuestra identidad.
- **Ciberacoso** o **acoso cibernético** a través de las páginas web, las redes sociales y las aplicaciones de comunicación instantánea como WhatsApp.
- **Grooming** o captación de menores para abusar sexualmente de ellos.
- Existen zonas sin acceso a la Red debido a la falta de rentabilidad para las operadoras de Internet, a pesar de que, según las Naciones Unidas, el acceso a Internet es un **derecho universal**.

LA EDAD DE PARTICIPACIÓN Y LAS CONDICIONES DE USO

Determinados servicios que están a nuestra disposición presentan una serie de limitaciones que tal vez no conozcamos. Por ejemplo, las condiciones del correo electrónico Gmail exigen que la edad mínima al registrarse sea de 14 años.

Por otro lado, otras empresas establecen unas condiciones que aceptamos muchas veces sin leer y pueden suponer la cesión de nuestros datos y fotos para que otros puedan utilizarlos. ¡Lee las condiciones antes de suscribirte a un servicio o aplicación!

COMPRENDE, PIENSA, INVESTIGA...

1. Buscad información acerca de cómo hacer frente a los riesgos asociados al uso de Internet y, en grupo, cread una guía de recomendaciones de uso.

3 Cómo se comunican las máquinas a través de Internet

Internet puede considerarse, muy simplificadamente, una red de puntos. Cada punto se denomina **nodo** y se interconecta mediante cable o conexiones inalámbricas, a otros nodos. Un nodo puede ser **terminal,** como por ejemplo, un ordenador doméstico conectado a Internet, o puede tener una posición **intermedia** entre otros nodos. En este caso, existen elementos intermedios, como servidores de datos, routers o enrutadores y toda una colección de diferentes dispositivos, que aseguran la conexión.

PROTOCOLOS DE LA RED

Un protocolo de comunicación es el conjunto de normas que permite que dos sistemas establezcan un diálogo. Para que un mensaje o una comunicación electrónica pueda ser enviado y recibido, las máquinas deben entender el mismo lenguaje y actuar de forma idéntica.

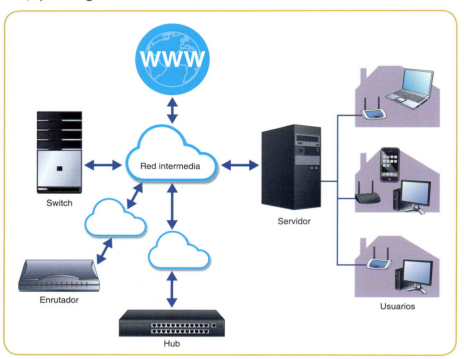

LOS CAMINOS DE INTERNET

PAQUETE-1
Sevilla, Boston, Atlanta, Brasilia, Buenos Aires

PAQUETE-2
Sevilla, Moscú, Ankara, El Cairo, Nairobi, Buenos Aires

PAQUETE-3
Sevilla, Moscú, Los Ángeles, Guatemala, Quito, Buenos Aires

En la figura puedes observar los hipotéticos caminos que podrían seguir tres paquetes del mismo mensaje para llegar desde Sevilla hasta Buenos Aires. En Internet no importan las distancias, sino que la información discurra por los nodos menos ocupados.

Las máquinas conectadas a Internet utilizan los protocolos TCP e IP para transmitir la información.

- El **protocolo TCP** (*Transmission Control Protocol* o protocolo de control de la transmisión) consiste en la fragmentación de la información en forma de paquetes de información digital. Los paquetes se preparan en el emisor, ya sea un servidor o un usuario. Cada paquete tiene un etiquetado que hace posible la reconstrucción de la información completa por el dispositivo receptor. El receptor va recuperando paquete a paquete y, aplicando de nuevo el protocolo TCP, los vuelve a juntar en un solo archivo.

- El **protocolo IP** (*Internet Protocol* o protocolo de Internet) permite que cada paquete alcance el destino. En cierto modo, dado que Internet es una red donde todo está interconectado, no importa realmente el camino que sigue un paquete hasta llegar a su destino, lo que importa es que alcance el destino sin incidencias. A modo de ejemplo, es como si un paquete de información fuera rebotando de nodo en nodo, preguntando a cada uno cómo llegar a su destino. El nodo le indicará el camino teniendo en cuenta la ruta con menos tráfico.

IPV4 e IPV6

Cada dispositivo conectado a Internet está identificado por una dirección, llamada dirección IP, que permite identificar al equipo conectado. Las últimas reservas de direcciones del protocolo IPv4 están prácticamente agotadas. Por eso está ya en marcha el protocolo IPv6, que permite 340 sextillones de direcciones.

4 La web y el protocolo http

4.1 La web

En plena expansión de Internet, muchas redes particulares se fueron agregando al sistema de funcionamiento y los protocolos de la Red. En 1990, Tim Berners-Lee y su equipo del CERN, crearon una red particular, la World Wide Web, que mejoraba y hacía más sencillo el acceso a las comunicaciones digitales.

En cuanto la World Wide Web se integró como una red más, Internet experimentó un crecimiento sin precedentes, llegando a conectar, en pocos años, millones de equipos. Las características que aporta la web son:

- La posibilidad de navegar a través de la información que hay en la web, manejarla y llegar a interaccionar con ella.
- La gran cantidad de información que está alojada en un enorme número de servidores distribuidos por todo el mundo.
- La posibilidad que tiene cualquier usuario de añadir información para que pueda ser consultada por otras personas en cualquier parte del mundo.

4.2 El protocolo http

Una de las aportaciones que hicieron desde el CERN al crear la web fue el desarrollo del **protocolo de transferencia de hipertextos HTTP** como medio de comunicación. Dicho protocolo proporcionaba un conjunto de reglas que permitían la transferencia de datos, archivos, e hiperenlaces entre dos máquinas, el **cliente** y el **servidor**.

Hasta la aparición de la web, los datos se enviaban mediante protocolos de ficheros, como es el caso del protocolo FTP, con el cual se enviaban archivos directamente a un servidor que los admitía, si bien no interactuaba con ellos. Con el protocolo HTTP, se creó un nuevo concepto de transmisión, el diálogo entre máquinas.

En esencia, este protocolo hace posible el envío y la descarga de archivos, pero también la navegación por las páginas web. Así, un usuario desde un ordenador cliente que quiere visitar una página web, denominada URL, manda la información de la dirección web y su ordenador solicita permiso para acceder al contenido a modo de PETICIÓN *(Request)*. Cuando el servidor donde se aloja la URL recibe esa petición, contesta con una RESPUESTA *(Response)*, que puede consistir en denegar el acceso o permitir la descarga de la página.

Existen unos códigos numéricos que establecen el tipo de rechazo en caso de respuesta negativa. Por ejemplo, 404 significa «Página no encontrada» o 401 quiere decir «Acceso no autorizado» cuando el usuario no aporta las credenciales suficientes para acceder a la página web requerida.

En la siguiente página puedes observar el proceso de comunicación entre un cliente y una web alojada en un servidor.

INTERNET Y LA WEB

La web o www es la red más importante que existe en Internet. Mucha gente piensa que la web es lo mismo que Internet, pero no es así. Cuando accedemos a una página estamos usando la web, pero cuando subimos un archivo a un servidor FTP no estamos empleando la web sino un servicio de Internet, el protocolo de transferencia de ficheros.

OTROS PROTOCOLOS DE INTERNET

Además de los protocolos TCP, IP y HTTP existen del orden de cien protocolos diferentes que hacen posible el funcionamiento de Internet. Entre ellos podemos destacar el FTP (protocolo de transferencia de ficheros), el Telnet (para el acceso a equipos remotos), el POP y el SMTP (ambos para correo electrónico), y el HTTPS.

El protocolo HTPPS permite solucionar el principal problema del HTTP, consistente en que los datos son transmitidos en texto plano, lo que hace que puedan ser robados con facilidad. El HTTPS (HTTP Secure) no hace más que cifrar esos datos para que nadie pueda verlos.

4 La web y el protocolo http

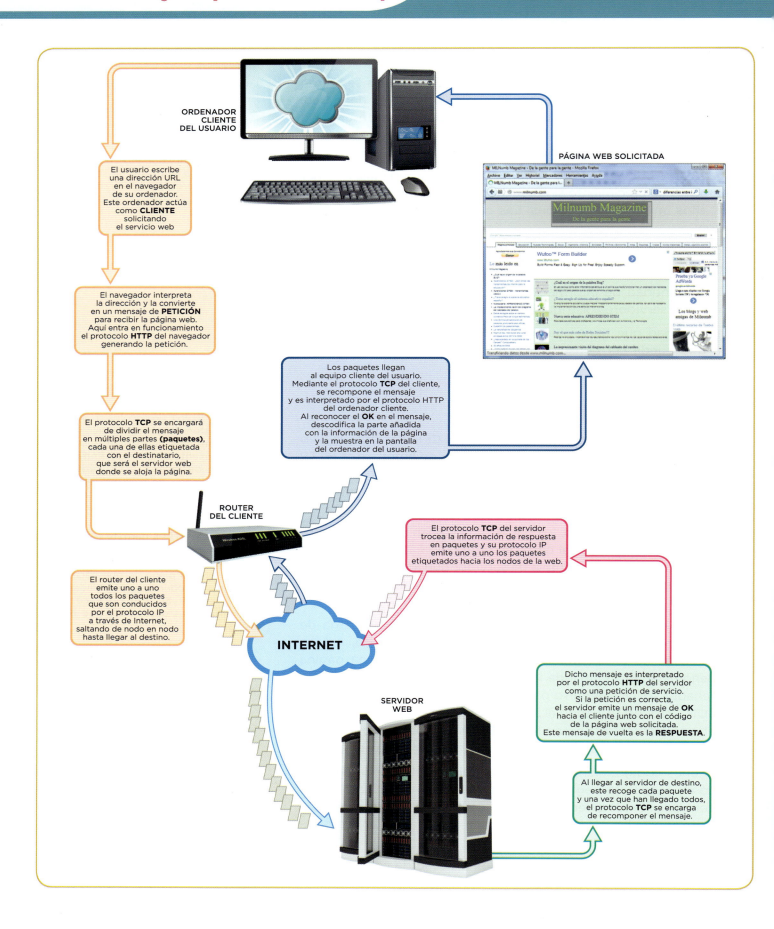

4.3 Los navegadores

Los ordenadores, tabletas y teléfonos móviles inteligentes disponen de programas o aplicaciones que cubren distintas necesidades. Una de estas aplicaciones es un programa específico para visualizar e interactuar en Internet: el navegador.

Básicamente, un navegador es un programa de comunicaciones que interpreta y ejecuta los comandos del protocolo HTTP, y establece la comunicación con un servidor web. En la jerga técnica se habla del navegador como la aplicación cliente que establece un diálogo con un servidor donde se aloja la página web que se quiere visitar.

Mozilla Firefox

Mozilla Firefox es un navegador gratuito de gran difusión que puede ser utilizado en cualquier ordenador, aunque ya tenga instalado otro navegador. Para descargarlo basta con acceder a Internet desde el navegador que trae instalado el sistema por defecto, abrir la página de Google y buscarlo mediante las palabras «Navegador Mozilla Firefox».

Una vez que hayas ingresado en la página de descarga de Mozilla Firefox, asegúrate de seleccionar el idioma español. Elige entonces el sistema operativo que tienes en tu ordenador y descarga el archivo de instalación. Una vez descargado el archivo tendrás que ejecutarlo para que se instale la aplicación.

Cuando se haya instalado, siguiendo las instrucciones recomendadas, pruébalo y accede a la web de tu instituto tecleando la dirección en la barra de direcciones o también puede acceder a la web de Google.

NAVEGADORES MÁS UTILIZADOS Y LA NAVEGACIÓN EN DISPOSITIVOS MÓVILES

Los navegadores más utilizados y que posiblemente conozcas son:
- **Internet Explorer,** de Microsoft, instalado por defecto en los equipos con sistema operativo Windows.
- **Google Chrome,** de Google, incorporado en todos los dispositivos móviles, con sistema operativo Android, más actuales.
- **Mozilla Firefox,** de la Firefox Foundation, de código libre y abierto.
- **Safari,** es el navegador por defecto instalado en los dispositivos de la marca Apple.
- **Opera,** navegador muy completo, de grandes prestaciones, y a pesar de ello, poco conocido por el usuario medio de Internet.

5 Multimedia en la web

El concepto de multimedia se usa para referirse al empleo de información que utiliza diferentes soportes como imágenes, sonidos, texto, vídeo, animaciones, etc. Como información multimedia podremos encontrar documentos que contengan:

- **Textos:** son los encargados de transmitirnos la información. Normalmente llevan un determinado formato (tipo de letra, tamaño, interlineado, etc.) y pueden tener enlaces a otras páginas web (hipertexto).

- **Imágenes:** utilizadas para mostrar fotografías, esquemas, dibujos, gráficos, etc. Tienen como función aclarar conceptos o mostrar aplicaciones de los conceptos que se están exponiendo. Se generan mediante fotografías, escaneados o programas específicos.

- **Vídeos o animaciones:** son archivos que presentan imágenes en movimiento y que pueden tener sonido. Se utilizan para facilitar explicaciones y ayudan a aclarar los contenidos del texto.

- **Podcasts:** es la distribución de archivos multimedia mediante un sistema de almacenamiento para que el usuario de Internet pueda utilizarlos cuando desee. De esta manera, el usuario podrá configurarse a su medida los programas de radio, los de televisión, la prensa, etc.

LA RADIO Y LA TELEVISIÓN EN INTERNET

Multitud de emisoras de radio y de televisión emiten programas por Internet. Al contrario de la sintonización en televisores o aparatos de radio, que dependen de la situación geográfica, la emisión por Internet es de ámbito mundial, con lo que puedes ver cualquier programa emitido en cualquier emisora del mundo, salvo limitaciones impuestas por el emisor o censura por parte de las autoridades del país desde el que se accede. Estos contenidos se pueden ver en **streaming,** es decir, el programa se visualiza o se escucha a medida que se descarga.

COMPRENDE, PIENSA, INVESTIGA...

1 Abre las siguientes páginas web para acceder a diferentes medios:

a) Web de Televisión Española, donde se emite en directo el canal Teledeporte o el canal 24horas. Los encontrarás en: http://www.rtve.es/deportes/directo/teledeporte/ y http://www.rtve.es/noticias/directo/canal-24h/

b) En la web de MáximaFM (http://www.maxima.fm/multimedia/radios.html) o en la página de RNE Clásica (http://www.rtve.es/radio/radioclasica-endirecto/) están emitiendo en directo por Internet su programación. Observa y describe los controles que emplean los reproductores de ambas cadenas.

c) Accede a la web de Radio 5 donde podrás acceder a toda la colección de podcasts del programa «Ciencia al cubo» en http://www.rtve.es/alacarta/audios/ciencia-al-cubo/ ¿Qué diferencia principal encuentras entre escuchar las emisiones en directo y acceder a los podcasts?

6 La red de las personas

En una primera fase de la web, la actitud de los internautas era la de simples observadores de páginas web. Se empezaron a crear herramientas que permitían la interactividad de los usuarios con la web y con otras personas. Este modelo de web se denomina **web 2.0** y alguno lo ha bautizado como **la red de las personas.**

6.1 La blogosfera

Un **blog** o también llamado **cuaderno de bitácora** es un sitio web, con una estructura determinada, donde un autor o autores publican, de manera continuada en el tiempo, artículos, ideas, contenidos, etc. que quedan colocados de forma ordenada. Los artículos más recientes quedan los primeros.

Los blogs permiten que los lectores publiquen comentarios a los artículos escritos por el autor del blog, y a este, contestarles. Existen muchos tipos de blogs, que normalmente se clasifican por temas. A los blogs relacionados con temas educativos se les denomina «Edublogs».

DÓNDE CREAR UN BLOG

Entre los lugares más recomendados para crear un blog se encuentran:

Blogger

Tumblr

Wordpress

REGISTRAR Y UTILIZAR UN BLOG

A continuación, se detallan los pasos necesarios para registrar y utilizar un blog en Blogger:

1. Utiliza tu cuenta de Google e inicia una sesión.
2. Créate un perfil de Blogger con el que quieras que te vean tus visitantes.
3. Selecciona «Nuevo Blog».
4. a) Pon un título a tu nuevo blog.
   b) Selecciona la dirección de tu blog.
   c) Selecciona un diseño para el blog.
   d) Pincha en «Crear blog».
5. Una vez activado el blog, crea una nueva entrada.
6. Activa la pestaña «Redactar» y escribe lo que quieras. A la derecha verás que se puede optar por escribir con el código de las páginas web, HTML.

Más a la derecha dispones de botones para modificar el estilo de los párrafos o incluir enlaces e imágenes entre el texto.

7. Cuando acabes, pincha en el botón naranja «publicar» y lo podrás ver publicado como una página web más de Internet.

OBJETOS EMBEBIDOS

Aquellos recursos libres de derechos pueden ser publicados en un blog embebiendo el objeto directamente.

Embeber o **incrustar** un objeto significa disponer un espacio en tu web o blog donde se puede visualizar el objeto como si estuviera en tu página. Al embeber un vídeo o un podcast estás incluyendo el reproductor multimedia necesario para reproducirlo. Basta con la inserción de un código incrustado en el código fuente de tu blog o página.

Por lo tanto, un código incrustado es una serie de instrucciones en HTML, el lenguaje de programación con el que se elaboran las páginas web, que permite incrustar en nuestra página o en nuestro blog un archivo de vídeo, sonido, etc., que se puede ejecutar directamente desde el sitio web.

Ejemplo de código incrustado

Aquí tienes el código de un vídeo de YouTube sobre arquitectura de ordenadores. Copia el código literalmente e insértalo en tu blog:

<iframe width="420" height="315" src="//www.youtube.com/embed/-akEec5GTX8" frameborder="0" allowfullscreen></iframe>

Recuerda insertar este código siempre como parte del texto, seleccionando la pestaña de HTML en el editor del blog. Modifica los números de las propiedades de anchura y altura para adaptarlo a tu página.

6 La red de las personas

6.2 Las wikis

Una **wiki** es un sistema de creación de textos, que puede ser personal o colectivo. Esto significa que una wiki tiene múltiples usos, entre los que destacan el uso como página monográfica para desarrollar un tema determinado, como medio para proponer debates y que queden registrados, como almacenamiento o repositorio de información con división de temas, y como herramienta colaborativa para que un grupo de personas o un equipo desarrolle ideas funcionando, por tanto, como herramienta de comunicación.

Una wiki te puede servir como cuaderno para desarrollar temas y subir tus apuntes. Así los tienes disponibles para estudiarlos en cualquier sitio que tenga acceso a Internet.

COMPRENDE, PIENSA, INVESTIGA...

1 Observa la siguiente web donde un grupo de estudiantes de tu nivel ha elaborado una wiki dedicada a la electricidad. Elige un tema de una asignatura que estés estudiando y propone realizar una wiki de apuntes. Anima e invita a tus compañeros y compañeras a escribir en ella. No intentéis fijar normas de edición y sobre todo, sed críticos con el trabajo de los demás, pero siempre respetuosos.

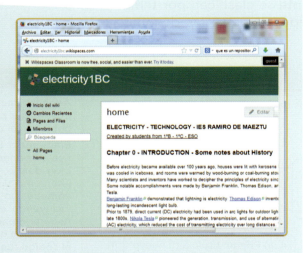

Empieza eligiendo un proveedor de wikis que ofrezca el servicio gratuito. Te encontrarás una página de registro similar a la de la imagen. Rellena los datos y, de forma automática, aparecerá el espacio disponible para que puedas publicar.

WIKIPEDIA, LA MAYOR WIKI DEL MUNDO

Wikipedia va camino de absorber todo el conocimiento del mundo, gracias a las aportaciones de los usuarios de Internet. Wikipedia se basa en cinco pilares esenciales:

1. Es una enciclopedia.
2. Busca el punto de vista neutral.
3. Todos sus contenidos son libres.
4. Tiene una política de respeto y no agresión entre los wikipedistas.
5. No tiene normas firmes.

El éxito de Wikipedia es innegable y prueba de ello son la cantidad de artículos que hay editados para su consulta. A finales de 2013 existían más de cuatro millones trescientos mil artículos en idioma inglés, casi un millón cien mil en castellano, más de un millón seiscientos mil en alemán y casi un millón y medio en francés.

¿DÓNDE HACER UNA WIKI?

Para crearte una wiki, accede a cualquier proveedor como Wikispaces, Wikia o Wikidot.com. Al igual que con un blog, tendrás que registrarte y tener claro el título que le quieres dar a tu página.

6.3 Las redes sociales

Una red social es, por definición, un sitio que pone en contacto a personas que se conocen o que comparten un interés por tener algún vínculo. La facilidad de acceso a la web ha hecho proliferar las redes sociales hasta el punto de que algunas de ellas tienen más de 700 millones de personas interconectadas.

Si pudiéramos clasificar las redes sociales, se podría hacer una división entre **redes sociales genéricas** y **redes sociales específicas.**

Redes sociales genéricas

Las redes sociales de tipo general no tienen una razón concreta para relacionar a los miembros de la red, siendo la más habitual tener contacto con amigos en Internet o ampliar el número de conocidos. Este es el caso de Facebook, Hi5 o Tuenti. Por otro lado, un caso de red general pero con una fuerte carga en la promoción personal y profesional es Twitter, donde el usuario dispone de 118 caracteres para mandar un texto con una imagen o 117 si se aporta un enlace.

Redes sociales específicas

En este tipo de redes, la motivación para pertenecer a alguna de ellas es la temática básica que trata la red social. Así los principales tipos de redes temáticas son:

- Dirigida a la promoción profesional, como LinkedIn y Viadeo.
- Enfoque de justicia social, como Change.org y SocialVibe.
- Para los interesados en viajes, como Travellerspoint y Exploroo.
- Para investigadores, como ResearchGate.
- De localización geográfica, como Foursquare y Google Latitude.
- Redes para el aprendizaje de idiomas, como Busuu y LiveMocha.
- Redes para juegos online, como Haboo y World of Warcraft.
- Para aquellos que mantienen un blog, como Tumblr.
- Dirigida a los aficionados y profesionales de la fotografía, como Instagram.

> **PRIMERAS REDES SOCIALES**
>
> En 2003 se propuso dar un uso más interactivo a la Web, apareciendo la Web 2.0.
>
> La principal característica de la Web 2.0 es que los propios usuarios participan en la evolución de sus contenidos; y no se requiere tener conocimientos avanzados de informática y programación para aportarlos.
>
> Bajo esta premisa, aparecieron las redes sociales. Así, Facebook se lanza el 4 de febrero de 2004 y Twitter aparece en 2006.

CREAR UNA CUENTA EN TWITTER

A continuación, se detallan los pasos necesarios para registrarte y crear una cuenta en Twitter:

1. Accede a la página de Twitter e introduce tus datos.

2. Elije un nombre de usuario y haz clic en el botón Regístrate.

3. Configura tu cuenta en los seis pasos siguientes: elige qué temas te interesan, a quién seguir, decide si buscas o no a tus amigos y sube una foto para tu perfil.

4. Antes de poder a empezar a utilizar Twitter, deberás confirmar la creación de la cuenta a través de un correo que habrás recibido en la cuenta de email que utilizaste al registrarte.

5. Ya estás listo para tuitear: sigue a tus compañeros y compañeras e intercambiad mensajes para conocer el funcionamiento.

7 Internet de las cosas

El término Internet de las cosas (del inglés: *Internet of Things*) puede parecer algo ambiguo, puesto que estamos acostumbrados a ser nosotros los que hagamos uso de Internet, y no los dispositivos los que tomen «vida propia» y se comuniquen entre ellos intercambiando información.

Pero precisamente en esto consiste el Internet de las cosas: cada objeto estará conectado a Internet, desde electrodomésticos, prendas de ropa y accesorios, hasta vehículos y una infinita lista de los objetos que tenemos disponibles en nuestro hogar, incluidas las mascotas.

Cada objeto, a través de su conexión a Internet, enviará la información necesaria a otros objetos, con los que se comunicará en su funcionamiento, o a los usuarios a través de smartphones, tablets u ordenadores.

Internet de las cosas está basado en el uso de **sensores** que permiten medir los datos que serán enviados a través de Internet, y de **actuadores,** para poder ejecutar la respuesta que les llegue. Necesitarán **una conexión a Internet** para comunicar y recibir datos y por último, la **intervención de personas o de sistemas**, dispositivos conectados al Internet de las cosas, **que tomen las correspondientes decisiones**.

Para que el Internet de las cosas sea una realidad y objetivos a gran escala como las ciudades inteligentes, o *Smartcities*, se cumplan, es necesaria todavía una implantación progresiva de la tecnología requerida y su utilización por parte de los usuarios.

Gracias a estas tecnologías se podrán prever atascos y regular el tráfico de una forma más eficaz, ahorrar energía en iluminación alumbrando solo aquellas zonas con transeúntes, etc.

Algunos ejemplos del Internet de las cosas que pueden sonar futuristas, pero que ya son una realidad son:

- El **seguimiento automático de la actividad física** y el funcionamiento del corazón, a través de pulseras o sensores en las zapatillas de deporte que monitorizan la actividad física.
- Los **sistemas de climatización,** que adecuan la temperatura teniendo en cuenta las condiciones del entorno, nuestros gustos y nuestra hora de salida del trabajo.
- Las **aplicaciones de aparcamiento** que, en función de la ubicación y a partir de la información suministrada por otros vehículos en la zona, nos informarán de las plazas de estacionamiento disponibles.
- Los **programas** que permiten **reajustar las agendas** teniendo en cuenta los tiempos de transporte en función de incidencias (atascos, accidentes, retrasos de tren o metro...) y organizar las actividades de forma automática.
- La **monitorización** y el **control** de **sistemas de riego** de plantas, que se adaptan a las condiciones y pueden funcionar tanto de forma automática como a distancia a través de un *Smartphone*.

ARDUINO

La aparición de plataformas de hardware libre, como Arduino, han permitido acercar a las personas la posibilidad de crear sistemas sencillos que pueden capturar datos, transmitirlos en Internet y actuar sobre diferentes objetos.

Arduino está basada en una placa con un microcontrolador y un entorno de desarrollo.

Arduino Uno

8. La computación en la nube

En los últimos años han surgido nuevos servicios en Internet. Uno de los más demandados ha sido el incremento de los sistemas de almacenamiento de datos, el principal servicio de la conocida como *Cloud Computing* o computación en la nube.

Este tipo de servicios funcionan de manera similar a un disco duro o a un pendrive. La estructura de archivos es igual que la que se emplea en el explorador del sistema operativo. El usuario del almacenamiento en la nube puede acceder a todos los archivos que suba al servicio desde cualquier ordenador con conexión a Internet, mediante un código de usuario y una contraseña.

En algunos casos, el servicio de almacenamiento permite autorizar a otros usuarios el acceso a la información, lo que fomenta el trabajo colaborativo y el trabajo en equipo. Los principales servicios de almacenamiento gratuito son **Dropbox, Google Drive** e **iCloud,** aunque este último solo está disponible para usuarios de dispositivos Apple. Para entender las propiedades del servicio, vamos a analizar las principales ventajas e inconvenientes de estos sistemas:

Ventajas	Inconvenientes
■ Se puede acceder a ellos desde cualquier dispositivo: ordenador, tableta, teléfono, etc.	■ Solo se puede acceder a ellos si se dispone de conexión a Internet.
■ Suelen ser gratuitos, al menos en sus versiones más sencillas.	■ El acceso a los datos depende del funcionamiento del servidor que los almacena.
■ No hay pérdidas de información gracias a sus sistemas de copias de seguridad.	■ Existe la posibilidad de que nos copien los documentos, ya que están alojados en un servidor externo.

CLOUD COMPUTING

Si bien el servicio más utilizado y conocido de la computación en la nube es el almacenamiento de información, son muchos otros los servicios que se ofrecen, desde sistemas operativos, escritorios virtuales y prácticamente cualquier aplicación o servicio disponible tradicionalmente.

REGISTRAR UNA CUENTA DROPBOX

1. Abre la página de Dropbox.

2. Regístrate con tu nombre, apellidos, correo electrónico y contraseña.

3. Ahora se descargará e instalará Dropbox en tu ordenador.

4. Ya estás registrado, abre la página de Dropbox e inicia una sesión introduciendo tu correo electrónico y tu contraseña.

5. Configura tu nueva cuenta de Dropbox y empieza a almacenar tus archivos en la nube.

LIMITACIONES DEL ALMACENAMIENTO EN LA NUBE

Que un servicio sea gratuito no significa que sea ilimitado. La mayor parte de los servicios de almacenamiento en la nube disponen de una capacidad limitada por usuario, si bien existen formulas de pago para aumentar la capacidad.

Algunas firmas como Dropbox incentivan a sus usuarios con la asignación extra de capacidad de almacenamiento si consiguen que otras personas se den de alta en el servicio.

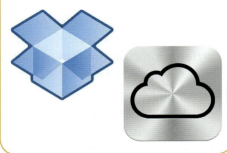

Aplica lo aprendido

⌵ Innovación técnica

La fibra óptica. ¿Qué es y para qué vale?

La fibra óptica es un nuevo sistema para el envío de información a través de un pequeño tubo de vidrio o plástico, del mismo espesor que un pelo, por el que circula una señal luminosa. Esta señal es la que lleva la información de forma muy rápida y sin prácticamente pérdidas ni interferencias. Actualmente los operadores de telefonía están ofreciendo los servicios de telefonía, Internet y televisión a través de fibra óptica. El principal problema está en que para poder disponer de estos servicios es necesario que la instalación sea mediante fibra óptica desde el punto emisor de la señal hasta el receptor y, a día de hoy, no todos los usuarios pueden disponer de este servicio.

1 Busca información de cómo afecta al servicio de Internet que este llegue por fibra óptica o por el cable de cobre convencional.

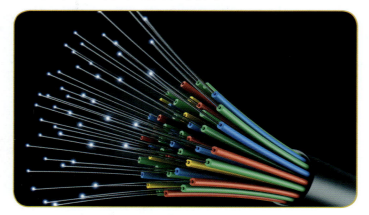

⌵ Actúa como ingeniero

¿Qué es una dirección IP?

Una dirección IP es un conjunto de cuatro números del 0 al 255, separados por puntos, que identifican la conexión de cualquier dispositivo conectado a Internet.

1 Hay gran cantidad de páginas de Internet en las que puedes conocer cuál es la dirección IP de tu ordenador cuando está conectado. Busca una y obtén la dirección IP de tu conexión.

2 ¿Qué diferencia hay entre una IP fija y una IP dinámica? ¿Y entre una IP pública y una IP privada? ¿Sabías que mediante una IP se puede localizar el lugar desde el que estás conectado a Internet?

⌵ Investiga

El phishing y el spam

El **phishing** es un ataque informático que consiste en adquirir información de manera fraudulenta de un usuario para obtener un beneficio. Normalmente se intentan obtener las claves de un correo electrónico, de una tarjeta de crédito o de una cuenta bancaria. Para ello, se suelen pedir estos datos por teléfono o solicitando su introducción en una página web falsa.

1 Trata de buscar casos conocidos de personas a las que haya afectado este engaño y explica cuáles son las maneras más comunes de realizarlo.

El spam, también llamado **correo basura,** es un envío masivo de correos electrónicos no deseados, normalmente con fines comerciales. En algunas ocasiones estos correos llevan incluidos virus que se activan al abrirlos. Normalmente los servidores de correo tienen una carpeta específica a la que desvían los mensajes que supuestamente son spam, aunque a veces desvían a esta carpeta correo electrónico que no lo es.

2 Seguro que alguien de tu familia ha recibido publicidad de sitios que nunca ha solicitado. Escribe en tu cuaderno qué tipo de correo recibió. Cuenta tu historia a la clase. Entre todos tratad de adivinar de dónde viene el término spam. ¿Serías capaz de enumerar otros sistemas de spam no informático?